记录历史

秉笔自我

传承后人

中国出版界社长总编辑回忆录丛书

追梦之旅

汪继祥 著

中国出版协会组织编写

中国人事出版社
中国劳动社会保障出版社
中国人力资源和社会保障出版集团有限公司

锦祥同志为我院出版业做出了杰出贡献，应充分肯定。他的经验也十分可贵，可在今后出版改制发展中进步发挥他的作用。

路甬祥

二〇〇九年八月十日

全国人大常委会副委员长、中国科学院院长路甬祥的亲笔题词

当代职业出版家的风采

——为“中国出版界社长总编辑回忆录丛书”序

柳斌杰

出版业是人类文明的基石。自古至今，人类创造的一切思想、知识、信息、技术和自身生存、繁衍、发展的故事，都是通过出版产品记录、保存、传播、阅读和继承下来的。没有出版业，就没有人类永恒的记忆；没有出版业，就没有几千年的历史；没有出版业，就没有前人智慧的积累；每一代人只能从头开始面对生活和生产实践。可以想见，如果那样，人类能有今天的文明进步吗？正因为如此，古今中外的伟人都对出版业、印刷术给予高度评价。马克思说，印刷术的发明是人类文明的里程碑，“出版自由”是工人阶级革命的出发点，没有它一切都成泡影。

正因为如此，我每每读到好书，都非常崇敬那些出版家，佩服他们的眼光、智慧和勇气。进入新闻出版界工作十几年，我更加了解当代出版家的勤奋、努力和胆识、才气。他们正在承担着建设出版强国的重任，把文明汇入历史的长河中，谱写中国今日之出版辉煌。

中国出版业是为人类文明做出重要贡献的行业，特别是造纸术和印刷术以“四大发明”闻名于世。由于这两大技术的支撑，中国图书出版就有了悠久历史，把中国古代灿烂的文化保存、传承至今，留下了丰富历史记录和经典图书，使中华几千年文化连续不断，为人类文明做出巨大的贡献。近百年来，随着西学东渐和西方出版技术引入中国，近代中国知识分子开始探索建立现代出版业，巅峰时在世界上居于领先地位，出现了一批近代出版家。

新中国成立六十五年来，党和政府高度重视出版业发展。改造私营出版业，发展国有出版业，建立了独立的出版体系，到“文化大革命”前，古籍整理和专业出版都已具备相当规模。尤其是改革开放以来，随着加入世贸组织和市场经济的建立，我们提出以“功能决定性质，性质决定体制，体制决定机制”的改革思路，整体规划了新闻出版领域的改革发展，引入市场机制，激发创造活力，彻底改变了中国出版业的面貌，把“书荒”变成了“书海”，把出版变成大业，中国图书出版、报纸出版、数字出版都在世界各国的前列，总规模达到1.8万亿元。这为实现党的十八大提出的“建设社会主义文化强国，增强国家文化软实力”的目标打下了坚实的基础。

无论从规模还是从质量来看，现在是中国出版历史上最辉煌的一个历史阶段，重要古籍、二十六史、佛藏道藏儒藏、中外经典、民族文化、哲学文学、科学技术、教材学术、儿童读物、大众实用各类图书悉数出版，丰富多彩，满足了社会文化传播的需要，满足了教育科技发展的需要，满足了人民大众生活的需求；特别是铸造了马列、理论、历史、古籍、辞书、文学、学术、科学、民族、法律十座高峰，其文化品位和成书规模都是古今中外无与伦比的。中国新闻出版业成为一个如此强势文化产业，应该归功于广大新闻出版工作者的高度热情和创造精神，而出版社的灵魂——社长总编辑更是功不可没，他们应当留在历史上。

江山代有才人出，伟业自有创业人。在我国出版事业改革发展中，涌现出一大批优秀的出版社，这些优秀出版社的社长总编辑作为领军人物，在推动出版事业改革发展中呕心沥血、开拓前进、敢于担当、辛勤耕耘，做出了卓越的贡献。总结传播他们的出版实践、发展理念和工作经验，也是从一个个侧面，鲜活地反映中国当代出版业的发展进程，为后来者留下一份精神遗产。为此，中国出版协会与中国人力资源和社会保障出版集团联合组织策划了“中国出版界社长总编辑回忆录丛书”，以展现改革开放中社长总编辑的风采，同时也是对优秀社长总编辑工作业绩的褒奖和表彰。

优秀是有标准的，本丛书入选的作者本人或其领导的出版单位都是获得过韬奋出版奖、政府奖、中华优秀出版物奖或百佳图书出版奖者。他们是当之无愧的当代出版家，是我们国家的出版精英。我始终认为，当代中国出版家的使命就是要建设出版强国，让中华文化在全人类有更大的影响力。建设出版强国，这是文化强国的一个基础问题。因为出版是一切文化的基础，是一种文化精神的总汇和载体。图书是民族的记忆、国家的档案、永久的产品，要留给后世和子孙后代。我们强调出版要铸造文化之魂，提高文化品位，追求文化精神，把民族精神世世代代传承下去、发扬光大，使中华民族在精神上立起来。就是因为一切都是以出版为基础的，最终文化精华是凝聚在出版上，是经世致用之业。出版家们选择了出版业，也就选择了中华民族最重要的责任，必须深知自己肩负的历史使命，甘于寂寞、甘于奉献，使我们的出版业得以创造性地发展，不但要传承前人几千年创造的文明成果，还要给子孙后代留下当代宝贵的精神财富。

当下这套丛书出版，有以下几方面的意义：一是能够鲜活、生动地反映出版业改革发展的伟大成就。社长总编辑作为出版业改革发展的组织者和亲历者，撰写回忆录，是从个人工作和单位发展历程融合的角度，真实地论证文化改革的正确性、必要性和重要性，客观地反映出版业改革发展的进程和伟大成就，既有可读性又有可鉴性。二是以自身的实践和思考丰富我国的出版文化。社长总编辑都是出版文化的重要打造者，他们的理念、追求和境界、职业精神，影响着各自出版社的性格，也丰富和发展着我国的出版文化。注意积淀、总结、完善出版文化，应该说是当前和今后出版人的一项义不容辞的责任。三是有助于提升出版研究水平。通过社长总编辑回忆录的编写，可以深入挖掘出版工作的关联谋略和理性思考，促使大家进行多维反思和总结，进一步探讨出版发展规律，推进出版理论和实践的研究，拓宽研究视角和提升研究水平。四是帮助和引领出版业人才成长。在优秀出版社的社长总编辑身上既承载着传统文化的批判继承，又更多地体现改革创新、与时俱进的精神。他们的讲述实际是职业培训的好教材，经验之谈，尤为可贵。尤其是年轻出版人，从中了解当代出版家的形象和风采，懂得尊重劳动、尊重知识、尊重人才、尊重创造的科学人才观，从而激发广大出版工作者的光荣感和责任感，引领出版界青年人才茁壮成长。

感谢为这套丛书出版付出辛勤劳动的所有同事们！在丛书策划和组织过程中，在撰稿、编辑、出版环节上，都得到了很多人的帮助和支持。没有这些付出，这套丛书是无法如期问世的。我们只能努力出好这套书，回报所有参与和支持这项工作的同志们。

祝愿更多的社长总编辑，走进出版家的行列，让世人在这套丛书中看到你的业绩和风采。

（柳斌杰，原新闻出版总署署长、党组书记，国家版权局原局长；现为全国人大教科文卫委员会主任委员，中国出版协会理事长）

2014年 10月

目　录

CONTENTS

上　篇

下　篇

上篇

第一章

我的父亲母亲

一、我的父亲

我的父亲（摄于1958年）

我的父亲汪进先，1909年1月出生在湖北省黄安（现红安）县城关以西30多里的王胡家村。家中十一口人靠种地主的租田为生，年景好的时候交完租子剩下的粮食只够吃八个月，一家人一直生活在饥饿的死亡线上。

父亲很小就成为家中的劳力，七岁开始放牛，九岁开始下田干活，十二岁就像成人一样扶犁耕田，十五岁那年被送到外乡一铁匠铺当学徒。

1927年11月13日，发生了中国共产党历史上著名的“黄麻起义”。黄安、麻城两地的两万多名义勇队队员和数百名农民赤卫军声势

浩大地攻占了黄安县城，县长等一干政府人员被抓，建立了农民政府。他们颁布政令，镇压反动派，一时间各乡农民协会会员都聚集到县城像过大年似的。这是中国共产党领导的以农民为主体的武装夺取政权的暴动。国民党于12月5日派一个师的正规军偷袭黄安农民政府，由于当时革命队伍还缺少对武装夺取政权残酷性的准备和认识，很快县城被攻破，紧接着反动派在黄、麻两地的区乡进行清乡反攻倒算。

国民党武装会同当地地主武装和会道门，极其残忍地对参与起义的共产党员和农协会会员杀戮报复，他们把参与攻占县城的义勇队队员钉在门板上，在大街上开膛破肚。实行十家连坐制，即有一人参加造反的，十家全杀。

我父亲的哥哥汪立真是攻打县城的赤卫军小队长；父亲是义勇队队员，也参加了攻城的外围活动。一家有两人参加造反，被国民党反动武装归为灭门之列。就这样，一个十一口人的大家庭，只有父亲逃进山里侥幸活了下来，其他十口人都被杀害或迫害致死，而且尸骨无存。至今每年清明节祭祖，只能到我奶奶的坟头烧纸。奶奶的坟里也只有一根腿骨，还是我杨山表叔的奶奶的娘家人寻找到的。

1928年春天，红军返回了黄安。躲在山里几个月的父亲回到了我党组织的赤卫军。1929年，经区委书记介绍，这支20多人的农民赤卫军被编入红军第30师，师长就是后来成为十大元帅之一的徐向前。父亲在徐向前师长的警卫连当战士，同年年底加入中国共产党。从1929年到1932年，父亲一直在黄安参与创建鄂豫皖苏区的军事斗争。在徐向前的领导下，在这三年多的时间里，红军从初期的300多人发展到长征之前的红四方面军，有近五万人。在此期间，父亲也从战士升任班长、排长、红四军特务团下面的连指导员、黄安独立第一师下面的团经理部主任，经历了第一、二、三次反“围剿”等若干战斗。第四次反“围剿”失败后，红四方面军开始长征。进入川东建立根据地后，父亲任第10师特务团特务长，参加了长达十个月的保卫万源之战。在这一战役中左臂被砍断，经过三个月手术治疗后被砍断的左臂恢复了部分功能，可以端起饭碗了。出院后，调任红军第12师政治部特派员，参加了万源反击战。此战役红四方面军取得大胜，粉碎了敌人六路进攻，歼灭川军八万余人，缴获枪三万多支、炮一百多门，是红四方面军进入四川以来第三次重大胜利，从而稳住了红军在川东地区的根据地。在这次反击战中红四方面军也付出了沉重的代价。

1935年6月，毛泽东、朱德领导的红军第一方面军和张国焘、徐向前领导的红军第四方面军在四川西部懋功会师。中央革命军事委员会的部署是，两个方面军混编成左右两路军北上。主要由红四方面军组成的右路军在规定的时间胜利通过被称为绝境的草地。父亲所在的红军第30军过完草地后又被张国焘严令返回，不得不再过草地，并于1935年10月再次翻越海拔3 500米的夹金山回到川西。一路上虽然打了一些小的胜仗，但红四方面军损失很大。因为南下建立根据地的意图难以实现，加之已经北上的党中央一再电令，张国焘只得放弃另立中央的错误决定。红四方面军在与贺龙领导的红军第二方面军会合后重新北上，第三次翻雪山过草地。红四方面军在一年半时间里三次会师，三次翻雪山过草地，损失极大，仅第三次过草地就损失了7 000多名红军的生命。在第二次过草地的时候，父亲发着高烧，不省人事。第31军收容队准备把父亲当作牺牲的红军埋葬时，发现父亲还有一口气，就抬出草地送到了收容队，算是再次捡回了一条命。到第三次过草地前才回到第30军89师264团负责供给工作。

1936年10月8日，红二、红四方面军在甘肃会宁与中央红军的先头部队会合。10日，红5军、9军、30军三个军共21 000余人执行中央的命令，紧急渡过黄河，以打通宁夏、蒙古到苏联的国际通道，争取苏联共产党的支持。过河的红军组成了西路军，军政委员会主席是陈昌浩，副主席是徐向前。父亲在第30军。第30军政委是李先念，军长是程世才。11月3日，共产国际给党中央来电，原计划经由蒙古（即宁夏方向）的武器支援方案改为新疆方向。这个变化并没有通知西路军前线的将士。徐向前事后曾回忆道："这么大的变化我们一点都不知道。"西路军在出发时，红军战士每人只带了几天的干粮和20多发子弹，身着秋装，在零下20多摄氏度的气温下与国民党骑兵和马匪作战，既没有后勤，也没有增援，经过高台、永昌战役后已经减员一半。最后聚集在倪家营子的一万多红军，面对七万多国民党军队的围攻，苦战七天七夜，弹尽粮绝，为了不至于全军覆没而突围。

父亲带着40多名战士突围，冲向祁连山，被国民党骑兵追杀，只有十多人冲出了包围圈。之后，冲出来的十多人还是被搜山的国民党骑兵给冲散了。父亲只身一人朝黄河方向突围。到甘肃土门子讨饭时，被当地保长听出外地口音，抓住押送到永昌受审。后被送往兰州西路军战俘营。

1937年6月初，在押解西路军战俘到平凉的途中，经过一片青纱帐，在战俘营里党组织的策划下，1 000多人故意拉长队伍，突然一起钻进了青纱帐。由于有红军第30军侦查员的接应，竟然跑出来800多人。这也是西路军被俘人员成功脱逃的奇迹。李先念带着打游击的1 000多名红军也终于回到了延安。

事后统计，整个西路军在过黄河出发时有21 000多人，战死7 000多人，被俘12 000多人（其中6 000多人被杀害），最后返回延安的还不到5 000人。由红四方面军组成的西路军的失败，使得从鄂豫皖苏区建立起来的红军力量损失惨重。

西路军失败的原因有很多，多年来学术界一直在争论不休。但有一点可以肯定的是，红军战士英勇杀敌，先后消灭马匪两万多人。他们没有后勤，没有援兵，拼到了最后的一兵一卒。

在为父亲写回忆录时，我曾将中国工农红军第四方面军革命回忆录选辑——《艰苦的历程》一书有关章节念给父亲听，老父亲伤心落泪，我也念不下去了。

回到延安的西路军经过一一甄别，干部都上了抗日军政大学，对张国焘机会主义路线进行清算。父亲在“抗大”因对张国焘路线的错误认识不足，受到停止党籍三个月的处分。

1938年9月，父亲从延安抗日军政大学四期毕业，分配回湖北，任新四军独立游击第五大队副大队长。方毅当时任第五大队军政委员会书记，刘西尧任政委，张体学任大队长。抗日战争时期，方毅、刘西尧、张体学和我父亲是鄂东地区的主要领导人。

1939年元月，李先念受中央指示到湖北组建抗日武装。李先念初到湖北时，只有1 300多名武装人员。经过不到一年的时间，建成了新四军鄂豫边区挺进纵队，下设五个团、三个游击总队和一个军事学校，共有武装人员万余人。挺进纵队成立后，李先念顾及我父亲身体不好，把父亲从第五大队调到纵队卫生处任政委。也就是在卫生处认识了我的母亲周兰仙，随后组成了家庭。

1940年12月，父亲调天汉地委任地委常委、军事部长。1941年调任鄂豫皖边区党委警卫团团长兼政委、边区总医院政委。这一年，我的姐姐小蜜出生了。

“皖南事变”发生后，中央决定将挺进纵队改编为新四军第五师，李先念任师长兼政治委员，刘少卿任参谋长。1942年9月，边区党委警卫团并入新四军第五师警卫团，许金彪任团长，父亲任政委。

1943年年底，父亲调回鄂东，任中共冈（黄冈）、浠（浠水）、罗（罗田）、麻（麻城）中心县县委书记兼指挥长。到任没几天，遭遇敌人偷袭，父亲大腿动脉被打穿，完全失去了行动能力。警卫员陈志友背着父亲往后山转移，敌人紧追不舍。父亲见此情况，叫警卫员把他放下来，命令警卫员开枪把他打死，以免被敌人活捉。陈志友不肯，背着父亲继续跑，遇到张体学派来接应的卫生科长等人才突围出来。不幸的是，卫生科长却中弹牺牲了。

1945年8月15日日本投降后，中央电令新四军第五师在半个月内组成五个旅，以应付国民党的进攻。9月中旬组成鄂东独立第二旅，旅长吴诚忠，政委张体学。父亲在任中心县委书记的同时，兼任独立第二旅第五团政委。1946年6月，独立第二旅当时有五千多人，成为中原突围的掩护部队最后一个突围，遭受的损失最大，五千多人的部队突围出来后只剩下几百人了。

1946年8月上旬，父亲病倒了，完全不能独立行走。在当时恶劣的环境下不能再跟随部队行军，就交由黄梅地区地下党组织安排养病。1946年12月，张体学派人传达中共中央和张体学本人的指示。中共中央电报指示张体学和我父亲到南京找董必武，当时董老的公开身份是中共驻南京办事处主任。在董老的安排下，他们乘船到烟台莱阳胶东地区党委报到。

1947年7月，中共中央电令中原突围出来的干部立即赶往太行山集中。随后，这批突围出来的干部20多人加入了南下干部大队，随刘伯承、邓小平率领的大军南下，执行中央千里挺进大别山的战略。

南下干部大队共300多人，刘仰峤任大队长，父亲任指挥长。干部大队跟随王近山司令员的第六纵队行动。进入大别山后，父亲被分配到鄂东地委任副书记，刘仰峤任书记。

1949年全家在湖北省麻城县宋埠镇的合影
（前排左一为作者）

1948年，父亲派人把母亲和我、弟弟汪志成从黄冈李家山村接到麻城宋埠，一家人得以团聚。父亲离开时我只有几个月，弟弟志成还没有出生。父亲这时任中共黄冈地委民运部部长、组织部部长。

1950年7月到1952年，父亲任黄石市委副书记、组织部部长。1953年任市长。我们全家都搬到了黄石市。

1953年，父亲调到湖北省交通厅任副厅长，主持交通厅的工作，我们一家也跟着迁到了武汉。

1957年，父亲在省干部文化学校补习，取得语文科高中二年级水平结业证。

1958年，父亲调任湖北省工交部副部长，兼任湖北省交通厅厅长。1960年后，先后担任湖北省交通委员会办公室副主任、省经济委员会副

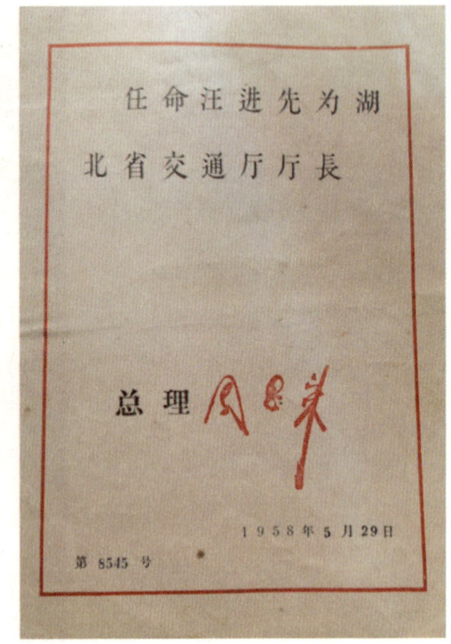
任命汪进先为湖北省交通厅厅長

总 理 周恩来

1958年5月29日

第 8545 号

父亲任湖北省交通厅厅长的任命书

主任。1965年任丹江口水利工程副指挥长、湖北省移民办公室主任，主要负责丹江口水库的移民安置工作。1966年到1977年的11年间，在黄陂参加“斗、批、改”和在沙洋“五七”干校劳动。

1977年“文化大革命”结束，父亲被安排到湖北省人民防空办公室任副主任、党委副书记，省人大常委会委员。1983年离休，根据中央文件精神，享受副省级政治和生活待遇。

1988年11月30日，父亲在武汉因病去世。

父亲性格比较内向，做人也比较低调，为人正派，从不拉帮结派。这样的性格加之文化程度低，吃亏不少。他的心愿是要让子女接受好的教育，特别是对我，不让去当运动员，不让去当兵，因为我家祖祖辈辈没有一个大学生，一定要我上华中农学院，我虽然不乐意，但父命不敢违。

2009年9月是我父亲诞辰100周年。父亲生前口述、由我执笔写成的记述父亲战争年代的回忆录《硝烟岁月》出版，在武汉举行了首发式和纪念父亲诞辰100周年座谈会。参加会议的有父亲生前战友和湖北省党史办公室、新四军战史编辑委员会的同志等几十人。刘西尧为父亲回忆录题了词。

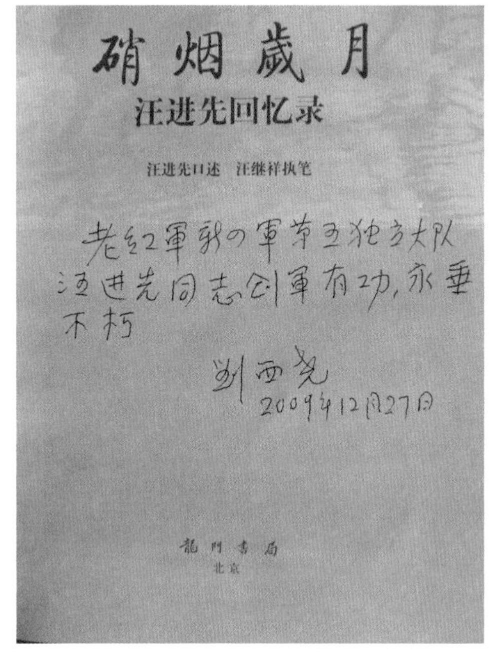

原教育部部长刘西尧少将为父亲回忆录《硝烟岁月》的题词（2009年）

二、我的母亲

我的母亲周兰仙1920年12月出生在湖北黄冈偏远山区李家山村一农民家庭，从小因生活所迫送给别人家做童养媳。1937年5月，16岁的母亲背着家里参加了当时在黄冈坚持抗日的独立游击第五大队，成为一名护士。母亲小时候曾裹过脚，随部队行军打仗比一般人困难得多。

1939年年底与父亲结婚。1941年我大姐小蜜出生，后因患痢疾夭折了。1946年我刚满周岁，就被送到外公家，因为父母怕我跟着部队继续拖，不知道是否会重蹈姐姐的覆辙。

1947年6月，中共中原局和李先念率领的新四军第五师驻扎在湖北省孝感市大悟县宣化店镇。蒋介石调动30万大军包围了宣化店周围50平方公里，并密令其军队于7月1日发动总攻，企图一举消灭新四军第五师，制造第二个“皖南事变”。6月23日中共中央电令中原局“立即突围，生存第一，胜利第一”。

第五师突围时，母亲是新四军独立第二旅第五团卫生所党支部书记，正面临分娩。组织上安排她撤离到北方，母亲因行动不便没有赶上火车，就又返回部队。当时阴雨连绵，敌人几个师的兵力从四面八方压过来，情况万分紧急。独立第二旅的领导动员家属复员或下地方隐蔽。但这个时候谁也不肯离开部队，还是张体学亲自动员父亲，让母亲到地方上去隐蔽。就这样，在地方党组织的安排下，母亲只好挺着大肚子到罗田匡家冲一位姓廖的木匠家里分娩，生下了我的大弟汪志成。敌人到处搜山，母亲和大弟被木匠一家人掩藏在地窖里才幸免被俘。新中国成立后，这位廖木匠一直和我们家有来往，还给我们兄弟四人每家做了两把用小松树干弯成靠背的椅子，至今一直在用，舍不得淘汰掉。

不久地下党组织带信给外公，外公到罗田找到母亲和弟弟，把他们接到了黄冈我姨妈家。

这时国民党已占领整个鄂东地区。他们实行五家连坐，知情不报者就要被杀头，形势十分紧张。当晚，母亲和弟弟躲藏在姨妈家的夹墙里。没想到第二天驻扎在杜皮乡公所的民团大队就包围了姨妈家，从夹墙中将母亲和弟弟搜了出来，押送到乡公所审讯。当时我已有两岁半了。母亲一手牵着我，一手抱着弟弟，在敌人的大队部受审。母亲谎称自己是新四军被服厂的女工，男人被打死了，孤儿寡母无依无靠，投奔了李家山村的娘家。母亲一双小脚，又带着两个孩子，敌人在没有什么证据的情况下也就没有太为难我们。但是，规定母亲不能到李家山村去居住，要搬到杜皮街上，以便他们好监督。我仍然随外公住在李家山村，两地相距七八里路。直到1948年形势好转，母亲才带着弟弟回到李家山村。

这件事成了母亲一辈子的痛。在黄冈被俘人员训练班，我方审查的人不相信母亲说的情况，但又没有证据说周兰仙叛变了，就一直没有恢复母亲的党籍。父亲是组织部长，他坚守“和尚不撞自己的钟”这个老教条，居然回避不吱声。母亲经常委屈得流泪，我们做儿女的也经常看到。母亲为自己的历史遗留问题，从没有中断过申诉。她文化程度不高，我就成了母亲的秘书，每年都写申诉材料递向组织部门。“文化大革命”期间，因申诉材料中涉及张体学的说法不够妥当，竟成为我父母迟迟得不到解放的理由。父亲太老实，想躲也没有躲过，最后还是殃及了自己。晚年时每说起这件事，父亲总是默不作声。

最终还是父母亲在北京的一批老战友为母亲抱不平，由原民政部部长张执一出面做证，向省里写材料要求恢复周兰仙党籍，再加上中共中央组织部的过问，此事才在20世纪80年代初得到公正解决，恢复了母亲的党籍和老红军的待遇。

母亲的不白之冤虽然得到了平反，但她却病倒了，长期住院。可以说她是为了这个家，为了她的政治生命奋斗了一辈子。20世纪60年代初三年自然灾害时，全家吃不饱，母亲按每人的定量蒸饭分给孩子吃。母亲带着我们种菜、养兔子，总算勉强解决了一家六个孩子的吃饭问题。

1998年春节期间作者和母亲的合影

我到北京工作后，把

母亲接来住了十多天，陪母亲去天津玩了一次，给母亲买了几件衣服。没想到，2001年母亲就去世了，所买的衣服一次也没有穿过。

三、战争年代出生

我在家里排行老二，上面有个比我大两岁的姐姐小蜜。姐姐出生后一直跟着部队，由于战争年代生活条件艰苦，医疗卫生条件差，在两岁时患痢疾夭折了。

1944年冬，母亲在怀着我的日子里，经常因为敌情紧张，由当地群众用小划子把母亲划到湖北仙桃沔阳湖（今称排湖）中央芦苇荡里躲避，最长时一连在船上待了三天三夜。每天晚上，老百姓划船来给母亲送点吃的。数九寒天，北风凛冽，1945年2月4日我出生了。母亲在整个月子里东躲西藏，大部分时间在芦苇荡里的船上隐蔽。当时生怕我哭出声来被敌人发现，母亲一直惶惶不安。

吸取姐姐夭折的教训，父母下决心要把我放在地方上，不能再跟着部队拖下去了。1946年上半年，我被送到湖北黄冈杜皮乡李家山村我外公家里。外婆在我出生前就已经过世了。外公周真念是个地地道道的山区农民，一个一岁多的小外孙如何带得了？好在有家住孙家冲的姑妈经常来帮忙照理。自我记事起，我经常骑在外公肩上，抱着外公的头到处走。有时睡着了，尿就顺着外公的脖子往下流。一听大人说有情况，我就赶紧往屋后山上的柴火堆里钻。

在我三岁多的时候，外公送我到周家冲上私塾学堂。所有的孩子都是一个先生教，先生名周伯阶，是当地“有文化的人”。在学堂跟着先生念《百家姓》，也练习写大字。因为年龄小，偶尔违规了先生也只是举起板子吓唬一下。

1948年夏季，国民党节节败退，共产党的基层政权相继恢复和建立，敌情的压力相对小多了。父亲派了两个手枪队队员从黄冈把母亲和我们兄弟俩接到麻城与父亲团聚。至今还依稀记得，一个手枪队队员用扁担挑着两个箩筐，一头是我，一头是大弟。我们经过一座独木桥，两边湖水在阳光下波光粼粼，扁担的“咯吱咯吱”声犹在耳畔。就这样离开了我待了四年的李家山村外公家。

1950年，父亲调任湖北省黄石市委副书记，我们全家又搬到了黄石。这时，生活条件有了改善。我在李家山村时患了一头瘌痢，这时已经很重了，有时痒得人忍不住瞎抠，一抠就流水。母亲用土办法，将猪肚抹上盐扣在我的头上，没有几个月的工夫居然奇迹般地好了。我也正式接受教育，上了黄石市第一小学。

1951年春节全家在湖北省黄石市的合影（右为作者）

第二章

无忌好动的少年

都说人的性格形成是在七岁之前，我看还是有道理的。在战争年代我经历的环境基本上是逆境，胆小、内向、警惕性高。出了李家山村，条件陡然变好，机关干部、勤杂人员和幼儿园的老师对我们这些小孩都笑容可掬，陡然有从压抑到被解放的感觉。我逐渐变得大胆、顽皮，有时甚至还会做些出格的事，如把石头扔到院墙外，砸破别人家的锅，被找上门来要赔钱。

1954年夏秋，武汉遭遇百年一遇的特大洪水。也就是这一年，全家随父亲迁到位于武昌首义路的湖北省交通厅大院。我被送入湖北省军区八一子弟学校继续上小学，校址在现在的武昌千家街。学校里的学生大部分都是部队子弟，有不少学生的家长刚从朝鲜战场回国。学生一律住校。

到1955年上小学四年级时，我转入湖北省干部子弟小学。该校是省直机关子弟小学，也是住校。每到周末就盼着家里人来接我和弟弟回家。1957年省干部子弟小学撤销，我又转入武昌水果湖小学，并从水果湖小学毕业。

当时小学毕业有保送初中的名额，就我的学习成绩来说，自认为是够保送条件的，结果保送名单公布的时候却没有我的名字。我问老师为什么，老师讲：“你经常迟到，而且一学年打了四次架。你还是自己去考吧。”我迟到是有原因的：我每天上学前必须走三公里路到水果湖菜市场把全家人一天的菜买回来，然后匆匆忙忙吃完早饭再往学校跑，有过几次迟到，而且是在学校上早操的时候迟到，很是扎眼。对此，我也很无奈。后来老师给家长留言说我迟到，母亲回了老师的话，买菜的活随后就免了，此后再也没有迟到过了。

1958年小学毕业前的“六一”儿童节至今还有印象。这一天，我与几个小伙伴划着船，在东湖边查看水渠里是否有鱼。我们几个商量好，要是有就抓些鱼到菜市场上去换钱，捐献给红领巾拖拉机站，因为今天以后我们就不再是儿童了。我们又是侦察又是扎猛子摸鱼，一直忙活到天黑。收获还真不小，一条长裤扎上裤腿做成褡裢，都装满了鱼，估计有20多斤吧，到菜市场换了五元多钱交给了班长。事后，有人把我们这个最后的儿童节写到作文里去了，同学们都因为我们几个为捐献红领巾拖拉机站做出了贡献而刮目相看，我心里也是美滋滋的。这最后一个儿童节也没有白过。

小学升初中这年的暑假很长。母亲让我到汉阳一木材厂打零工。那时打零工每天可以挣1.28元。我去干了十几天，每天在厂子里收拾杂碎木条，吃食堂，自己洗衣物，挣了18元多。本想多干几天的，无奈木材厂有油漆涂料，我那时也不懂，在涂有生漆的椅子上坐了一下，结果身上长了水疱，凡接触过这些涂料的皮肤都红肿了，生了漆疮，痒得钻心，还流脓水，只好提前结账回家。挣的钱可以够上初中的学杂费了。

到了初中一年级，正好赶上1958年“大跃进”大炼钢铁的年代，我们这些初一年级的学生从小洪山山顶挖观音土来做坩埚，然后放在炉子上烧，将废铁融化铸成块后上交完成任务。我因有打工的经历也不觉得累，成为班上的壮劳力。在老师和同学们眼里我是个爱劳动而且不惜力的学生。

武汉市洪山区乒乓球队合影（1962年，后排右三为作者）

上初中后，我迷上了乒乓球，经常排着队争取能上去打几板。放学了，别人回家我还在打，直到天黑看不见了才收手。这种没有经过任何正规训练、完全靠自学的人，一般来说不可能打得有多好。没想到的是，在洪山区少年乒乓球比赛中，我竟然得了个冠军，还拿到了少年组运动员等级证书。1961年武汉市举办少年乒乓球比赛，我作为洪山区主力参加，一关关地过，居然进了前八名。在八进四比赛时碰到一个来自汉口体育学校的左手运动员，后来这个左手运动员进了湖北省乒乓球专业队，就是有名的高手“黄三佬”。和“黄三佬”的比赛有的打，我还拿下了一局。但绝对实力相差一截，所以这次参赛也就到此为止。事后我跟领队讲，洪山区为什么不办体校，我们都没有机会受到指导。领队讲，洪山区是个新成立的区，还没有来得及办体校。

初三时，湖北省田径队到各中学选拔专业田径运动员苗子，学校体育老师推荐我参加测试。最后，在我们学校一共选中三个人——王殿一、魏远平和我，他们两个被选中后都到省田径队去了，王殿一后来拿了全运会十项全能冠军，还破了亚洲纪录；魏远平因为患肝炎退出了省田径队。我之所以没有去成，完全是因为我父亲不同意。他讲，这是年轻人干的活，老了怎么办？坚决反对不读书去跑跑跳跳。事后，我到省队去看望这两位同学，看到他们穿着印有“湖北”俩字光鲜夺目的运动服，吃的是运动员的伙食，而且不用天天上课做作业，真是羡慕不已，有很长一段时间心里老是埋怨父亲。

高中三年级时，我转学到武汉大学附属中学（现在的武汉市第十四中学）。在武大附中校运动会上，我获得跳高、跳远两项冠军，并代表学校参加1964年武汉地区中学生田径运动会。每个学校都组织了强有力的啦啦队，在锣鼓声和呐喊声中，我获得跳远第二名、跳高第三名。在参加4×100米接力赛中，我跑第三棒，由于接棒出了点问题，结果屈居亚军。当时，湖北省田径队到这次运动会上选苗子，我再次被选中。湖北省撑竿跳高冠军欧阳旦黄找到我，他对我讲：“你身体条件不错，愿不愿意跟我学撑竿跳高？”有了初中时那次选拔后去不成的教训，我委婉地跟他说：“要是考不上大学就去跟您学。”一身肌肉、性格刚强的欧阳教练听了我的话后显得不大高兴。

在高考前，体育老师刘真光找到我，他说：“凭你的体育成绩，可以保送到武汉体育学院，文化课也容易考得多了。”我真的动心了，回到家就跟父亲说了。父亲还是那句话：那是年轻人的活，要读书。在他老人家眼里，体育学院的学生并不怎么读书。

1964年作者上大学当年国庆节全家合影（后排左三为作者）

1964年高考后，我收到了华中农学院植物保护系植物保护专业的录取通知书。暑假期间我还参加了一次针对应届高中毕业生的军校招生体检，一张用红纸印的入伍通知喜报贴在我家门口。我那时真是心神不定——体院去不了，当兵家里又不支持，学农我也没有什么兴趣。

到了农学院要报到的那天，我还是没精打采，也没有收拾行装。父亲知道我的心思，他帮我打好背包，跟我讲："我们家祖祖辈辈没有人读书，你现在考上大学了，还不是个秀才？你看我，小时候家里穷读不起书，要是我有文化，绝对不是现在这个样子。"我是被父亲推着选择了上大学这条路。现在看来，确实要感谢他老人家的远见卓识，他那种一心要孩子多读点书的理念，使我们这些做子女的受益匪浅。我家里兄弟姐妹六个，在父亲多读书理念的驱使下，都上了大学：大弟汪志成是武汉工业大学汽车专业毕业，老三汪汉华是华中工学院计算机专业毕业，老四汪建平是武汉大学计算机专业硕士研究生毕业，大妹妹是武汉医学院毕业，小妹妹是武汉大学法语系毕业。一家六个孩子都上了大学，这在省直机关那么多干部家庭中也不多见，这与我这个老大的带头作用有一定的关系，当然主要还是父亲“多读书”来弥补自己缺憾这一情感驱使的。

一大家子（1986年春节，后排右三为作者）

第三章

大学与“文革”期间

我是怀着很不情愿的心情走进华中农学院的。当时学院的规模还不大，只有2 000多名在校生。但它的历史很悠久，华中农学院是从武汉大学分出来的，现在到武汉大学还能看到国立武汉大学理、工、农、医的牌匾。

到校后惊奇地发现，我在水果湖中学的同座、班长董孝美居然也考到了该校农学系；我毕业的武汉大学附中数学尖子樊远也上了华中农学院。当年董孝美是出了名的“三好”学生，在学习上她给我帮助很大。樊远曾参加过全国数学竞赛，是三甲获得者，在我眼里他就是神童，高中二年级时就要保送进武汉大学数学系，但他还是坚持参加高考，最后竟然被录取到华中农学院跟数学无关的专业，很是令人费解。多年以后我到科学出版社工作，樊远给我打电话，说要出版数学专著。我们老同学一见如故，直到这时我才弄明白，原来他出身不好（听说樊的父亲曾是国民党的将军），所以没有按他的专业所长录取到数学系。但是从华中农学院毕业后他靠自学考上武汉大学数学系研究生，后来做了武大数学系主任、教授。“有志者，事竟成”用在这位同学身上是再适合不过

上大学期间到田间学干农活（1965年，左一为作者）

了。

进入华中农学院后，我在体育方面的特长很快显现出来了。在1965年武汉市大学生运动会上，我获得男子跳远冠军，成绩是5.9米。当年有个不成文的规矩，哪个学校的学生要是获得冠军，其他高校的学生就敲锣打鼓到该校去送贺信。华中农学院的学生大都来自农村，田径运动成绩当然不如理工科院校的学生。当我回到学校后，发现各高校送来的贺信和喜报贴在学生食堂门口的宣传栏里，同学们热情地称赞我为华中农学院争了光。有的学生议论说：“这回咱华农捡了个宝。”此后，我被体育教研室重点培训，成绩很快就突破了6米，最好成绩曾达到6.2米多。可惜，1966年“文化大革命”开始了，我没有机会再为母校争光了，因为此后几年再也没有举办过大学生体育运动会。

我还参加了学院篮球队并担任队长。在武汉市大专院校篮球比赛中，华中农学院竟然夺得了亚军。武汉大学队有从专业篮球队退役下来的队员，也输给了华中农学院这帮“泥腿子”。一时间华中农学院篮球队水平在武汉高校中声名鹊起，经常有其他高校的球队来访。一到晚上，灯光球场上人山人海，比学院放电影时的人还多。由于我有田径基础，弹跳好，速度快，急停跳投是重要的得分手段，每场比赛我都是得分王。因为我穿的是10号队服，10号的名声在华农师生里还是很响的。前些年同学聚会，有外系的同学参加，见到我就喊：“10号！当年我可是你的粉丝呀！”当年，我被选入武汉市大学生篮球代表队，寒、暑假都到武汉体育学院集训，准备参加全国高校大学生篮球联赛。当时组建的武汉市大学生篮球代表队共有12名队员，其中6位是从专业队下来的，他们都来自武汉水运工程学院。我因弹跳好、投篮准，被作为第一替补，按现在的话说就是最佳第六人。到1966年6月底，教练宣布，由于“文化大革命”开始了，原定到天津去参加的全国高校篮球联赛无限期推迟。这样，我也就失去了参加全国大学生篮球联赛的机会。为参加该项比赛我们集训了两个假期，至今想起这事还有些遗憾。由于参加武汉市大学生篮球代表队，我被武汉市体委授予“篮球二级运动员”证书。

我因参加学院和高校体育活动多，与班上同学的接触就相对少些。上课我还是认真听，做好笔记，考试前突击一把，第一学年我的各科成绩全都在4.5分以上，这个成绩算是中上等。班上团支部书记找我谈话，要我写入团申请书；辅导员刘德光老师也找我做思想工作。我对他们的帮助和教导还是很感激的，也很配合。大一下半学期，我被批准成为一名共青团员。当我戴上团徽时，一种兴奋和冲动由内心溢出。年轻人追求上进是本能，只要有好的环境和正确的引导是会走上正轨的。

正当我不断熟悉和享受大学学习和生活的时候，1966年6月“文化大革命”开始了。当时全国的氛围绝对是以阶级斗争为纲，政治放在首位。党中央的机关刊物《红旗》连续发表社论，1966年第13期的社论中就明确提出号召：打倒党内走资本主义道路的当权派。一时间，“走资派还在走”“炮打司令部”的大字报也由南下串联的学生传过来，矛头直指刘少奇，称其是党内最大的走资派。红卫兵组织成立，小红语录人手一本，集会时就是一片红色的海洋。青年学生都争当捍卫毛主席、党中央的红卫兵，破“四旧”（旧思想、旧文化、旧风俗、旧习惯），抄地、富、反、坏、右的家也开始了。我们系的几名教授家被抄，据传抄出了国民党给的委任状。事后才知道，所谓的“委任状”只不过是这个教授新中国成立前获得的大学毕业证书，上面印有国民党的党徽。

“文化大革命”期间的作者（1966年）

我是个玩体育的逍遥派，从不介入造反派和保守派的活动。但是不久，这种中立和不介入被彻底打破了。“文化大革命”领导小组撤离后，造反派掌握了学生运动的主流，各系各班都把原“文化大革命”领导小组指派的院、系、班干部撤换、改选。我因不站在任何一派一边，成为双方可以接受的人选，班里选举中我竟被选为班“文化大革命”领导小组组长，这职位相当于原来的班长啊！其实，我从小学到高中毕业，一直都是班干部，当的是文体委员或体育委员。老师讲："首先是你的体育好，有号召力；再就是不让你当班干部就很难管住你。"虽然被选为班"文化大革命"领导小组组长，我却不履职，什么都不管，经常一回家就好几天不到校；偶尔到校，就是跟外系的球友一起出去打比赛。久而久之，我这个小组长就自动辞职了。

到1966年夏天，揪斗省委干部的活动开始了。学校大会上批斗学院原党委书记刘天明、副书记崔连贵，我的心都凉了。刘天明从省政府副秘书长职位调到华中农学院任党委书记不久，"文化大革命"就开始了。刘是我一位同学的父亲，湖北黄陂人，是个老革命。刘挨批斗，我是真的看不下去，就从大会上开溜跑回了家。到家后弟弟告诉我，父亲已经有几天没有回家了，可能是被造反派扣留了。父亲当时是省委派驻长江流域规划办公室（简称"长办"）工作组组长。我听后很着急，急忙找到长江航运系统下属的长江航运工程大学在武汉大学生篮球联队的球友，打听到长江航运系统工作组都集中在汉口江汉关大楼交代问题。经多方打听，我找到了集中扣留长办工作组人员的大楼，门口有造反派学生看守。这是一个大的会议室，我看到有气窗开着，就绕过看守从气窗翻过去，应当说是身手矫健，没发出什么响声。进屋后发现光线不大好，有人在伏案写东西。父亲见到我大吃一惊，过来低声问我是怎么找到这里来的，叫我快快离开。他说现在还没有什么大的问题，过几天要回家洗澡换衣服。王海山副省长走过来，拍拍我的肩膀，并伸出大拇指。其他的人都对我笑了笑，谁也不发出声音。我看见父亲和王省长都还好，没有吃皮肉之苦，忐忑的心放下了。我从钥匙孔里观察到看守的学生走到另一头去了，就溜出来飞奔回家，将看到的情况告诉了家里人。

我们全家动员起来，每人找了一根自来水铁管，并把主要的东西转移出去，以防造反派抄家。过了几天，父亲回家了，说是洗澡、换衣服、拿药。我们把父亲藏在屋后自己搭建的杂物间里，坚决不让父亲回去。造反派到家里来找，我们说走了，不知道去哪儿了。见到我们四兄弟手执铁管，他们也没怎么样就走了。就这样，父亲躲过了一劫。几天后长江航运造反派在省委洪山礼堂批斗王海山，给他戴的帽子有一尺多高，帽子上写的是：“反革命修正主义分子、黑工作组、镇压群众运动的刽子手”。我溜进洪山礼堂的会场，看到此情此景手心都攥出了汗，泪水在眼眶里转。王海山省长是长江航运工作队队长，是我父亲的领导。真不知道如果父亲就在台上挨斗，我会不会冲上去?

这件事后，我基本上不到学校去了，从逍遥派变成了保守派，站在了造反派的对立面。直到1968年年中，工人宣传队、军代表进驻武汉各大专院校，提出复课闹革命，我才到学校上课。这时开始，我们强补专业课，同学们也开始静下心来突击专业课，否则毕业后做一名农技员都够呛。

到了1968年年底，按照工宣队和军代表的安排，毕业生开始做鉴定。这时，学校里掌权的都是造反派，在我们班的毕业鉴定会上，派别意识很明显，对保守派的同学上纲上线，对造反派的同学却极尽华美之词，褒贬分明。我因长期逍遥，鉴定水平一般。在一次鉴定会上，原班长王光元被批斗，有人提议要他跪在小方凳上，我实在看不下去了，就大吼一声：“哪个敢武斗，我就揍他的人。”谁知我这一吼竟没有人出来对抗。我当时血都涌到了头顶，如真的继续虐待他，我一定会出手的。多年后，王光元当上了宜昌地区农业局局长。“文化大革命”后，

不少参加工作的同学被外调“文化大革命”期间的表现情况，王光元都讲好话，没有伤及任何一位同学，很是令我佩服。

为了保证年前让我们这些毕业生都离开学校，1968年12月30日早晨，学校给每个毕业生发了几个油饼做干粮。我们按照去军垦农场和国营农场分别排队，乘上了挂有毛主席语录“知识青年到农村去，接受贫下中农再教育”标牌的卡车，9点钟准时出发。我上了去潜江运粮湖国营农场的卡车，离开了生活四年的大学校园。那天，下着阴冷的小雨，校园在朦胧的细雨中渐渐远去。

下午三点多钟，拉着我们这些大学生的卡车开到了湖北潜江丫角，再往左拐就是通往潜江运粮湖国营农场的路。这是一条在灌溉渠堤岸上修的土路，雨后一片泥泞，汽车根本无法通行。农场派了两台“东方红”履带式拖拉机，把载着我们的卡车歪歪扭扭地拖到了场部。两公里的路用了近一个小时的时间。

当晚，到农场接受再教育的大学生在总场两个大仓库集中，有的来自华中农学院，有的来自武汉体育学院，还有的来自武汉水利电力学院，共20多人。晚上就把稻草铺在地上打地铺。昏暗的灯光下，北风夹着细雨打在窗玻璃上“啪啪”作响。坐了一天卡车，大家都有些累了，准备入睡。突然隔壁女生那儿传出歌声，男生这边也应起来，一时间成了联欢会。

事后，我们听说分配到军垦农场劳动锻炼的同学是分成男生连队和女生连队。他们有个顺口溜：“男农场、女农场，中间隔了铁丝网，只准看来不准想。”比我们所在的国营农场的管理严格得多，他们实行的基本上是军事化管理。我很庆幸自己被分配到了国营农场。

第二天一大早，各分场派来的牛车来到总场，把各自分配的学生拉到生产队。我们一行五人被分配到前进第四生产队。这个生产队的社员都是从河南来的移民，见到我们这些来锻炼的学生他们都很客气，递上烟，用河南口音说：“抽一支。”他们抽的是当时最便宜的“大公鸡”牌香烟，8分钱1包，抽了几支后我恶心得呕吐，额头冒冷汗。后来我写信给我大弟弟，叫他给我寄了两条2毛多钱一包的“海河”牌香烟，它比“大公鸡”强多了。我用“海河”回敬那些河南老乡，就这样我也变成了一个烟民。

我们五个人住在一间四处透风的仓库里，早晨起来被子上是由屋顶缝隙中吹进来的薄薄的一层雪。我的双脚冻肿了，鞋都穿不进去。我钻在被子里下不了床，同学就把饭送到宿舍。没过多久，队里通知我们参加修东经河大堤，随农场职工乘拖拉机到大堤工地。我挑土还是有力气的，当时并不比河南老乡差。挑了几天土方后，我被抽调到指挥部搞宣传，在工地上写广播稿。我在现场用麦克风表扬挑得多、跑得快的人，把各队完成任务的情况公布出来，鼓励大家“先进更先进，落后赶先进”。一时间多装快跑，发出一阵阵吆喝声，工地上热火朝天，大家干劲十足。指挥长见此状表扬我说：“小汪，干得不错！”我也庆幸自己在没有任何宣传工作经验的情况下，没有搞砸。这是我到农场锻炼以来第一次得到领导的表扬。

在上水利工地之前，我准备了回家过年的东西，也是第一次用自己的工资给家里买了点年货——一条近20斤的大胖头鱼和几刀腊肉，因为怕老鼠偷吃就挂在墙壁上。没想到，等我从工地回来后，发现挂在墙上的几刀腊肉不见了。队里议论纷纷，有人怀疑是因病在家没有上工地的小龚偷了。因为没有任何证据，也只能作罢。事后别人在背后叫小龚是“龚腊肉”。

2011年，我在去宜昌途中专程到运粮湖农场我曾经住过的地方旧地重游。我当年住过的小破屋如今还在，几十年过去了竟然还没有拆。小龚一家住在一排老旧平房的东头，两间平房又潮又暗，家里也没有几件像样的东西。看到他们这副沧桑的样子，心里一阵酸楚。我把身上所带的几百块钱掏出来全给了他爱人。

到了腊月二十七八，农场放假了。我们这群学生都归心似箭往家里奔。我挑着年货赶到沙市，想买船票回武汉。售票处人山人海，买票的人也都不排队，根本就挤不进去，但那也得挤呀。挤了一阵子，听前面的人喊船票已卖完了。正在踟蹰怎么办时，听到有武汉知青在喊："到货运站去，那里有车去汉口。"我跟随他们到了货运站，挤上了一辆开往武汉的大卡车。

那天的气温是摄氏零下好几度。站在敞篷卡车上吹着寒风，浑身上下很快就凉透了。有几个知青实在忍受不住了，就拍打驾驶室顶盖，希望司机师傅能停下车来，让大家身体暖和一下再走。其实司机也知道搭车的人会很冷，但他并没有停车。到了一个土弯路，司机把车停下来了，叫我们去拖几捆稻草到车上挡风。我们每人拖了一捆稻草到车上，钻进草窝子里，这下真的暖和多了。大卡车跑了四个多小时到了孝感。司机师傅下车吃饭，我们知青每人喝了一碗孝感米酒，冻僵了的身躯一下子松动暖和起来。什么叫久旱逢甘霖，我真切地感受到了。至今孝感米酒的美味还是忘不了。

直到晚上九点多钟，车才开到武汉新华路汽车站。司机师傅把车停下，叫我们这些搭顺风车的人下来。我赶紧跳下车，递给他一包"海河"牌香烟，并连声道谢。走近后才看清楚，司机师傅是位四十多岁的汉子，有人叫他"马师傅"。

至今想起在零下好几度的天气里搭乘敞篷卡车，行了四百多公里路的经历，真是不堪回首。

更不巧的是，等我赶到电车站时末班车已过。不得已，挑起担子，在冰冷的马路上急行军，过长江大桥、汉水桥，直奔水果湖，到家的路起码有30里远。当时天寒地冻，街上几乎没有行人，只听见自己“咔咔”的脚步声。凌晨三点多钟才回到家，大弟志成赶快给我烧水下面条。志成告诉我，父母都到黄陂参加“斗、批、改”去了，实际上就是对干部的审查；小弟和大妹到湖北神农架林区接受再教育；二弟与小妹回老家红安畈上汪家插队当农民。只有大弟因患有哮喘病留下来看家。不辞劳苦兴冲冲地赶回家过年，却见不到父母和兄弟姊妹，这是我有生以来最令人沮丧的一个年节。

过完年我回到农场，从前进四队调到知青队。这是个完全由武汉来的知青组成的生产队。因为我是学农的，被黄队长安排做农技员，主要是做棉花、水稻病虫害防治。别人出工做农活，我背着药桶打农药。一次不小心喷药器的管子漏了，“六六六”粉喷了我一身，皮肤马上有刺痛感。我扔下药桶跳到大水渠里才幸免中毒。

1969年夏季，潜江县举行篮球比赛，我被抽调到农场总场代表队参加县里的比赛。参加县里比赛的各支球队都有外援，有的是体育学院的学生，有的是武汉来的知青，还有中央部委“五七”干校的干部，运动员真是来自五湖四海，很是热闹，打球的水平也远比一般县级比赛高。我所在的运粮湖农场队还算是个强队，是有机会拿到前三名的。不幸的是，我在打分组赛时就得了痢疾，住进医院打点滴。县体委主任听说我住院，就到医院来看望我。他说：“潜江人民希望看到你打球，希望你早日康复。”我听了很是激动，一拔出吊针就赶到球场去参加比赛。可是，好汉经不住三泡稀，很快就要虚脱了，又被送回医院。后来我大弟赶到潜江，把我接回武汉养病。县里比赛结束后，选拔出一支代表潜江县的代表队，有两个体育学院的大学生和我被选上了。但是没有开展过集训，更没有参加过任何比赛。

转眼到了冬季，湖区风大气温低，湖面和沟渠都结了冰，也没有什么农活可干，我们就到处串门烤火，做点吃的。那时的人没有什么奢望，也没有觉得有什么苦和委屈，只是盼着早点分配，离开农场。

一天晚上，队长用高音喇叭叫我们起床，说是毛主席有最新指示。黄队长从总场开会回来，要传达最高最新指示，上面要求传达不过夜。虽然已是晚上11点多钟了，大家还是赶忙穿上衣服在渠道边集合。在天寒地冻中，黄队长传达毛主席指示。传达完后，组织大家跳“忠”字舞。地上的冰滑溜溜的，站着不动还好，一跳舞就跌跟头，不少人摔倒了。队长见到此状，才宣布会议结束。这段半夜跳“忠”字舞，一跳一个跟头，是我后来在不少场合讲的笑话。现在的人不懂为什么会这样，但是我们这些身临其境的人，当时的确是怀着对毛主席无限崇敬的心情在那里跳着唱着，真的没有一丝一毫的反感。

到了1970年4月份，农场办公室开始调查我们这些学生的情况，主要是了解哪些人是恋人关系，实际上是为分配工作做准备。我们听说一位副场长到省里开会去了，很快会回来确定我们的分配方案。几天后，召集我们这些大学生开会，宣布了要分配到各个地、县的名额和留在农场的名额，并要求我们自己填报志愿。接受分配的地方既有恩施、五峰、长阳等山区穷地方，也有黄冈、汉川、沔阳、蒲圻等平原地区。我记得武汉水利电力学院一位张姓同学志愿到恩施去。他来自广东，不往南走而向鄂西北去，离家越来越远了，何况还有“宁往南走一千，不往北走一天”这样的民谚。其实农场也是对号入座的，有两对恋爱中的同学就分别分配到了同一个县，而且还是生活条件相对较好的县。虽然要分配去的地方与武汉相比都不怎么好，但你可以说出自己的要求和情况。对此次分配，我到现在依然认为还是比较人性化的。

我被分配到湖北省咸宁地区蒲圻县（现赤壁市）。我觉得在这次分配中农场还是照顾了我的，可能是总场球队领导帮我说了话的缘故。他们讲，把小汪分到山区连球都没得打。

1970年7月上旬，拿到报到证后，我结束了在运粮湖农场一年半接受再教育的生活。

现在回想起来，这一年半的农场劳动、接受再教育，有些什么收获？达到接受再教育的目的了吗？回答应当是肯定的，起码认识到以下几点：

（1）因为城乡差别很大，到条件艰苦的环境去经历一下是很有必要的。

（2）农民很苦，农民工很苦，他们抽的是最便宜的烟，吃的是粗粮青菜，干的是很辛苦的活，他们却安于现状，而且他们的情感都很容易被调动起来。他们认为现在有吃有穿，总比逃荒强。

（3）我们这些学生从学校到农场最基层去生活，仍然得到农民和干部的照顾，他们没有真正把我们当劳力使；而我们的思想情感还没有真正融于农民、农民工中，今后还应当补课。这时，才对毛主席指示“广阔天地，大有作为”“知识青年到农村去，接受贫下中农的再教育很有必要”有了更深的理解。

第四章

从工人到厂长

1970年8月中旬，我挑着行李从蒲圻火车站走到县招待所，县民政局在这里设有大学生分配办公室，负责50多名大学毕业生的分配。当时的情况是，武汉市一律不接收大学毕业生，原则上都要分配到县级以下的区、乡。学工的安排到县机械厂，学医的安排到县或区卫生院，其他专业大都充实到各区、各乡当中小学老师。为什么武汉市没有名额？主要是“文化大革命”后期对大学生的看法是，大学生就是造反派的同义词。

县民政局主管分配工作的廖主任手里有一个花名册，确定了每个大学生的去向，只要收到你提供的报到证，当即给你开份介绍信后就不再理你了。廖主任查看了他手里的花名册后说，我被分配到神山去当老师。我一听头就大了，神山是边远山区不说，当老师我可没有任何思想准备。我把报到证攥在手里不给他，他就不能开介绍信。就这样僵持了一个礼拜。其间我去县机械厂见到几个我校农机系的毕业生，同学相见还是很亲热的，特别是我作为学校篮球队队长，在学校还算是小有名气。他们几个得知要我到神山去当老师，都觉得可惜了。有位姓黄的同学找到县体委反映，说我是武汉市大学生篮球代表队的，球打得好，要他们想办法把我留在县城。可能是县体委的领导做了工作，我被重新分配到了蒲圻县造纸厂筹备处。能够留在县城而且还是在工厂上班，我感到幸运之极。

蒲圻县地处鄂南，陆水河流经县城，上游是陆水水库和发电站。全县一半土地为山地，漫山遍野长满了芭茅，这是一种上等的造纸原料。鉴于其水资源和原材料优势，湖北省政府投资400万元要在蒲圻建造纸厂，厂址选在望山大队宝塔山下、陆水河畔一座小山旁边。

我挑着行李，兴冲冲地到了筹备处。那里只有一间仓库和一个打铁用的临时工棚。有不少民工正在平整土地，搞三通一平。筹备处有七八个人，由老副县长郭增担任筹备组组长。郭副县长是南下的老干部，很热情地接纳了我，说我是第一个到厂里的大学生，要我好好干。郭副县长问我："你是武汉市来的，父母是干什么的？"我按以前的老习惯，说是来自水果湖刘家大湾菜农家庭。郭副县长也没说什么，叫人领我到工地转转。工地上到处堆放着石料和建厂房用的红砖。每天工地上有几十、上百人挖土方，运输建筑材料。拖拉机声、拖砖板车牲口的叫声混成一片，好不热闹。

一、第一份工作

如果说在运粮湖农场只是锻炼还不是正式工作的话，蒲圻造纸厂就是我工作的第一个单位。第一份工作就是验收砖瓦、砂石、石灰。负责采购的老陆把一个带有夹子的写字板交给我，郑重其事地跟我说："小汪，你是代表公家验收各地方送来的建筑材料，他们凭你的签字才能确认收货，才能到财务结算领到钱。如果有虚报或失误，国家财产就会受到损失。"我一下子感到手上的写字板变得沉甸甸的。

收土石方和清点砖的数量还是有讲究的。原来，石料运到工地后要码方，甲方用尺子丈量后算出收到多少方；砖要码成200块一垛，清点数量开收据后，乙方凭收据到财务上结账。搞运输的人和搬运工当然希望数量越多越好。有的人搞投机，把砖垛码成空心的，外面看不出来。在这种情况下，甲方既损失材料费，也要损失搬运费。我很认真地履行代表公家利益的这份工作。经过熟悉和琢磨，我练就了一眼就可看出有没有码空心垛的本事。诀窍在于，我观察进场的车辆，就可以大概估计出装了多少块砖，因为在装车时搬运公司是不可能在车上码空心的，如果码空心的话他们运的砖少，就会吃亏。当他们把砖卸下来码成垛后，如果与我估计的数量相差不大，说明没有漏洞；如果数量差别太大，那我就要仔细了。我一天下来要拆开五六个砖垛，每次基本上都是准的。搬运工中传开了，说这小青年眼睛毒，从此他们也收敛了许多。有一次，我拆了一个较年轻的搬运工的砖垛，他也就是码空了十几块砖，我把他扣下来要他重码。谁知这位搬运工嘴巴不干净，我就跟他讲理，他竟然动起手来了，还有几个搬运工走过来给他助威。我扭住他不让他拿砖头拍我。筹备处的工作人员听到吵闹声赶过来，把我们扯开了。我的上衣被撕烂了，手表带子被扯断了，身上还有几处划伤。事后，郭副县长表扬我，说我敢抓敢管，敢于维护公家的利益。此后，码空砖垛的现象明显减少了。

基建材料验收工作结束后，我主动要求到锻工房帮熊、刘二位师傅打铁，当下手，抡大锤。打了半个月的铁，手上也磨出了血泡和老茧。打铁时，我跟两位师傅讲，我父亲就是铁匠出身。师傅说："怪不得有点打铁的样子。"

有一天，郭副县长把我叫到他办公室，他说："你父亲叫汪进先，是不是？”我大吃一惊，想起上次跟他说了谎，忙说：“是的。”郭副县长说：“我看了你的档案。你父亲当湖北省移民委员会主任时，我在蒲圻负责移民的安置工作。”他还问我父亲解放了没有。我跟他说，我父亲还在沙洋农场参加“斗、批、改”，还没有回到武汉。郭副县长也就没有继续问了。我想他也理解我曾经说是菜农儿子的缘由吧。

二、招工

1971年夏季，蒲圻县里的鄂南化工厂、四四六厂、化肥厂、砖瓦厂和我们造纸厂等，从下乡知识青年中联合招收新工人，我们厂当时有30个招工指标。每个厂派出两名招工工作人员，各厂一起招，然后再统一分配。事实上每个招工的工作人员都会为自己厂考虑，设法把最优秀的知识青年招到自己厂里。四四六厂和鄂南化工厂都是中央在蒲圻的企业，当然比县里的企业有号召力。我和县属企业的招工人员组成联合阵线，设法把优秀知识青年招到县属企业来。造纸厂是新建的，是省里直接投资的，相比砖瓦厂、化肥厂还是有些优势的。我们依靠当地管知识青年的部门，拿到表现好的知青名单，不辞劳苦，翻山越岭，在赵李桥、茶庵岭、官塘驿一带，一个个地做知识青年的思想工作，宣传企业的情况。效果出奇得好，愿意到蒲圻造纸厂的大多数都是知青里表现最优秀的、多次被评为先进和有组织能力、活动能力的人。我们招来的30个人中，有三分之二是武汉市的知识青年。事后，这批新工人说：“我们是冲着你汪继祥来的，你是武汉人，又充满活力，我们愿意跟你走。”当然，造纸厂是新建的，又有较现代化的设备，这才是吸引他们来的主要原因。这批工人中的大部分后来成为厂里的骨干，有两位还当上了厂长。

鄂南化工厂后来整体搬迁到了武汉，那些新招的工人都转回武汉市了。有不少到纸厂的知青有些后悔，觉得亏了。我也反思，如果不是我一心为本单位把这些优秀得多的知青留在造纸厂，可能有些人的命运就大不一样了。

后来，我们又从其他渠道陆陆续续招收了一些本县的知青，青年员工多了起来，最多的时候达到60多人。我被任命为厂里的团支部书记，组织青年进行劳动竞赛。带领着青年员工热火朝天地搞基建，加班加点，你追我赶，好不热闹。我自己在各方面都严格要求自己，别人上一个班，我经常连轴转上两个班。因为我身体好，一次扛两包（200斤）水泥不费劲，大家也服气。此外，还组织青年参加县里举办的文艺会演和篮球比赛等文体活动，都获得了较好的名次。因此造纸厂共青团的活动在县里也小有名气。

到造纸厂工作后，我参加县里篮球比赛，很快成为县里的明星。后来又被选到咸宁地区代表队当队长和女子篮球队当教练。因为在比赛场上我一直穿的是10号球衣，蒲圻县爱好篮球的观众都叫我“10号”，走到电影院门口，他们把我往里拉；到菜市场买菜，卖肉的师傅挑选好的部位割给我。真有明星被捧着的感觉。

为早日投产做技术上的准备，厂里还招收了几位造纸专业毕业的大学生，其中有北京化工学院毕业的王友伦，华南理工学院造纸工艺专业毕业的詹怀宇、岳保贞夫妇，还有从江苏调来的机械技术员卢妙莲夫妇。

随着基本建设的推进和各方面人员的逐步到位，离投产的日子越来越近了。按照省里的安排，从湖北省汉阳造纸厂调来了配套的各个生产岗位的技术骨干，还从该厂调来了机械工程师程道华、工艺工程师杨素芬，他们都是响当当的造纸专家。

湖北省咸宁地区职工篮球队队员合影（1971年，第三排右三为作者）

坐落在汉阳沌口的汉阳造纸厂是省里第一大造纸厂，有职工好几千人，年产纸张上万吨。这批从汉阳造纸厂调来的技术骨干，到厂后就投入到设备安装工作中。我带着新招收的工人到汉阳造纸厂培训，从切断到蒸煮、制浆、抄纸、锅炉，各个岗位都有专人学习。我和另外一位女知青到该厂的中心化验室进修。在去进修之前已经明确，我将来的岗位是化验室负责人。

造纸的过程就是把原料经过化学处理分解为纤维，经漂洗制浆，上抄纸机烘干、压光，分切为成品纸。造纸过程可以说是一个化学管理过程。我所学的化学知识还是基本够用的，没有费多大劲，基本掌握了汉阳造纸厂中心化验室的工作技能。在投产前，厂里又派我们到湖南邵阳造纸厂的中心化验室进修了三个月。

1972年7月1日试车那天，各岗位人员经过培训后都到位了。我们中心化验室各种检测药品都配齐了，检测设备也都能够正常运转了。省里派来验收组。开车试产，一次成功!

造纸这个行业一旦开机就要连续运转，三班倒，不到万不得已不能轻易停车，否则跑浆浪费很大。

投产仅两个多月后，厂里供销工作吃紧，我从中心化验室调到供销股当副股长。从抗美援朝志愿军退伍的黄柏林是我们的股长。供销股负责厂里原材料、辅料的采购。当时最“卡脖子”的是运输烧碱的大罐车要有计划指标，亟须解决。黄股长把落实这个指标的事交给我，要求半年内弄到三辆“解放”牌烧碱大罐车的指标。我硬着头皮跑到省里各个管计划指标分配的部门递报告。当时我有个同学的母亲在省物资局当处长，我找到她，没费多大劲就给解决了，回去后受到了厂里的表扬。

1973年年底，我被批准加入中国共产党。当年年底，县工业局到厂里来考察干部，听说我也在被考察之列。1974年年初，我被县委组织部任命为造纸厂副厂长，进入厂领导班子。这时的厂长、党支部书记是陈光才，他安排我分管生产和供销工作。这一年我29岁，感到浑身有使不完的劲，经常现场解决问题，通宵加班。正当我准备大干一场，想把厂里的产量和质量提高到一定高度的时候，县里却安排我到农村去参加党的基本路线教育工作队。

三、农村驻队三年

1974年已是“文化大革命”的后期了。县里整个经济工作还是以“抓革命、促生产”为方针；政治上仍“以阶级斗争为纲”，开展党的基本路线教育；经济工作的重点是“以粮为纲”，考核导向是以粮食产量高低排名次。县里的企业都要支援农业，承担分配的任务。

当时，蒲圻造纸厂由陈光才任厂长、党支部书记，王玉海和我任副厂长。王玉海比我大十多岁，而且身体不大好，所以完成县里分派的支农任务就落在了我的头上。从1974年到1976年，我离开蒲圻县城，分别在官塘驿、泉口、随阳三个公社驻队，先任工作组组长，后来任管理一个公社各个工作组的工作队队长。

驻队的任务就是帮助当地生产队以运动的方式抓党的基本路线教育，促进农业增产。除了休假外，这两年我基本上都与当地干部和农民群众一起生活、一起劳动。冬季组织群众兴修深沟大渠，春夏两季则从育秧到插秧不插“五一”秧，再到插秧不插“八一”秧，风里来雨里去，可以说是个拿工资的社员。

1975年，我启用钱世德担任生产队队长。钱世德担任生产队会计多年，是个心中有数的人，我给他撑腰，要求当年粮食产量从原来的12万斤增产到20万斤。为此，我们采取了一系列措施：整治冷浸田，扩大湖区的播种面积，把麻地改为水田，甚至把禾场都种上了水稻，还在抢收抢种期间采取了工分与劳动任务挂钩的承包方式。我的这一系列措施在落实过程中，还是遇到了不少的阻力，主要是这个生产队虽然都姓钱，但分上、下两个湾子（即北方所说的自然村），历史上是大房、二房两个支脉，素来不和。钱世德是上湾子的，下湾子的人就不配合。为了使下湾子的人心里得到平衡，我选择了下湾子的转业军人钱伯海担任生产队副队长。钱伯海虽然当兵多年，对农活不是很熟悉，但他可以代表下湾子人的利益，因此两个湾子的关系就反映到了两位队长的身上。我花了不少工夫来开会协调他们之间的关系，推着他们往前走。临起秧的头晚，因为他们两个对分派的任务难易程度有分歧，分不下去，召开队委会协调工作。会议一直从晚上八点开到第二天凌晨四点，鸡都叫了。我在会上说，意见统一不了我们就把会继续开下去，开死人我也没有责任。大家实在熬不住了，他们最后还是统一了意见，觉也不睡就拿着秧马下田薅秧去了。

没过几天，县委分管农业的万副书记约我到公社谈话。他问我："是不是用了个叫钱世德的人当队长？是不是有个地主婆你把她给放走了？你是不是在搞承包？" 我一听万副书记所问的问题，知道有人到他那里告状了。我向万副书记解释说，用钱世德是经工作队讨论、公社批准的，他能干、会干而且肯干，用这样的人没有错。至于说他父亲曾参

2009年再次见到湖北省赤壁市泉口二队当年的两位老队长（左为作者）

加武昌国民党军官学校的历史问题，已有结论。他父亲去了三个月就跑回老家当老师，直到新中国成立后退休。还有放走了地主婆一事，这个所谓的地主婆是一个70多岁的老太婆。有一次，我看她衣衫褴褛，一跛一跛地在拾柴火，我就问社员她是谁，有人告诉我说是个地主婆，她男人早已去世。一天，有人报告说她女儿从上海回来要接她走，问我可不可以让她走。我当时没加思索就说："留在生产队还要吃队里的粮食，让她走吧。"她女儿是上海纺织设计院的工程师，还当面感谢了"汪组长"。我觉得这是情理中的事，如果把她强行留在生产队，过不了多久会出问题的——我看这老太婆面色蜡黄、浮肿，得到医院治疗了。

我把这些情况跟万副书记汇报后，他也未置可否，只是说："汪厂长，你应该注意点。"万副书记是个小个子，长期在农村工作，脸晒得黝黑，眼睛还有点鼓，但说起话来铿锵有力，有板有眼的。

这一年，我所在的泉口二队，粮食产量达到21万斤，创历史新高，这在整个工作队里都是比较突出的。卖余粮10万多斤，全都是造纸厂派汽车来运送的，没有让社员挑一担稻谷，对此老百姓还是很感激的。

1976年我又被派到随阳公社当工作队队长。随阳是个与江西交界的山区公社，满山遍野的楠竹，只有零星少许的耕地。这里的农民生活水平较我之前驻队的平原湖区差了很多，工作难度也大了很多。

春节过后，县委催促我们工作队进驻公社。我当时正患重感冒，但没办法，政令难违，只得召集在县里的工作队队员，冒着冰天雪地奔向随阳公社。从公社到生产队的路已经冰封，不得已我们自制雪橇拖着行李往生产队赶。好在半路上遇到了生产队里来接我们的队长一行，才把我们顺利接到目的地。从公社到生产队虽说只有七八里路，而且是公路，但路上结成了油光的冰，而且一直是上坡，所以拖着行李的雪橇显得格外沉重。

这时我的思想起了变化：这日子哪是个头？自己虽说是个副厂长，但长期在农村驻队，这不是不务正业嘛。因此萌生了离开蒲圻的念头。

有了这个念头，我就跟父亲说了。父亲也同意我的想法。一个偶然的机会，黄石市委组织部部长吕风魁到武汉看望我父亲的时候，父亲跟他说了我想调动的事。没想到，一周后调令就到了蒲圻县委组织部。县委书记石昌炎知道这事后，批评组织部的人说："让别人一连三年驻队，任谁都有想法。"石书记给我做工作，希望我能留下来。但我去意已决，谁做工作都没有用。分管水利建设的饶鹏副书记对我说："黄盖湖排灌站差一台300千瓦的大电机，你要走得把这电机问题给解决了才行。"我跑到省里，找到我同学夏缘忠。他父亲是"文化大革命"前的老副省长，已经解放，继续分管全省农、林、水利方面的工作。我把县里的报告送上去，夏副省长签了字，这个电机问题就解决了。在拿到电机批文后，饶鹏副书记讲笑话："夏世侯三个字，一个字100千瓦。"

我在蒲圻待了六年零三个月，从一名普通大学生锻炼成长为副厂长，有了近三年农村驻队的经历，也算是农场接受再教育的补课。在蒲圻我结婚成家，爱人王宜兰从武汉医学院毕业后分配在县医院当医生，并生下我们的两个女儿汪丽、汪莺。现在回想起来，我要特别感谢郭增老副县长和造纸厂的两位党支部书记杜英、陈光才对我的培养，还要感谢当时特别受不了的三年驻队的经历，是它磨砺了我的意志，增强了我这个农民的儿子与农民之间的感情。2009年退休后，我专程到我曾驻队的几个地方旧地重游，看到当年工作生活的地方感到格外亲切，老百姓拿着网子捕鸡，把农副产品往我车上塞，压得车头都翘起来了，推也推不掉。虽说现在谁都不缺吃喝，但这种真挚的情意的确是朴实而真诚的。

第五章

政府公务员

1976年9月9日，伟大领袖毛主席去世，全国人民沉浸在无限的悲痛中。我在蒲圻参加完祭奠活动后，就收拾行装把家搬到了黄石。

我被分配到黄石市委工交政治部。市委工交政治部和经委、计委合署办公，地点就在市政府对面，距火车站有一公里。市委工交政治部是市委负责指导市属和中央在黄石的共180家大、中型企业党的建设、领导班子建设和日常工作的机构。政治部的工作人员不到10人，没有分科室，都在两间大办公室里办公。现在看来，“文化大革命”后期的行政机构一般都是这样的。

政治部没有主任，只有李斌、吴杰两位副主任，他们俩都是黄石市委的老人，具有很强的工作能力和政治工作经验。

我初来乍到，没有任何职务，实际上只是一名普通的工作人员。每天提早到办公室，做卫生，打开水。上班后参加部里情况汇报会，尽快了解和熟悉工作对象的情况。这里的工作方式是：周一例会，两个副主任交代任务，或把调研提纲交给我们；周五大家返回部里，由分工联系企业的工作人员汇报各企业的情况，然后编辑成《情况简报》上报市

委和市政府领导；或者是向各企业党委通知市里领导的重要指示，督促他们贯彻落实，并对落实情况进行检查。工作联系的对象是各企业的党委。各联系企业给市委报送的报告和重大的报喜活动都由政治部代表市委出面接收。有时一天有几场报喜活动，在锣鼓鞭炮声中送走一家又迎来一家。

经过一段时间熟悉情况，两个副主任给我的分工是联系黄石发电厂和黄石港务局。有一天，李斌副主任跟我说："你到港务局去蹲点两个星期，详细了解一下那里的情况，分析一下存在的问题，写一个调研报告来。"我知道这既是我的日常工作，也是领导在考察我的工作能力。这对我来说是一个挑战，不敢有丝毫怠慢。我在港务局待了十多天，召开座谈会，做个别谈话，查阅资料。两周后，交给李副主任一份书写工整、有一万多字的调研报告。李副主任在汇报会上肯定地说："小汪的报告是下了功夫的，反映的问题是真实准确的。"说句实话，我在蒲圻的工作经历和那点本事还不足以应付现在的工作，还得从实践中学习，文字水平也需要提高。

1977年夏季，我被借调到黄石市转业军人安置办公室工作。全省各地、市转业军人安置办人员都集中住在武汉市的省政府洪山宾馆，阅读即将复员转业到各自地、市的转业军人的个人档案，根据每个人的履历、文化水平、工作经验提出安置意见，其中大部分人员将分配到企业。说实在的，当中还真有有学历、有工作经验、有政治水平的干部。每当遇到这种优秀的复员转业干部，我都很认真地琢磨把他分配到对口、有规模、有影响力的企业，并建议担任相应的职务。我们提出的意见经领导审查后，就成为最后的安置意见。实际上待安置的干部有好几百名，领导不可能一一仔细研究，所以在某种程度上说，做组织工作的人员权力还是蛮大的，你的笔有可能决定别人的去向和前途。

1978年夏季，在青山热电厂工作的我的内弟王宜榕出了工伤事故，不幸身亡。我得知这一消息后，强忍悲痛，马上买了去武汉的车票，并对我爱人王宜兰说是我母亲病重，要我们赶回家去。走到武昌大东门的家门口时，我才把她弟弟出事故的事告诉她，她听后号啕大哭，控制不了自己悲痛的情绪。我把她安排在家休息，自己赶到青山热电厂，跟厂领导见面了解情况。原来内弟是在班上不慎跌落到了煤斗里丧命的。热电厂领导组织了专门的班子，接待、处理善后事宜。忙碌了几天，总算把后事处理完了。等我一个人待在屋里，被压抑了几天的悲情突然爆发出来，哭出了声。我父亲看见后也没有作声。其实有时情绪是要宣泄的，哭出来也就渐渐地平静了。

我这个内弟从小在中国科学院武汉分院长大，非常精明，善解人意。每当他手里有个什么新鲜玩意儿，总喜欢在我面前炫耀，有时还会很大方地送给我。“文化大革命”期间，他从不出去惹事，在家里把凉台改造成了水族馆，养鱼自乐。如果不出这起工伤事故，还有一个星期就要调到中科院武汉病毒研究所去当实验室工人。出事故那天是他的最后一个夜班，他准备下班后就收拾东西离厂休息一周，然后到新单位去上班。一个只有20出头的年轻人意外伤亡，白发人送黑发人，给我岳父岳母的打击是很大的。他们要求将女儿、女婿调回武汉，解决身边无人照顾的问题。这样，青山热电厂的主管单位湖北省电力局，同意把我从黄石市委工交政治部调到湖北省电力局政治部工作。不久，省电力局的调令到了黄石市委，我也就向单位领导、同事辞行了。

临走之前，政治部吴杰副主任专门找我谈了一次话。他说：“你到市委工交政治部一年多时间，我们也在考察和观察你的工作能力，正准备用你，给你压担子。你家里出了这样的事，我们也没有理由留你了。这样，你到了省电力局后，如果觉得工作不顺心，随时欢迎回到你老家来。”听了吴副主任的这番话，我内心的感激之情油然而生，并使我终生难忘。他向一个要离开单位的工作人员表达了三点：一是肯定你的工作和能力；二是组织上对你是有期望的；三是随时欢迎你回来，给你一种信任的归属感。吴副主任的这一做法，对我后来处理下属离职这样的事影响很大，使得我常常用这种方法来感召我的下属。

我是1949年从黄冈到黄石上小学，9岁时离开黄石到武汉，时隔24年我又回到黄石，在市委机关工作近两年。工作时间虽然不长，但也算是经历过了，对如何做好一名公务员刚刚有了点了解，对我自身的不足我也经常反思。现在看来，我由一个在蒲圻连续驻了三年农村生产队的副厂长调到市委机关，这个跨度还是很大的。实际上我一直在努力调整、改变自己，以适应新的环境。真的不知道，如果我一直留在黄石市委会发展成什么样子。

用现在的眼光看，要想成为一名领导看得上的工作人员（公务员），有几个条件：第一，要勤快，努力做好服务工作，以勤补拙是有道理的；第二，要有一定的理论水平和文字功底，能说会写是机关干部的两项基本功；第三，机关是个等级森严的地方，办事必须遵守两条，即按原则办，或按程序办，有太多的主观意识容易出毛病；第四，要善于学习，要向你的上级学习他们的思维方式和归纳问题的抽象能力，要向你的同级学习他们的理解能力和执行能力，要向书本学习理论基础知识，保持一个良好的学习习惯，汲取营养，提高自身素质和能力，才能为不断进步提供动力。

第六章

走进科学的殿堂

中国科学院是全国自然科学综合性研究机构，是自然科学研究的国家队。我有幸能成为其中一员，备感荣耀。

1978年10月中旬，我离开黄石市，持介绍信到省电力局政治部报到，干部处处长告诉我留在局政治部工作。电力局大楼坐落在东湖风景区内的梨园，环境优美，办公楼非常气派。能回到武汉而且还在电力系统工作，我还是很满意的。

报到后，干部处给了我半个月的假期，让我休整一下。没想到，就在这半个月里我的工作去向又发生了变化。

1976年粉碎“四人帮”之后，邓小平主持中央工作，一大批老干部被平反后恢复了工作。抗日战争时期父亲的老战友王心一平反后到中国科学院武汉分院筹备处当筹备组副组长。我岳父王秋圃是中国科学院武汉植物研究所研究员，是引种驯化领域的专家。他俩都劝我到中国科学院去工作。

武汉分院在“文革”前是中南分院，作为中科院派出机构，管理广东、湖北两地的科研所。“文革”期间中南分院撤销，干部下放。1978

年3月召开的全国科技大会确立了“科学技术是生产力”的重要思想。之后，中国科学院决定恢复全国各地的分院，武汉分院即为要恢复的分院之一。当时，武汉分院恢复筹建工作刚刚开始，由从中科院微生物研究所调来的刘然、从湖北省地震局调来的李乐之、从哈尔滨军事工程学院调来的李东波、省委统战部秘书长周芳林、从武汉钢铁厂调来的徐希组成了分院筹备工作领导班子。李真英任分院政治部主任。

就这样，由武汉分院政治部与省电力局联系，将我的档案拿到了分院。我在电力局没有上一天班就又调到了中国科学院武汉分院，仍然是在政治部工作。

随着筹备人员的逐步到位，政治部下分设了三个科：干部科（政治部副主任兼科长吕东清）、保卫科（科长孟继光）和教育科（我任科长）。教育科的工作主要是负责研究生招生、在职人员培训、出国人员外语培训、公派出国进修人员有关手续的办理等。我在这个岗位上从1978年一直干到1985年，其间共做了六年有余的科长。随着机构调整，有些科升格成为处。到1980年春天，政治部下设党委办公室、干部处、保卫处和教育处四个处级部门。

一、从事七年的教育工作

从1978年年底被任命为教育科长起到1985年年中，我在武汉分院从教育科到教育处工作了近七年，其中担任教育科科长六年，教育处副处长一年。这七年正是中国科学院经历恢复、发展、调整的时期。

现在回想起来，我应当是武汉分院第一个专职的教育干部。分院设立教育科和教育处后，各个研究所也都相应地设立了教育科或教育处。我也是各个分院中从事教育工作时间较长的干部之一，先后经历了中国科学院教育局张木堂、姜珊、何龙、任之恕四任局长。

二、恢复研究生招生制度

1979年起恢复了“文化大革命”期间停止招收研究生的制度。中国科学院是“出成果、成人才的基地”，历来十分重视对研究生的培养。各分院教育部门的工作重点都放在研究生的招收和培养上。恢复招生初期，公共科、外语、政治科的考题由中科院统一出，专业科考题由各研究所自行安排出。根据中科院统一划定的分数线，确定录取标准。在招生考试中有不少专业成绩相当好，而外语和政治分数偏低的考生，要根据各招生单位的招生名额和录取情况，向院教育局打报告，申请破格录取。从实践结果看，往往破格录取的研究生反而更加优秀，在从事科研工作时更易出成果。

从1979年恢复招生到1985年，我直接参与了六届研究生的招生工作，从刚开始时每年只招收几名，到后来每年招收100多名。这些学生当中不乏优秀者：国家自然科学基金委副主任朱作言，在他的导师童第周去世后从北京中国科学院动物研究所转到武汉中科院水生生物研究所攻读研究生，毕业后担任水生所所长并当选中科院院士；武汉分院前任院长和广州分院党组书记等也都是经我手招收的研究生。

为了解决各分院研究生上基础课的问题，中科院统一规划各分院建立干部进修学院和研究生培训基地，我全程参与了武汉分院干部进修学院的规划、申请和建设，并参与了教学条件的创造和教师队伍的建立。现在武汉分院研究生教育基地的在读生有好几百人，研究生大楼和教育设施一应俱全，应当说有我打基础所付出的一份心血。中科院经常开展党务工作、行政后勤工作评选先进活动，唯独教育这块没有评选，否则的话我相信以我从事教育工作的时间长、有一定贡献，评上个优秀是没有问题的。后来我在武汉分院做行政和党务工作，每年都拿到了奖项。

选拔培训科技人员出国进修、做访问学者，也是我们的主要工作内容。我在干部进修学院办起出国人员口语培训班，请外教和国内专职教师授课，每年两期，共培训了两三百人。这些科研人员出国访问进修后，他们的科研水平得到了极大的提升。我作为教育处的主要工作人员，每年都做着招生、培训、聘请教师和解决教学条件等事务性工作，每天忙得不亦乐乎。当时“汪科长”的称呼在学员中还是蛮亲切的。

为了解决“文革”中一批没有上过大学的实验室和工厂工作人员的学历教育问题，我们还办起了武汉分院电视大学，前后三届共培养近百位电视大学毕业生，他们回去后有的成为科研生产骨干，有的成了行政领导。

1984年年底，教育处老处长陈振坤同志退休，我被分院党组任命为教育处副处长，主持工作。这时，分院的教育管理系统已经建设完善，各研究所都有了相应的教育机构，中科院有关文件指示等精神、分院的工作安排都能自成体系加以贯彻；教育基地已投入运转，高、中、低搭配的培训网络已经形成，而且由于我们不断争取，所获得的中科院给予的经费支持在各分院中是领先的。应当说，从1979年到1984年是武汉分院教育工作发展最好的时期。

这七年的教育工作，是我参加工作以来一个全新的领域，从一个门外汉到熟知中科院研究生招生管理、在职人员进修和规划创办教育基地的全过程，使我得到了锻炼，积累了一些组织、管理工作的经验；使我清晰地认识到，科研单位科技人员是主体，他们需要不断地学习和培训，才能保持学术上的领先，才有竞争力。今天的青年人，必然是未来事业的中坚力量，这是铁定的规律。

我要感谢我的老处长陈振坤，她是个新中国成立前大学毕业、新中国成立后又再次读大学的双学历老太太，曾任中科院武汉植物研究所业务科科长。她为人谦和，经常以表扬来鼓励下属。对我特别放手，她经常说："做对了是你小汪的功劳，做错了我担着。"因而教育处大小事情都是我出面，只需事先报告一声就没有问题了。我自身的体会是，当下属想做事的时候，领导越放手，工作越有起色；反之，教训也不少。

三、选拔进分院领导班子

在我担任教育处副处长期间，分院机关党总支成立，并选举我为总支委员。我没有想到会被选上，可能是大家对当时的"小汪"印象还不错吧。因教育工作与其他处室没有冲突，特别是在机关干部子女入学、小升初、初升高方面，我们帮助大家解决了一些困难，并且指定在职人员脱产进修获得学位，很受机关干部的欢迎。我们的老处长也到处宣扬说我能干，这大概也是一个因素。再加上我们组织分院篮球比赛，分院机关获得亚军，在体育上我也是活跃分子，给大家的印象是一个有活力、有潜力的青年人。

2004年，中科院召开从事党务工作20周年表彰大会，我之所以在这个大会上受到表彰奖励，应当说就是从这里起步的。

1985年夏季，分院领导班子换届，当时参与筹建分院的老领导都相继离退休。对分院班子成员的组成，我其实是不怎么关心的。我认为这和我扯不上什么关系。中科院考核班子的工作组在人事局局长顾远程的带领下，在分院搞民主测评，找人谈话。我作为一个部门负责人，只参与了一般性谈话，也没有说出个所以然来。不久听传言说，"小汪"

也在被考核人选之列。我认为这是不可能的，也就没怎么在意。到年底中科院领导来宣布分院领导班子时，果然任命我担任分院秘书长、党组成员。顾远程局长把我留下，只说了十分钟的话。他说："你没有想到吧？大家对你反映较好，也认为你有能力。你要多向老同志学习，当一名合格的秘书长。"分院党组书记郑耀华对我说："你的工作只要任何一位副院长同意就大胆地干。"对他们的讲话我都认真牢记着，也不由得想起老院长汪心一在任命我当处长时的告诫："要处理好三个关系：你的上级、同级、下级。对上级要尊重，对同级要商量，对下级要体谅。"他的教导使我在以后的工作中受益匪浅。

当时，中科院秘书长是顾以健，分管计划局和基建局。院长和副院长是科学家，还未脱离科研工作。这时的中科院秘书长是实权人物。

分院这届班子的组成是：党组书记、副院长郑耀华，院长陈宏溪（鱼类遗传学家），副院长冉宗植（原武汉植物研究所党委书记），党组副书记汤积梅，还有我这个秘书长，共五人。

我的工作范围一夜之间放大了若干倍，分院共有11个处室，我曾分管过7个。好在关键的几位处长、主任比较得力：办公室主任吴传澄是从中科院机关调到分院来的，有着丰富的工作经验，而且办事周到，作风朴实，吃苦耐劳；财务处处长李华堂是"文革"前的老财务，业务能力很强；教育处处长朱德宁从武汉物理与数学研究所调来，我们本来就很熟悉。每天上班，各处室处长、主任到我办公室来谈工作要排队。因具体的事太多，渐渐地养成了长话短说、直接切入主题、果断决策的作风。有些拿不准的问题，就向院长、书记汇报，听取他们的意见，再综合考虑解决方案。1988年分院换届，我由分院秘书长的岗位改为分院党组成员、副院长，但依然是原来分工分管的几个方面的工作。直到1992

年换届，卸任副院长改任巡视员，我在分院秘书长、副院长的岗位上干了八个年头。回想起来，做的几件事还是得到了干部和群众认可的。

（一）小洪山科研基地的整治和建设

小洪山科研基地始建于20世纪50年代，地处湖北省委和省军区之间，应当说是一块风水宝地。基地内有分院机关、中科院武汉物理研究所、中科院武汉数学物理研究所、中科院岩石力学研究所、中科院武汉微生物研究所（现病毒研究所）、湖北省地震局地震研究所、中科院测量与地球物理研究所的观测台、武汉分院图书馆、湖北省科委机关、武汉分院印刷厂、小学、幼儿园等十余家单位，科研人员和家属加起来有好几千人。

“文化大革命”之前，小洪山科研基地内的所有单位都隶属于中国科学院。“文革”期间，武汉分院撤销，研究所和各附属单位下放到省里由省科委管理，分院机关办公大楼也就自然成了省科委的办公楼，并在基地中心新建了一家印刷厂。1976年国家地震局成立后，湖北省设立了省地震局，地震研究所由省科委划归省地震局管理。这样，在中国科学院武汉分院恢复以后，小洪山科研基地成了“七十二家房客”，你中有我，我中有你。由于产权不明晰，各单位为扩充地盘乱搭乱建，居民在房前屋后也围起了院子，出租给个体商户，摆摊开餐馆，俨然成了个集贸市场。更为严重的是，由于基础设施老化，供水、供电、道路、环境都不能正常运行，经常跑水、停电，严重影响了科研工作和居民生活。

秘书长分管行政后勤，自然小洪山科研基地的整治成为我工作最紧迫、最大的难点。当务之急是要阻止单位和个人乱搭乱建，遏制乱象继续发展。经查阅历史资料，我找出“文革”前小洪山地区的建设规划，会同基建处共同研究制定小洪山地区规划管理规定，报中科院基建局批准后下发到本系统有关单位。组织专人对继续乱搭乱建的建筑物坚决予以拆除，对研究所没有经分院批准的建筑物通报批评，限期拆除。此措施有力地遏制了继续乱下去的势头。

为了恢复分院办公大楼，由分院报请中科院批准，给省科委一笔建造办公楼的经费，由省科委把原武汉分院办公楼归还给分院机关做办公用。可是，省科委的办公楼已经建成并投入使用后，占用分院的大楼却没有归还的意思，也不给我们一个腾退时间表。大家都很着急，多次交涉也没有结果。我见此状，觉得太没有道理了，我们给钱帮你们建好了新楼，你们还不搬走，而分院机关借用力学研究所的场地办公已有二三年了，这不是太欺负人了吗？得来点硬的！我让行政处和一部分联防队员趁午休时间将省科委占用的办公楼里的办公用具都搬出来，摊在大楼前，一时间桌子、椅子、会议室的用具都搬到了楼前。我特意交代，锁了门的办公室不要动，拣不重要的东西搬，否则难免他们会讹我们。到了上班时间，门前好不热闹。派出所的民警也赶到了现场，原来是省科委的人报警了。当民警知道个中缘由后也就撤离了。第二天，省科委开始搬家了，二三天就搬完了。分院终于搬回到自己的大楼办公了。

当年春节，我到省科委主任易鹏勇家去拜年，易主任还在问：“听说搬科委摊子的是你小汪？”我未置可否，连声道歉。易主任是我父亲的老战友，也没有再追究我什么责任。现在回想起来，当时我要是先去找易主任说说，没准也就用不着用这种办法来处理了。

小洪山地区的科研、生活用水一直由东湖水厂供给。20世纪70年代，东湖已经污染得很严重了，居民家里的自来水不时会散发出异味，水龙头甚至会放出绿藻来。就是这样的水，在用水高峰时段三层以上的楼层还因为压力不足供应不上。基建处在小洪山修建了加压泵房，因无水可压，一直没有投入使用。1984年还作为一个浪费问题向省委报告，做了检讨。用水问题已关乎科研和生活的大事了。经过调研得知，湖北省委、省军区都已经改用长江水。长江水的供水管道接到小洪山没有多少距离，经初步测算，接通水管、启用加压泵房只需40多万元就可以。经向有关单位集资，并向中科院申请专项经费支持，凑足了这笔费用。我们成立了“长江水办公室”，专门负责施工。经过半年时间的加班加点突击，到1985年年底，小洪山基地用上了清洁的长江水。经泵房加压后，科研楼和居民楼高层的用水也都得到了保证。当我带着有关人员深入到高层住户查看供水情况时，受到了干部群众的一致好评。

紧接着，我们对小洪山基地的供电进行增容改造，申请了新的变电房，将变压器扩容到4 560千瓦，改造、更新了线路，从而彻底解决了电压不足的问题。有空调不能开，家家要安稳压器的现象再也没有了。

小洪山东北角是黄家大湾村，与科研基地东区的12号楼只有一墙之隔。这些村民沿着围墙建猪圈，家家如此，一共建了24个猪圈，弄得整个东区臭烘烘的。天热时，人从旁边经过时呼吸都困难。更让人不能忍受的是，围墙内就是马路，有的村民索性在我们的围墙上挖一个排污孔，直接把污水排放到小区里面，弄得小区里的人走路都无处下脚。面对这种窘境，我们只能求助于地方政府，请求他们帮忙铲除这一顽疾。经过市、区、乡三级政府大量的工作，反复宣传，大部分猪圈被拆除了，但仍有几家坚持不拆。后来还是在城管执法队的强力干预下，才拔掉那几个“钉子户”。当然，分院还是出了一笔钱的，凡拆掉猪圈的村民，每户补偿一笔费用。

为了巩固环境整治的成果，我们重新组建了小洪山环卫队，由分院劳动服务公司承担费用，负责管理。由于是分院自己直接管理的公司负责，整个小洪山基地环境卫生有了很大的改观。

武汉地区夏季气温可达40多摄氏度，冬季最冷的时候气温会降到零下8~10摄氏度，而且湿度大，这种湿冷最叫人难以忍受。湖北省委、省军区办公楼和家属楼都装了暖气，小洪山的居民当然也盼望能在冬天用上暖气。这时恰巧出现一个机会，在张玉台秘书长的主持下，中国科学院在成都召开基地型分院后勤管理工作研讨会，与会的分院有广州、成都、新疆、合肥、武汉等，大家都相继提出，院里应当有一笔用于基地设施改造更新的经常性费用。为此，张玉台向分管计划的竹玄秘书长争取了一笔4 000万元的基地改造费用。围绕这笔改造费，各分院私底下展开公关工作。我的想法是争取一笔款项，建设小洪山科研基地的暖气。当得知竹玄秘书长到湖南农业现代化研究所检查工作的消息后，我驱车赶到长沙机场接机，争取当面汇报的机会。当然，我也是有理由的，长沙农业现代化研究所属武汉分院管，院领导到分院管理的研究所检查工作，分院副院长到现场陪同也属正常。在接待院领导过程中，我再次反映武汉科研基地设施老化的情况，并递上了分院编制的改造项目计划报告。竹玄秘书长很认真地听取了我的汇报，并且做了记录，表示在分配经费时尽可能考虑到武汉分院的实际情况。

功夫不负有心人，基地改造费用分配下来了，全国12个分院加上北京中关村园区共13家单位切分这笔经费，武汉分院分得415万元，高于平均数。拿到这笔经费后，我们很快组织专业人员做出小洪山地区供暖工程方案，预算共计1 100万元，工期一年。费用缺口部分由各单位集资解决。供暖工程集资工作还算顺利。到完工后结算，总费用还没有花到

1 000万元。从此，小洪山基地科研用房和居民楼里终于都用上了暖气。这是件很得民心的事。

但是，供暖工程也造成了一些负面影响，因为在小洪山基地以外的研究所仍然没有供暖。水生生物研究所、植物研究所、测量与地球物理研究所没有享受到供暖，所以对我有意见，甚至有的研究所当面对我讲：“你是小洪山的院长。”其实，我在会上多次讲过，这是基地改造专项费用，不可能用在基地以外，并且向他们表示，下一步即解决各单位的冬季取暖问题。面对这个矛盾，我让各所打报告直接向中科院计划局申请供暖工程项目。最终，院里还是按照院里出一部分、自筹一部分的办法，解决了基地之外其他三个研究所的供暖问题。

这件事对我还是有所触动的，有时好心办事，未必有好的结果，看来一条规律不能忘：“不患寡而患不均。”要把好事做好还是一件不容易的事。

在担任分院领导的八年时间里，我在小洪山基地建设和管理上可以说是倾尽全力，前后实施基础设施改造和兴建的工程有：长江水工程、电话通信工程、电力增容改造工程、供暖工程、办公楼维修改造工程、招待所改扩建工程、菜市场建设工程和银行储蓄所改造工程，此外，我们还成立了劳动服务公司，建立了分院环卫清洁队。

随着这一系列工程的一一完成，小洪山科研基地的环境卫生和科研、生活条件有了明显的改善。我从40岁干到48岁，给大家的印象是一个想干事、能干事的副院长。付出就有回报，我对这个评价还是很欣慰的。

在这八年中，通过各种渠道从院里争取各种经费1 200多万元，向研究所集资几百万元，用于小洪山基地整治与建设。现在看来，是想干事、想把科研基地环境整治得与中科院的社会形象相称的梦想一直在支撑着我；年轻气盛，敢于面对困难的韧劲也是不可或缺的；再有就是有一支能打硬仗的后勤队伍和执行力强的骨干队伍是最重要的。想到这里，我要感谢我分管的几位处长——王应联、阚成琳、龚汉洲、李摸文等人。

（二）穷家难当

在分院领导岗位上，我分管了八年的财务工作，从财务部门设在办公室，到后来专设财务处，一直使用我个人印鉴的财务章。

当年，中科院的财务基数都不高，整个武汉地区研究所和分院机关一年的基本事业费还不到3 000万元。各所的经费由分院转拨，分院只是个过路财神，没有任何的调整余地。分院所能支配的只是机关人员的人头费150多万元，仅发工资每年缺口还有50多万元，做任何事都要遇到经费短缺问题。我经常讲，分院机关是个赤字财政，而且没有任何创收来源。为了维持分院机关的正常运转，得想尽一切办法向院里争取各种专项费用，只要院里有任何专项费用的信息，我们都不放过。凡是院机关人员到分院出差，都是我们倾诉的对象。记得苏世生担任院副秘书长时，他到武汉分院检查工作，我晚上还到招待所看望，并汇报分院经费短缺的情况。每年我们争取各渠道专项经费达几十万元，以弥补事业费之不足。

我组织了一个专门争取中科院项目经费的工作班子，我们的口号是：“要有钉子精神，坚持灶上不断火，路上不断人，用持之以恒的态度去争取专项经费。”千条线一根针，最后总是要面对中科院计划局王声孚的最终审核。久而久之，人也熟了，他半开玩笑半批评地说：“你汪院长是最会要钱的人，在我这里都挂了号了。”我也只有苦笑，无言以对。说实在的，“人不求人一般高”，从这个角度讲，我这个副院长只是个“高级乞丐”而已。

从分院分管财务的领导角度讲，我还是做了些分院系统内财务管理的，比如组织财务大检查和审计工作，组织财务人员业务培训和会计学会的工作（我因工作关系担任会计学会会长），联络各研究所财务人员进行业务交流。这些工作在财务人员中的口碑还说得过去。

有个问题我至今都没有想得太清楚：为什么财务一直由我这个副院长分管，而院长、书记不管？一般说来，财务是权力的象征，怎么这个财务倒像是个烫手山芋？仔细想想，其他领导管自己专项费用，我管的是人头吃饭费用，而且是自求平衡，自行克服困难。

（三）分管办公室的工作

两届任期，我一直分管分院办公室。吴传澄任分院办公室主任时间最长，有近六年时间，后来调到中科院科仪公司做党委副书记一年多时间，在我卸任后又回到分院办公室当主任，那时已是副局级的办公室主任了。老吴把日常工作总是打点得有条有理，文书档案、文件把关都由他主持，给我报告我签字即可。他还协管分院财务。老吴做事稳当，心中有数，政策观念强，这样我就会少操很多心。

我主要抓对外宣传报道和记者站的工作，因为这些工作一则关涉到分院对外形象宣传，再则是需要与省、市领导沟通，三则是有重要领导人到分院活动时要组织接待工作。比如卢嘉锡院长、周光召院长作为党和国家领导人，他们要到分院来，都要我负责报告给省委，并安排省委主要负责人会见的沟通联系工作。方毅副总理到分院检查工作的日程安排也是我负责的。在听取主要领导的汇报时我也得参与。中科院领导来检查工作的，分院院长或书记出面，办公室安排领导行程和陪同考察，我都是要参加的。几年工作下来，与省市领导沟通渠道畅通，安排上没有出现什么失误，给各位领导留下了较好的印象。胡启恒副院长到分院视察工作后，曾表扬分院对外的形象不错。

1986年10月23日方毅副总理（前）到中科院武汉分院检查指导工作（左二为作者）

（四）分院党组成员

分院党组成员由分院领导组成，只不过党组会议由党组书记郑耀华主持，院长办公会议由院长陈宏溪主持，党办主任和院办主任分别做会议记录。党组会议召开的频次远高于院长办公会议，主要是分院党组要协助院人事局管理属地各研究所的领导班子。武汉分院管理湖北、湖南两省十个所级领导班子，每年都有换届和中期考核的任务，有的是院里直接派人来考核，有的是委托分院考核，对每个研究所的领导班子提出人选，还要与省委组织部或高教工委进行沟通，形成一致意见后，才由院党组正式任命，工作量是很大的。特别是有的所级领导班子运转中出现不协调的问题，或

1986年卢嘉锡院长（右二）到中科院武汉分院检查指导工作（左为作者）

1991年3月7日陪同周光召院长（中）游黄鹤楼（右为作者）

者所长与书记有矛盾不可协调时，由分院党组出面协调做工作。实在协调不了，再由院里出面协调或进行调整，当然分院党组的意见也是很重要的。在处理这些矛盾和事物当中，我有两点体会：其一是，专家型所长与党委书记有矛盾时，一般会迁就所长，因为所长是学术带头人；书记换位置的可能性较大。特别是当所长是大专家时，往往很有个性，要配一个和谐的班子还是有相当大的难度的。其二是，有的所长心胸不够开阔，碰到人和人之间出现矛盾时，稍不如意就很轻易提出口头的或书面的辞职报告。对这样的所领导努力劝阻挽留的很少，大都遂其个人意愿，上报院里批准，同意其辞去所领导职务的请求。第一条是中科院的普遍规律；第二条不一定，但武汉分院党组如此处理的为多。因此，我还多次劝阻一些所领导班子成员，希望他们有问题说问题，不要轻易提出辞职。有的所领导还是听进了我的劝告，打消了辞职的念头。

在决策程序和机制上，原则上是民主集中制，党组成员可以发表意见，最终由党组书记集中后形成决定。很少见采用少数服从多数的表决

作者（右三）出席中科院武汉分院成立40周年庆祝会议（1998年）

形式，顶多是不同的意见多了就暂不做决定，会下再沟通，终将形成一致意见。在我任职后期，我有几次明确提出保留个人意见，这些保留意见被明确记录在案，至今我仍觉得这种表达方式是可取的。有时候看起来表面完全统一、实质上是没有尊重成员的民主权利，何况真理往往在少数人手里。

八年党组成员的实践使我在选拔、配备、管理、协调所一级领导班子方面积累了经验；对班子主要成员业务能力、党性修养、团结协作、道德品质的考察，对组建和谐、有活力班子的强弱搭配、优势互补，有了系统的了解和认识。现在看来，分院党组在组建领导班子时往往把主要领导的稳健和控制力放在首位，有忽视发挥班子整体效能的倾向。事实证明，只注重控制力，缺少和谐和协调就会缺少活力。

（五）科学出版社武汉编辑室

武汉分院的印刷厂由我分管。这个印刷厂是由分院出资、各所参股成立的。1987年夏季，印刷厂副厂长董明找我来谈设备更新的事。他说，去了一趟沈阳，发现沈阳分院同科学出版社合作，在沈阳成立了编辑室，已经出了几本书，效益还不错。说者无意，听者有心，我们商定与科学出版社联系，希望与其合作在武汉也成立个编辑室。当时的考虑是，一旦成立了编辑室，分院印刷厂就会有稳定的活源了。我决定派董明到北京与科学出版社沟通、做工作。

我弟弟汪建平告诉我，他有位武汉大学的同班同学叫向安全，是湖北松滋人，当时是科学出版社发行处处长。我利用向安全到武汉探亲的机会，比较详细地了解了合作建立沈阳编辑室的情况。之后，董明向我报告，科学出版社原则同意和武汉分院合建武汉编辑室，分管发行的董芳明副社长将到武汉来商议此事。我将此事报告给院长陈宏溪，他表示支持，并委派我代表分院与出版社商议。董芳明为此事专程到武汉，并带来了与沈阳分院合作成立沈阳编辑室的合作协议。我与董芳明进行了一天的会谈，草拟我们之间的合作协议。约定双方都报主要领导同意后再正式签署。一周后，董芳明又来到武汉，原商定的协议没有做什么改动，董芳明和我分别代表本单位在协议上签了字。协议签署后，分院请董芳明吃饭，大家都喝了不少的酒，举杯预祝武汉编辑室有个美好的前程。董芳明是我接触到的第一位科学出版社的领导，他当时给我的印象是：外表干练，头脑清楚，文笔细腻，字也写得很漂亮。

按照协议，由分院出办公条件和组织人员，武汉编辑室组织的选题报送到社里审批后，在当地运作，所得利润与科学出版社五五分成。并由我担任武汉编辑室主任，董明任副主任。我们聘请中科院数学物理研究所原所长、时任武汉市科委主任的郭友中，分院图书馆馆长汪文煮和武汉市政府一位姓龚的副秘书长担任顾问，由分院发聘书。这些顾问对初创的武汉编辑室帮助很大。经郭友中和汪文煮介绍，我们很快拿到了鄂州“元极功”从教材到音像资料的出版权。从1987年到1992年这五年时间，这套教材和音像资料给武汉编辑室创造了200多万元的利润，使编辑室完成了原始积累。与此同时，我们也逐步开展了从武汉地区科研院所和高等院校组织学术专著出版的业务。

随着科技专著出版工作的开展，我们越来越感觉到需要出版方面的专业人士来主持工作，拓展业务。这时，有人介绍说，被评为湖北省杰出青年的华中理工大学教授王军，有意到武汉编辑室来工作。我真是喜出望外，立即约谈王军。得知她是香港大学毕业的力学专业博士，本科读的是中国科技大学力学专业。她的同班同学杨岭在科学出版社当编辑。我问王军：“你为什么放着大学教授不当，要到我们这个初创单位来？”她回答：“我在中科大所读的专业书大都是科学出版社出版的，我一直向往做科学出版社的编辑。”我当即表示，欢迎她到科学出版社武汉编辑室来工作，并说：“依你这个条件，是可以来做领导的。”希望她能尽快熟悉业务。王军欣然答应，但提出她离开华工，学校是要她退还住房的，这个问题不解决很难下决心。我当即表示：“我们出钱给你买一套房子，但是必须签长期聘用合同。”王军同意了。这样，我们出资不到10万元帮她个人购置一套70平方米的楼房，并签订了长期聘用合同。事后她开玩笑地讲：“我签了卖身契，卖给武汉编辑室了。”不到一年的时间，王军接替退休的董明，成为主持工作的副主任。

王军的加盟大大加强了武汉编辑室的力量。她学科背景强，工作细致，为人随和，能够团结人，很快形成以她为核心的编辑队伍。在这里，我还要特别感谢董明同志，他对武汉编辑室的建立和业务发展起到了不可替代的作用。为尽快把王军推上领导岗位，在离退休年龄还差几个月的情况下，力推王军接班主持工作。

在王军的主持下，武汉编辑室经历了一个稳定的发展时期，经过几次名称变更、转制，成为科学出版社武汉分公司，现已形成年出书100多种，年销售收入1 000多万元的分支机构，并自筹资金，参与力学研究所办公楼合建，拥有了2 000多平方米的办公用房。

参加武汉编辑室的筹建，是我真正进入出版领域的敲门砖，也是我从事科技出版工作22年的起点。

四、中央党校进修

1990年，中科院人事局通知我到中央党校进修部学习。按说这是件好事，但内心还是有个阴影。1989年政治风波之后，我得知有人写信给上层，说我支持了动乱。经分院和省委高校工作委员会调查，我在此次政治风波期间并没有去过外地，一直坚守岗位，做在读研究生的工作，劝阻他们不要扛着武汉分院的大旗上街游行。调查结束不久，就通知我上党校，是不是要继续审查？我是怀着忐忑的心情去参加中央党校1990年第13期进修部学习的。

到了中央党校，看到湖北省有不少省级、地市级、厅局级干部来参加这一期的学习，其中还有韩宏树副省长，并且得知后来曾任湖北省常务副省长的周坚卫已先期在培训部学习过了。后来知道，中央党校的培训部是对将要提拔的人选培训一年；而进修部则是在职提高性质的，学制为半年。

半年的进修，每个学员都得到了极大的提高，归纳起来有几点收获：

1. 从理论上坚定了马克思主义的政治信念；

2. 丰富了历史、文化知识；

3. 训练了观察问题、分析问题能力，提高了洞察力和归纳能力；

4. 广交朋友，建立了学员间、学员和老师间的友谊；

5. 书写了一篇题为“股份制与高技术产业的适应性”的结业论文。

进修部同期的学员有近400人，学习结束时每个学员都要写一篇结业论文，从这些论文中要选择20多篇编辑成第13期学员优秀论文集。我的结业论文“股份制与高技术产业的适应性”被收到了该论文集中。最让人惊奇的是，我所在支部近40人竟有4人的论文被收录其中，与整个学员数相比不能不说是个奇迹吧。我们支部的同学至今都还有一些聚会，经济日报社的罗开福、全国人大的陈寒枫、国家地震局的陈颙、国家统计局原局长邱晓华，等等，外地同学来京后大家在一起聚一聚，多的时候能达到20多人。

五、四十八岁的巡视员

1992年秋季，武汉分院领导班子换届。我已经在分院副院长岗位上干了两届，虽然说工作已经驾轻就熟，但感觉每天都在重复着规定动作，缺少新意，也就缺少了激情，加上当时分院领导班子成员之间的矛盾日渐突出，尤其是到了后期，班子已经不能协调运转了，有时在会上就争论起来，做不了决定。这时，大家都有等待分院班子换届来解决这些矛盾的想法。

由张志林、张永庆两位局长带队的中科院考核组到分院考核。我向两位局长汇报自己的想法，不希望继续留任，希望调整到中科院深圳工业园工作或与省里交流。我并不是凭空提出与省里交流这样的要求，原因是1988年省委组织部曾将我的人事档案调去考察过了，并派历明安来征求我的意见，我要求到省经济委员会或体制改革委员会去。历明安对我讲："那些岗位要经过省人大，到省委当副秘书长不需要经过人大这个环节。"并征求我对这个安排的意见。当时是张志林找我约谈时要我放弃去省里工作的想法，继续留在中科院，并经我同意把人事档案又调回来的。

我曾多次到中科院深圳工业园出差，见过工业园总经理王勇石。他曾表示欢迎我到他那里工作。我也觉得工业园的工作更具有挑战性。

不久，中科院人事局向我反馈考核意见，说深圳工业园也面临班子换届，要等到下届班子确定后才能考虑我调去的事。与省里交流干部也还没有得到答复。这当中，曾征求过到水库渔业所当书记的意见，并派水库所所长胡传林到我家里介绍水库所的情况；还征求过去昆明分院的意见。由于种种原因，我都没有采纳。

1992年年底，因武汉编辑室有选题要报科学出版社审批，我与董明出差到北京，拜见了侯建勤社长。我兼任武汉编辑室主任这几年，虽然说见过侯社长几次，但都没有认真交谈过。这次我把武汉编辑室运转情况向侯社长做了报告。她给予了充分的肯定。我谈到分院正在换届，有可能下一步由其他领导兼任这个主任。侯建勤当即问：“你今年多大了？”我回答48岁。她停顿了一下，接着说：“你愿意到科学出版社来吗？”这句话对我来说很突然，我心里咯噔一下，一种感激之情油然而生。我赶紧说：“我早有这个想法，只是不好意思开口。”侯社长继续讲：“我看你在武汉编辑室的工作做得不错。年轻，又有工作经验。正好分院换届，有机会能动一下。我们也需要科学院其他单位的干部来充实出版社的队伍。不过，这事还得报院出版委主任余志华同意。”

有了和侯建勤谈话的底后，我分别找到中科院领导胡启恒、王佛松、余志华，中心意思是，希望院领导能安排我到科学出版社工作。在这期间，院人事局就我的工作也进行过一些安排。张良吉曾打电话给我，征求是否同意到昆明分院工作，或者去厦门市担任科技副市长。我一心想到科学出版社来，其他的安排都婉言谢绝了。

1993年春节后，拖了半年之久的新一届分院领导班子终于产生了，原班子成员除党组书记郑耀华继续留任外，其他人员都做了调整。许厚泽院士担任分院院长，陈宏溪回水生所做科研工作去了，冉宗植和我分别担任正局级和副局级巡视员。同时，还另行文安排我任科学出版社副社长，任命日期是1993年3月25日。

当时，我只想在武汉待着，名正言顺地管一下武汉编辑室就可以了，在我心里，科学出版社副社长只是挂个名而已。我的行政关系仍在武汉分院，工资也由分院发，心想熬到退休就算了。

从1978年11月到1993年11月，我在武汉分院工作了整整15年。这15年，我经历了从一个一般干部到分院领导岗位的磨砺和锤炼，既有成功的喜悦，也有经受挫折的苦楚；既有锐意进取、冲劲十足、敢于直面各种困难的阶段，也有在困境中逼迫自我反思的调整时期。我的思维方式、辩证分析问题的能力，在复杂情况下迅速抓住主要矛盾、解决化解矛盾的关键因素的思考和把握有了本质上的提高。特别是面对困境的承受力有了较大的提升，养成了结合工作实际所产生的问题加强理论学习，提高个人理论素养的习惯。其间，结合在企业和科研管理工作的经历，阅读了不少科研和企业管理的书刊，我的第一个管理专业高级工程师职称也是在1987年经分院评审通过的。这一切都为我今后的工作做了较好的铺垫。

说到这里，要特别感谢武汉分院老院长钱保功院士、汪心一院长、刘然书记等老一辈院领导，感谢分院两届领导班子的所有成员，因为有了你们才有我的成长；感谢我曾领导的一批处长和研究所的领导，因为你们的理解和支持，才可能办成一些事，才有被群众认可的口碑。还要特别感谢中科院有关领导，在你们倡导“科学、民主、实事求是”的氛围下，我才有了一个好的工作和锻炼的环境，也是你们在1989年政治风波后很稳妥地处理各种矛盾，对科研队伍的稳定和发展起到了关键性的作用。我庆幸自己是中国科学院队伍中的一员！

下篇

第七章

走进科学出版社

1993年10月，新上任的科学出版社党委书记卢盛魁到武汉视察武汉编辑室工作，我第一次见到了卢书记。从言谈举止上看得出，他是一位经验丰富的党务工作者。卢盛魁是从中国科学院京区党委副书记调到科学出版社当书记的。他告诉我，月底社里要召开学术期刊年会，侯社长的意见是通知我参加。

香山学术期刊年会是科学出版社所出版的100多种学术期刊各编辑部负责人的会议。这次会议由期刊编辑部主任李瑞旭具体负责组织。到会总得说几句，我在发言时讲了如何创造条件争取院里更多资源和支持的体会，也就是我以前工作的实践和心得，得到了大家的认可。两天会议结束后，书记、社长找我谈话，要求我年底以前到社里上班。

1993年11月24日，我提着行李，带着武汉分院党组开具的党员关系介绍信，乘火车到北京报到了。卢盛魁、董芳明到火车站接我。这时的北京气温已到了零下，马路上黑色的冰震得小轿车“隆隆”作响。当天下午，社领导班子开会，我见到了领导班子的全体成员，他们是：社长侯建勤，党委书记卢盛魁，总编辑谈德炎，副总编辑周明鉴，副社长丁

乃刚，社长助理向安全，总编辑助理吴瑰琦、石树德。侯社长把我介绍给大家。我汇报了武汉办事处（武汉编辑室）的工作进展情况后，大家就研究其他工作了。至此，我的工作内容转移到了一个全新的、似懂非懂的业务领域，工作地点也到了一个完全陌生的地方。从这天开始，我的整个身心都是紧绷着的，开始了将近四年拿武汉分院工资干科学出版社活的日子。

一、履行副社长职责

从1993年11月到1995年11月这两年的时间内，我一直是在履行副社长的职责，分管行政、后勤、基建，后半段还分管发行和开发。

行政、后勤、基建工作我还是比较熟悉的，做起来比较得心应手，先后领导行政和基建办公室完成了以下工作：出租四合院，每年增加收入80万元；整治院内办公环境，将破旧平房拆除后修建成篮球场；清理大门外的小商小贩，整治周边环境；购买武汉植物研究所二手大客车，并配备司机，开通了北郊的通勤车；对汽车班的管理推出按车行驶的里程给予补贴的办法，比较好地解决了有车派不出的状况。在行政后勤管理上还谈不上进行改革，只是在原有体制上加强管理、提高服务工作水平。当时后勤服务中心主任宋保吉、副主任张京玉，基建办主任周坪，这些干部都比较得力，执行能力比较强，所以这段时期行政后勤各方面的工作进展还算顺利。

在开发方面主要做了下面几件事：

一是清理、关闭了莫斯科金狮公司。金狮公司的建立和经营我都没有参与。到1994年，公司基本上到了停业清算阶段。丁乃刚副社长提出方案拿到社长办公会研究，大家都没有什么明确的态度。我感觉丁很为难，因为这个公司是由他负责的，现在所投资金基本上无法收回，好在没有什么债务，将公司开办的莫斯科餐厅的餐具和桌椅交由合作方去处理即可，只有存在中国驻俄罗斯大使馆的几万美元，也没有其他什么资产。剩下的只是吴建宝和赵芬两个派出人员的安置问题，因为他们的身份都比较特殊，大家怕留下什么后遗症。侯建勤社长建议我到莫斯科现场去处理。经过反复清理账目和审核公司清算报告，我建议侯社长同意丁乃刚副社长的报告，关闭金狮公司，并由丁负责收回存在中国驻俄罗斯大使馆的美元。吴建宝已脱离公司不知去向，赵芬已自己在做生意了，他们的安置问题自然也就不存在了。

二是敦促龙门旅行社向社里缴纳房租和上缴利润。龙门旅行社长期使用社里房子而不缴纳租金，更不上缴利润，对此，大家意见很大。针对这种情况，我找龙门旅行社时任总经理冯素英，一方面了解其经营情况，一方面向她做工作要求他们缴纳房租和向社里上缴利润。根据我了解到的情况，他们的经营状况还不错，上缴房租和利润应该是没有问题的，只是因为房屋在维修时与社里后勤服务部门产生了一些矛盾，所以拒绝缴纳租金。经过做工作，当年上缴房租和利润共计10万元。

三是整顿龙门幼教中心，任命郝丽萍为幼教中心总经理，要求她制定今后几年发展规划，并按时缴纳房租和经营利润。该公司原来归属龙门技术开发服务部，开发服务部撤销后就一直停业，瘫痪在那。经整顿后，公司更名为“龙门少儿教育服务交流中心”。

前任社长苏世生兼任中科院北郊生活区联合建设办公室主任。我到社后，侯社长让我接手联建办的工作。由于当时正在跑规划审批，没有太多的具体工作，只召集有关研究所开了几次会。联建办工作由科学出版社牵头，对我们还是很有利的。科学出版社共分得联建住房近200套、地下车库70多个车位，以及办公用房2 000多平方米，这些都是联建办里科学出版社的工作人员努力争取得到的，至今仍在受益。

到1994年下半年，武汉图书展销会后，侯社长让我分管发行处的工作，这对我来讲是一个挑战。当时，科学出版社全年自办发行部分只有1 000多万元回款，加上新华书店发行所和邮局的回款，总计不到2 000万元。这样的规模是很难支撑起一个600多人的出版社的，我感到压力很大。我是边工作、边熟悉情况，边观察、边思索，尽可能地参加各种会议，听取情况，做好笔记。到1995年年底，我已记满了四个笔记本。一般情况下，不是我分管的工作我很少发言，对自己的要求是听得懂、有分析、有判断。有时专门征求我意见时，我也会谈自己的看法，有不少观点和提法应当说还是有些新意，能引起一些人的共鸣。但是对我分管

1995年作者与侯建勤社长（中）、卢盛魁书记（左）参加在武汉举办的第六届全国书市

的工作就要彻底摸清情况，形成自己的看法和管理办法。

二、酝酿改革

1994—1995年是全国科技类出版社改革力度大、发展很快的阶段。中央级专业出版社中，第一集团军中的高等教育出版社、中国地图出版社、人民教育出版社、外语教学与研究出版社等产值都在两亿元以上；机械工业出版社、电子工业出版社、人民邮电出版社、中国建筑工业出版社的产值也都过亿元了；地方科技类出版社的发展势头也十分迅猛。

相比之下，科学出版社在获奖方面在全国仍是大户，名列前茅；但在经营上则是连年亏损，加上基金补贴勉强有点盈余，1994年仅结余50多万元。这对于一个有在职职工450多人、离退休人员200多人的出版社来说是难以承受的。社财务处多次因银行透支被罚款。出版处处长上班经常不能待在办公室，因为催要印制费和纸张款的业务员时常来找。实际上出版社已经是在负债经营了。

1994年年底，因资金紧张，年终结算和工资发放有困难，我陪侯社长到中科院计划局去借钱周转。实际上就是想用科学出版社所存的十几万美元作抵押借人民币周转，因为当时外币还比较紧张，社里舍不得兑换成人民币。在计划局领导那里，我们俩就像讨小钱求救济的人。院计划局的领导不但脸色难看，而且说话也难听："逾期不还，外汇院里就收走。"其实，我与院计划局局长王声孚是交往多年的熟人了。他说："现在我们也是择优支持，不是给各单位解困的。你越发展、越有钱，我们就越支持。"侯社长以往曾多次找计划局解决资金问题，有时侯社长被委屈得落泪。

在从院里回出版社的车上，大家的心情都不平静。我闷声跟侯社长讲："我再也不去院里伸手要钱了。谁也不能靠，要靠我们自己，是死是活我们得自己闯。"

当时科学出版社的情况是，经济上遇到很大的困难，而且还没有找到解决的办法。40周年社庆时，中科院院长周光召到会讲了话，除了庆贺和肯定出版社的成绩外，还专门讲道："对于你们反映的困难，我都铭记在心。"这句话我也一直铭记在心，一直激励自己要自主、要自己去闯。

当时无论是在中央主管部门，还是在社里员工中，有相当一部分人认为，国家就这么一个高层次的专业出版社，应当作为事业单位由国家养起来。虽然改革方案反复讨论，但迟迟没有做出决定。关键是观念还停留在事业单位国家包干的层面上。观念不转变，很难迈出实质性的改革步伐。

中科院领导对科学出版社的情况应当说是很清楚的，对如何促进科学出版社进一步深化改革，改变现有被动局面，一直都在院高层中酝酿。

三、路院长到出版社推动改革

1994年12月26日，时任中国科学院常务副院长路甬祥到科学出版社参观社庆40周年图书展览，这是路院长从浙江大学调到中国科学院后首次到科学出版社来视察。陪同路院长到社的有院党组书记、出版委主任余志华，出版委副主任李廷杰等。

路院长参观完书展后，在出版社食堂与全社职工见面，并作了重要讲话。路院长讲："这次到这里来，几位老院长都很关心，卢老（卢嘉锡）专门打电话给我，主要是名词委的问题。昨天晚上，光召同志也打电话来，希望能进一步推动出版社的改革，同时还要感谢出版社的同志做出的历史性的贡献。”

路院长讲：“刚才看了展览，看到科学出版社发展的轨迹，几个不同历史时期都有辉煌的时候。到了后面这一段，就是1985年、1986年以来，看来发展曲线不是向上，而是有点下滑，市场经济的发展跟我们原来的计划体制下形成的结构和运作体制出现一些不协调，虽然也采取了一些积极措施，但还需要进一步解放思想，深化改革，跟上社会整体改革和发展的步伐。”

路院长以他敏锐的眼光，从发展曲线变化的情况分析下滑的原因，指出这是从计划体制转化到市场经济体制结构性的不适应。现在听起来好像这种分析很平常，但在当时，在出版社大多数人只习惯微观看问题、在现实中找原因的思维方式中，很难有这种以宏观的视角，从体制、结构、运行机制上切中要害，直接抓住事物的本质的人。

路院长的讲话，全面系统地勾画出科学出版社从计划体制向市场经济过渡全方位改革的蓝图。

路院长讲：“就科学院来说，科学出版社随着改革的深化，应该从院办事业单位坚定不移地走向企业化单位，并坚定不移地发展成为科学出版企业集团。

“从长远看，科学出版社和整个出版界在改革开放和中国经济高速发展、全民族对科技文化需求越来越大的宏观形势下，面临前所未有的发展机遇，虽然从局部的、暂时的情况看，还碰到一些困难和问题，但这并不能否定我们面临的发展机遇。这一点不是理想主义的逻辑推理，而是我们周围发达国家走过的历史轨迹所证明的。

“同时，我们还面临前所未有的挑战，因为整体社会发展速度加快了，而且发展的模式和体制发生了根本性的变化。在发展初期，必然造成转轨当中有许多的矛盾，也出现许多局部性的不平衡。一些出版社把社会效益与经济效益两者统一起来，走出了一条发展的道路。出版业作为一种文化产业，又有文化产业的特性，其社会形象和声誉本身是一种财富，不光是精神财富，也同样可以转化为经济效益的财富。在这种形势下，科学出版社是否在观念上、在机制上都要有一个比较大的转变？我觉得改革的步子要变大一点，步伐要更快一点，因为改革开放15年来，各个出版社都在改革的道路上起步，并且已显示出了差别。

"在过去计划体制下，在科学出版社的历史阶段，科学出版社主要是考虑书稿的来源，现在恐怕主要是要考虑市场和读者的需求，同时联系一批高水平的作者，才能把二者统一起来。

"在处理效益和水平的关系时，我们应在市场经济条件下树立一点辩证的观点。质量我们当然要放在首位，尤其科学出版社有'三高'的传统和'三严'的作风，我们不能丢。但另一方面，什么样的著作算是'高水平'，在不同的历史时期、不同的观念下有不同的结论。有的很专很深的传世之作，虽然市场不大，赔钱也要出；教育、科普、工具书、新技术类的书，有广阔的市场前景，有国家、民族文化特色的双效益也是高水平。高水平的学术专著也得有物质基础，也得靠经济效益支撑。经济效益搞上去了，才能保持高水平、高质量。把质量放在首位，把读者放在首位，才有长远的效益。出版社有了效益，经济富裕了，待遇高了，才能有更新的手段，才能多养社会效益好的书，才能拿双效益的书养单效益的书。

"走双效益之路是历史的必然，走得越快越主动。科学出版社社会效益一流，要努力把经济效益这块搞上去，社会效益才能稳定和提高。

要想得通，把机遇变成自身的动力。观念要解放，要大胆、积极、稳妥地推进改革。”

路院长最后还强调，科学出版社这块金字招牌不仅要在国内保持优势地位，在经济上也要进入十强行列，还要走向世界。

路院长的讲话获得广大干部职工的热烈欢迎，可以说是科学出版社改革处于酝酿阶段的一股强劲的春风，从理论上和实践上都有很强的针对性和指导性。我是带着许多问题和思考听完路院长讲话的，经过消化后，我对科学出版社今后的发展方向、改革思路和目标豁然开朗。路院长讲话特别有指导意义的，我把它归纳成下面几点：

一是坚定不移地由院办事业单位转化为文化企业单位；

二是首先提出了文化企业和文化产业的概念；

三是发扬“三严”传统，保持“三高”特色，坚定不移地走双效益统一的道路，并指出，这是一条必由之路，早走早受益。

四是辩证的质量、效益观。不同历史时期有不同的内涵，过去单纯地把高水平学术著作理解为唯一的高水平，现在应该把科普、应用技术、文化传统上的高水平同样视为“三高”的内涵，这点对科学出版社解放思想特别关键。

五是有了良好的经济效益，社会效益才能持续发展，物质是基础。科学出版社与其他社相比较已经有差距了，要奋起直追，成为社会效益和经济效益高度统一的强社。

路院长的讲话给科学出版社在改革迷蒙时期指明了方向，即高举企业化的大旗，是走社会效益与经济效益高度统一的必由之路。

当然，并不是所有的人都认可路院长的讲话精神，因为有一部分人仍在固守原有的观念，在他们看来，这种高水平的出版社全国也没有几家，国家什么钱都花了，对于科学出版社这种社来说应该只管出好书，而不为经济所困扰。散会后，我也听到了不满的议论。

1995年春节前夕，《科学出版社关于转变运行机制，推进结构调整的实施意见》正式报院党组，无疑是路院长到出版社的讲话起到了统一认识、加快推进改革的作用。

四、领导班子换届

1995年是科学出版社领导班子换届之年。在制定改革方案过程中，干部群众对社领导班子换届很关注，议论也很多。

6月中旬，中科院人事局局长张永庆带领考核组到出版社开展换届工作。侯社长代表第六届社领导班子做了述职报告之后，考核组找社领导班子成员分别谈话。我向张局长谈了我的看法，认为侯建勤同志仍然可以连任社长，理由是她从中国科技大学一毕业就在出版社工作至今，对各方面情况都很熟悉，改革方案的制定已经完成，改革的方向已经明确，今后工作难度会小很多。并表示我将尽全力辅助侯社长的工作。其他同志如何谈的我不知道，但事后觉得在谁当社长、什么样的人当社长这些问题上意见分歧很大。考核组也收到不少职工来信，对组建新一届（第七届）社领导班子提出各自的建议和意见。有一种建议是请一位院士来兼任科学出版社社长，他们认为这才与科学出版社的学术地位相称。为了进一步了解情况，中科院副院长胡启恒在8月中旬专程到出版社召开各类座谈会和民主测评会，调研科学出版社新一届领导班子的组建问题。

我也不知为什么自己逐渐成为舆论的焦点。有人说我的工作关系在武汉分院，工资由武汉分院发，在出版社只是暂时的；有人当面问我：

“你是永久牌，还是飞鸽牌？”更听说有人反映我对出版是外行，在出版社工作期间用公车去打高尔夫球，等等。我也和侯社长交换过对新班子组成的看法，明确表示支持她连任，我尽力辅助。这并不是客气话，而是我的真实想法，甚至做了搞不好随时可以撤回武汉分院的打算。对于担任科学出版社社长一职，我并没有强烈的愿望，我觉得这个单位情况太复杂，不好搞，最好的格局是前面有人撑着，自己尽力辅助，这样的话日子会好过些。

到了10月，侯建勤带队去参加德国法兰克福书展，我在社里接到院人事局局长张永庆的电话，说准备安排我到中科院深圳工业园任党委书记兼管委会副主任。张局长讲：“这事你不要征求侯建勤的意见，她知道的话是不会放你的。如果你同意，直接给我回电话。”听了张局长的电话后，我想，两年前的愿望终于可以实现了。按惯例，深圳工业园党委书记兼管委会副主任是正局级岗位，我感到由衷的高兴。我征求中央党校时的同学、时任国家地震局副局长陈颙的意见，他听后立即讲，应当去深圳，不要说一年几十万元的年薪，发展的空间也大。然而我内心反复掂量：我要是就这样一走了之，如何对得起侯社长的知遇之恩？思前想后，还是跟侯社长在电话里讲了院人事局的安排。她听了后明确表示，她已经到院里说过，不会放我走的，要我等她回来再说。就这样侯社长匆忙赶回北京去找了张局长。事后，张局长告诉我：“侯的态度很坚决，执意要留你。这次是你自己选择的。”我也无话可说。

迄今，我在这件事上还没有肯定的看法。如果当初去了深圳，就是另一番打拼天地，但是还是选择了留下，看来内心深处还是有出版情结，再说我也不愿做出有负于对我支持和寄予希望的人。一句话：心太软。

1995年12月5日，中科院副院长胡启恒、京区党委常务副书记蔡春雷、出版委副主任李廷杰、人事局干部处处长张良吉等有关领导到科学出版社召开中层干部会议，宣布新一届（第七届）社领导班子的任命：我任常务副社长、法定代表人，侯建勤任总编辑，副社长有董芳明、秦人华、丁乃刚、向安全，吴瑰琦任副总编辑。加上党委书记卢盛魁，第七届领导班子由这八个人组成。我戏称，八人班子是八抬大轿，共同抬起科学出版社这块金字招牌。

这次中层干部会议在出版社食堂召开。胡启恒副院长首先讲话，她说："对科学出版社第七届领导班子的产生，院党组高度重视，也很慎重，前后花了近半年时间进行调研和反复征求意见。我们相信，以汪继祥为首的新一届领导班子能够团结全社员工推动科学出版社各项事业的发展。院党组希望科学出版社'一化，二效，三作风'。'一化'就是坚定不移地走企业化道路；'二效'就是坚持社会效益和经济效益的高度统一；'三作风'就是要坚持'三高'（高层次、高水平、高质量）传统和'三严'（严肃、严密、严格）作风。科学出版社要加快发展。希望（电脑）公司的产值已经过亿了，你们怎么办？"胡启恒在会上点名问秦人华："希望的产值到了多少？"秦人华回答说，已经一个多亿元了。在大会上的这一问一答，使在座的"科学人"包括我在内都感到自己矮了一截。我脑子里翻滚着一个信念：科学出版社一定要腾飞，科学出版社必定会腾飞！当时，的确有舆论传言说，如果科学出版社再搞不上去，就有可能被北京希望电脑公司兼并。如果这种情况真的发生了，那么我们这些科学出版社的人真是无地自容呀。也有传言说，要让希望电脑公司的人来当社长，那我们这些科学出版社的人又会是个什么滋味？当时中科院党组也不是没有这种考虑，把秦人华派来做副社长应该就是一种战略性的安排。

我在大会上讲了自己的感受："这次调整班子，把我推上常务副社长的位子，深深地感到自己的能力、资历以及在这个行业的阅历都是不够的。我希望在任期内，团结全社同志，共同努力，沿着院领导给我们指出的'一二三'改革发展的方向走，用辩证唯物主义的观念、用发展的观念全面看待和分析我们的以往、现在和未来。

"我认为，'三高''三严'是企业文化，也是企业的形象，它们在不同的历史时期应该有不同的内涵，应当与时俱进，有新的发展。如果一味片面地、孤立地理解，就会步入死胡同，甚至把有些东西对立起来。我觉得，转变观念对我们来说，是一个潜移默化的过程，也是一个大张旗鼓宣传的过程。在这个过程中，我们要少一点争论，多一点贯彻；少一点埋怨，多一点实干。只有脚踏实地地努力，一步一个脚印地往前走，我们才会走出困境。我们现在发行码洋大概在4 000多万元，在本届任期内应当做到翻一番，看来是有难度，指标有点高了。但看一下周围兄弟社的发展状况：希望电脑公司已经过亿，建工社只有200多人，也已经过亿，这就逼着我们不得不这样提。会后，我们将细化任期内总体目标，并以实现总体目标为动力来推动我们的改革。"

从1995年6月中科院考核组进社，直到12月5日宣布任命书，经历近半年时间的工作，新的班子终于产生了。其中，新任副社长秦人华是希望电脑公司分管计算机图书事业部的副总裁。据称，希望电脑公司的计算机图书已经做到了近亿元的规模，在总量上已经超过当时的科学出版社。把秦人华安排进科学出版社领导班子的寓意是要加强市场图书这一块的业务。

在任职大会上，我讲话中提出的目标是：在本届班子任期内，销售

收入、净利润要翻番，即本届班子履职结束时，年销售码洋要达到8 000万元，年净利润要达到500万元。

说老实话，我将满50周岁，并且已在副局级岗位历练十多年，还被任命为常务副社长是有原因的：其一，谁来主持出版社的工作，出版社里的意见不统一，让一名院士级科学家来兼任社长的呼声不小；其二，对于让一个非专业编辑出身的外来户担任社长，有相当一部分老同志是不认可的，所以中科院党组是抱着看一看和折中的办法来处理才做出这样的安排。尽管胡启恒副院长在跟我谈话时，特别强调要我理解，并鼓励我说："这并不妨碍你履行社长的权力。你是法定代表人，一样可以大胆推进改革。"但在内心自己很明白，我是带着被考察、被疑惑的眼光走上常务副社长、法人代表这个岗位的，压力可想而知。

1995年作者（前排右四）任科学出版社法人代表、常务副社长时与中科院副院长胡启恒（前排右五）和出版社领导班子成员合影。

五、四年的单身生活

1993年11月24日，我背着简单的行李到北京，开始了为期四年的单身生活。

社里在东城区东厂胡同给我安排了一套50多平方米的临时住房，从这里去单位走路只需一刻钟，胡同的东口就是繁华的王府井北街，所以对这个住处我感到很满意。

行政处处长宋宝吉尽力帮助我筹备能住下来的条件。他找来一张大床，缺一条腿，用砖垫起来；一个丢了玻璃的书柜和一张书桌；一个单人沙发，缺了半边扶手，正好可以朝两个方向落座。这个单元里住的都是科学出版社的职工，慢慢熟悉了，他们借给我一张可折叠的餐桌和一台电视机。

北京的冬天虽然寒冷，但有暖气，还有电视看，感觉还是很不错的。那时，出版社里还有食堂，我一日三餐的问题也就得到了解决。我对侯社长在出版社那么困难的情况下给我提供的各种生活条件，至今仍心存感激。

科学出版社武汉编辑室的同志到北京来办事，就住在我这里。他们帮我置办了锅碗盆勺，可以自己做饭了，俨然成了他们的驻京办事处。我也时常盼着他们来，因为他们一来我既可以吃到大家动手做的饭菜，晚上也可以有人聊天。武汉分院的同事到北京出差也住在我这里，一些老同事看到我的状况后郑重其事地跟我说：“老汪，这样不行呀。这把年纪了还一个人在外，我们看了都心酸。还是回武汉吧！”我跟他们讲：“会好起来的，一切都会好起来的，面包会有的。”

我爱人从武汉过来探亲，把屋子彻底做了一遍清洁后，感觉舒服多了。她看到我的生活环境后曾很正式地告诉我，她是不会调到北京来的。她说："搞几年你还是回武汉吧。"我当时的工资关系在武汉分院，每月的工资仍由武汉分院发，相当于是在北京长期出差。我当时的想法也是干两年就走人。在这种情况下，我也没有要求把家搬到北京来，更没有谈爱人的工作调动问题。

1994年，我连续几次突发胆绞痛，每次恶心、呕吐，大汗淋漓。打电话叫出版社医务室的马医生、冯医生联系医院，曾住过两次院。这年夏天，我陪侯社长去深圳出差，病又犯了，疼痛难忍，在深圳又住进了医院。我大妹妹在深圳工作，她全程照顾我，直至出院把我送上火车。她要我到武汉休息一段时间，并要求我到医院检查一下。她说一定得做手术把胆囊切除，这一刀是躲不了的。到了武汉，我就到省人民医院去做检查，结果胆囊结石比大拇指还大，而且不止一颗。胆囊壁已经很薄了，再不手术就有穿孔的危险。中科院武汉病毒研究所何所长的夫人是省人民医院干部病房部的主任，她安排我住进医院做胆囊切除手术。我的医疗关系还在武汉分院，一切都比较顺利。侯社长派宋宝吉代表社里到武汉的医院里来看望我，还带来500元的慰问金。住院期间，分院领导也到医院来探视。我当时想，有两个家的感觉也不错。

在这次手术后，我很害怕再生病，因为有了病痛只能自己一个人扛着。有一次，我患重感冒，从星期五下午就躺在床上，一边吃药一边吃快餐面，直到星期天晚上烧才退。忽然听到有敲门声，我赶紧从床上爬起来，原来是住在前一栋楼的中科院基建局局长汪友三来串门。他看到我这个状况，就问我："你一个人睡了两天？"我笑着说："谢谢你来看我。我都两天没有说一句话了。"更加重要的是，我女儿来年就要考大学，母亲又长期住院，医院一发病危通知我就得冲回武汉。我的确有点心力交瘁了。

这样的折腾，我更加不想在北京待下去了。

直到1995年中科院调整了出版社领导班子，我挑上了出版社这副担子后，分院见我已在出版社主持工作，要求我把行政关系和工资等待遇关系转到出版社，我才结束一人两制的状况，下决心在北京待下去了。我爱人这时也一改以往坚决不到北京来的初衷，跟我商量着如何调到北京工作的事了。

1996年，我爱人王宜兰调到中国科学院机关门诊部当医生。之后，二女儿大学毕业也随迁到北京。四年的单身生活才告结束，全家人首次在北京团聚了。

1996年8月作者全家首次在北京相聚

第八章

挑起科学出版社重担

一、外部形势分析

科学出版社1996年在出版界处于一个什么位置呢？我已经在出版社待了两年的时间，情况还是比较清楚的。

从地方出版社来看，在“立足本专业，面向大科技”方针的推动下，各地方科技、教育类出版社都有了长足的发展。上海教育出版社产值已达3亿元以上，上海科技出版社也有1亿多元。地方科技类出版社中的广西科技社、江苏科技社、广东科技社产值已经达到7 000多万到1亿元的规模，和我社有一定业务关系的山东科技社也在5 000万元以上；福建、浙江、辽宁科技社的规模也有4 000万~5 000万元。

从中央级出版社的情况看，人民教育出版社产值4亿元，高等教育出版社3亿元，外研社2.5亿元，电子工业出版社1.4亿元，中国劳动出版社1.4亿元，中国建筑工业出版社1.3亿元，人民邮电出版社1.1亿元，机械工业出版社、人民卫生出版社、清华大学出版社、北京大学出版社产值都在1亿元，商务印书馆7 500万元，人民出版社4 000万元。而我们社

1995年产值只有6 400万元，发行码洋只有4 900万元左右，相当于地方科技类出版社中等规模的水平，在中央级出版社中仅相当于人民出版社的规模。

二、确定“三管齐下”

中国科学院于1985年就提出了把科学出版社的属性由纯粹的事业单位改变为自收自支企业化管理的事业单位。1992年在中国科学院对其所属单位的分类定位中，进一步明确把科学出版社定位为自收自支的事业单位。这一变化使原来的体制受到很大的冲击，首先是将原来给出版社的事业费转变成了“中国科学院出版基金”，为此，中科院在出版社里设立了出版基金办公室，派袁义古来主持基金办的工作。科学出版社每年要拿图书和期刊的出版项目去申请，由基金办公室组织专家评审，确定资助金额，与出版社签订资助合同后将资助款分两次划拨到出版社的财务，专款专用。也就是说，取消了事业费，人头费也就没有了。还有，科学出版社是一家1954年成立的老单位，40多年来累计下来的离退休人员已达200多人，其中享受正编审和局级以上干部待遇的有70多人。按当时的离退休人员待遇标准，1995年仅这一块就要280多万元，而中科院每年只给科学出版社补贴90万元，社里每年要拿出近200万元支付老同志的离退休费用。1995年科学出版社全年结余只有214万元，账上流动资金只有700多万元，十多年来都是这个数，没有任何增加和补充，严重制约了扩大再生产的发展。按当时经营情况计算，急需增加1 000万元的流动资金。从1991年到1995年第六届领导班子任职期间，按这种体制运行显得十分艰难。当时，科学出版社图书的平均印数只有1 000册左右，出版业务直接就是亏损，加上基金和其他创收基本持平。

更为严重的是，在这种比较困难的情况下，出版社的管理却跟不上，有不少中青年骨干纷纷离去，还有不少人在出版社挂名拿工资，却自己在外面另谋出路。根据1994年7月统计，全社662人，在职461人，离退休201人。在职人员中，正编审21人，副编审90人，平均年龄54岁，这些正、副编审到2001年将全部退休。

面对上述出版社的内部情况，做出以下判断：

1. 科学出版社是个有着优良传统、良好品牌的专业出版社，是中宣部、新闻出版署1993年评选的全国第一批16家优秀出版单位之一，其社会效益在科技类出版社中一直名列前茅。

2. 转轨时期不适应体制变化，对社会效益与经济效益需要高度统一的认识不到位，加上离退休人员较多，造成经济上遇到很大的困难，流动资金严重不足。

3. 管理松懈，领导班子的权威和管理力度欠缺，造成一定程度上的混乱。

4. 人才流失、年龄断层等造成发展的后劲严重不足。

5. 观念陈旧，只有通过改革才能闯出出路。

针对以上情况，社领导班子统一认识，争取三管齐下采取针对性的措施：

1. 观念革新，与时俱进；

2. 产品分类，结构调整；

3. 从严管理，建章立制。

我在社长办公会议上讲，我们要有信心。在我看来，出版社遍地是黄金，只怕你不弯腰。我们现在要两手抓，一手抓“牌子”，一手抓“票子”，而且两手都要硬。

三、做团结稳定工作

经过半年时间换届，新的领导班子终于产生了。在班子调整过程中发生的对我的争议，随着班子的尘埃落定，对我的影响已经烟消云散，继之而来的是新老班子成员之间、干部与群众之间的对立情绪逐渐显现出来。好在有侯建勤对我的支持，她经常鼓励我说，不用怕，大胆地往前走。我也意识到搞好团结是当务之急，我在各种会议上首先讲团结，并将“团结、开拓、务实、高效”（把团结放在首位）这一企业宗旨印发给大家讨论。

在接下来的丙子年（1996年）春节期间，我走访了20多位老同志，一是上门拜年，二是征求他们对出版社工作的意见和建议。大多数老同志还是很真诚地跟我谈了他们的看法，并给我以鼓励。但也有让我难堪的场面，上门拜年连门都不让进，站在门口说几句话就把我打发走了。我爱人随我一同去拜年，见到此种情景很是不理解。

经过一段时间做工作，形势慢慢趋于平静。有些编辑室干部转弯慢些，通知他们开会既不来参加，也不做任何说明。遇到这种情况，我就叫人反复去请，直到请来为止。过了一段时间，我宣布凡不参加中层干部会议也不做任何说明达到三次者，即视为自动辞职。至此，不参加会议的现象才得到改变。说起来还真算庆幸，这些不参加会议的大都是正编审级的编辑室主任，这些人是当时科学出版社的中坚力量。这是一个很特殊的群体，他们大都是某一学科领域的编辑专家，有着丰富的人脉和出版资源，在学术界和出版界有一定影响力，他们影响和掌握着青年编辑的成长和发展。有的主任天生大嗓门，争论起来只有他说话的份儿，别人根本插不上嘴，一般的社领导在他们眼里根本不在话下。

我想之所以形成这样的群体和风气，与中科院的院风有关。首先，中科院倡导专家治所，那么科学出版社就应当是正编审这样的出版家治社；其次，中科院倡导学术自由，自然是他们有更大的发言权，也不在乎什么领导不领导的了；更加让人难堪的是，正副高级职称评审、聘任权都不在社长的掌握之下，而是由一个评聘委员会把握，中科院大多数研究所都是如此，所长是专家的还好说，如果不是专家的话，聘任大权旁落，势必造成二元结构，甚至起主导作用的是高级技术职称这个指挥棒，因为职称和待遇是紧密挂钩的。面对这种情况，我也理解侯社长在任期间为什么有些人那么横，其体制上的原因莫过于此。对于这部分人的工作，我是相当谨慎的，尽量说服规劝，避免任何冲突。

另一方面，对现有的中青年骨干，争取积极接触，了解他们的想法和需求，征求他们对出版社的意见和建议。通过与他们的接触和对他们的了解，也为日后启用一批新干部打下了基础。

四、清理散兵游勇

出版社人事处处长告诉我，全社有20多人长期不上班，游离于体制之外，有的还长期拿着工资不干活。这也是出版社老大难问题之一，必须尽快解决。如果这种状况继续下去，要想整肃出版社的劳动纪律将只能是一句空话。

经过领导班子研究决定，要求这些长期不上班的人限期到人事处报到，重新明确岗位，对拒不服从分配的，视为自动离职。还有几名在中国驻外使馆当家属的人员也通知到其本人，要求限期到社里报到。有一部分人没把这个通知当回事，我们就坚决给他们办理辞退手续；也有少数人回来报到，正常上班了。对出版社在俄罗斯公司的遗留人员和使馆家属人员都一并做了处理。彻底结束了科学出版社作为冤大头白白养活这些人的局面。

处理这批人也是有风险的，我已做了最坏的打算，在办公室放置了防身器械，因为我多次半夜接到威胁人身安全的电话。他们还多次闹到办公室，把门堵住，不让我出来。但是这一切都不能挡住我的决心，同时也要求人事处，对这20多人的处理都力求做得合理合法。有的人不服要求法律仲裁，我们也积极应对，按当时的政策给予适当的补偿。

我们的原则是，纪律面前人人平等，不管什么原因，不管会不会闹腾，都一视同仁。这个问题的解决极大地树立了新班子在全社干部职工中的威信。

五、部署1996年工作

经过调研、筹备，到1996年2月中旬，新班子上任后的第一次工作会议召开了，参加会议的是中层以上干部共70多人。会议由侯建勤总结1995年工作，由我代表领导班子布置1996年工作要点。我在工作会议上讲："当前，摆在我们面前的有两条道路可供选择，一是在计划体制下形成的，在旧的习惯势力作用下，在封闭状态中的自我完善，将希望寄托在外界的理解和支持上，其结果必然是事与愿违，路越走越窄。二是认清形势，转变观念，找准自己的位置，加大改革力度，主动进行结构性调整，构筑起适应社会主义市场经济的出版经营机制，创出一条有科学出版社特色的双效益道路，路会越走越宽。显而易见，第二条路才是正确的选择。"

我们确定1996年产值要达到7 000万元，其中图书6 400万元，期刊600万元。销售收入确保3 300万元，力争达到3 500万元，其中图书3 000

万~3 200万元，期刊350万元。全年结余确保350万元，力争400万元。全年结余的30%用作奖励基金。其中最重要的指标是结余400万元，这意味着要在1995年的基础上翻番。为了保证经营目标的实现，制定了十项工作重点：

1. 认真抓好社、处两级领导班子建设；

2. 完成全社定岗、定编、定员、定责任（目标）、定奖惩的五定工作；

3. 加大人事制度改革力度，逐步建立起既符合我社实际情况，又能调动全社职工积极性的综合配套的奖励机制；

4. 制定出科学出版社“九五”书刊出版规划和经营规划；

5. 初步建立起图书分类管理的出版运行机制；

6. 建立健全质量保障和工作监督的制度；

7. 扩大图书发行网点，加强宣传促销力度；

8. 海外合作要有新举措；

9. 优化外部环境，整顿社内秩序；

10. 加大行政后勤工作的改革力度。

会后，在给各部门分配要完成的经营指标时，有200万元产值分不下去。科学出版社的副牌社龙门书局领导在会上发言，要求社里实事求是，不能冒进，不能“人有多大胆，地有多大产”。结果是考古组组长张玉梅主动请缨完成这200万元产值，这才将计划分解下去。这是我任社长十多年间唯一一次碰到这种情况，此后再也没有分配任务讨价还价的事发生了。

1996年工作会的召开有几个方面的突破：

一是确定了全年的各项经营目标，以往从没有这样做过。

二是明确了总利润的30%用于奖励，使大家能看到自身利益这一块。

三是提出了图书分类管理制度，为产品分类战略的明确提出和执行打下了基础。

四是会后落实了各部门的经营指标，使全社聚精会神抓落实。

经过1996年全社干部、员工共同努力，无论是产值、销售收入还是利润，都大幅增长：销售码洋从1995年的4 900万元增长到1996年的8 800万元，增幅达80%；销售实洋从1995年的3 200万元增长到1996年的5 400万元，增幅为69%；总收入1996年比1995年增加1 000万元；结余达到425万元。各项指标都达到了历史最好水平，极大地鼓舞了干部职工的士气。在当年春节团拜会上，当我宣布全面完成各项经营指标，取得历史最好水平时，大家都情不自禁地鼓掌相庆。当然，利润的30%用于奖励的承诺也兑现了，大家也分到了多于往年的奖金。

六、领导的鞭策与鼓励

自1994年12月26日路院长到科学出版社考察之后，科学出版社的每一个变化和发展都已纳入路院长的视野，不断给我们以鞭策和鼓励。新班子宣布后不久，路院长即写信给出版社领导班子，提出“大胆改革，坚定不移地走双效益统一之路”。要求我们“一年一个样，三年大变样”。我们将路院长的信贴在宣传窗里，全社干部职工都受到莫大的鼓舞。

1996年夏季，中央在北戴河召开会议。路院长从北戴河给我在东厂胡同的住处打电话，询问出版社的改革情况。路院长问我今年多大岁数了，我回答刚满50岁。路院长说：“很好。看来选你当社长是选对了。”并鼓励我说：“要好好干，把科学出版社办成国内一流、国际知名的出版集团。院里支持你们，将来在中关村给你们一栋大楼。”

1996年8月1日社庆，我们邀请中宣部副部长龚心翰、新闻出版署杨牧之副署长到社指导工作。图书司阎晓宏副司长告诉我，必须有院领导出席，领导才能到会。我们当即向院办公厅打报告。很快得到答复，说路院长将亲自参加。当年8月27日，中宣部领导、署领导、院领导同时到科学出版社检查指导工作，并分别做了重要讲话。这次有关主管领导到出版社来，不是一个简单的事情，原因是这年3月份发生的“光盘事件”还在处理过程中，社里音像出版仍处于停业整顿期，对我社的影响很大。中宣部领导、署领导和院领导这次到社里视察，无疑对“光盘事件”负面影响的平息起到了重要的作用。

1996年8月中宣部副部长龚心翰（前排左二）、新闻出版署副署长杨牧之（前排右三）、中科院院长路甬祥（前排左三）到出版社参观考察（右一为作者）

七、“三点一测”丛书的出版

1996年春季，杨希祥作为“三点一测”丛书主编，到我办公室做出版合同签订前的最后谈判。我们为版税问题反复讨价还价，最后是双方各自退让一步，签订了合作出版合同。

当时，我认为老杨太计较了，为一个百分点争得脸红脖子粗。老杨却认为我太强势，没有商量的余地。签完合同后，我问老杨：“你心里觉得舒服吗？”他说：“不舒服。”我告诉老杨说：“我心里也不舒服。不过这样可能正好，我们都找到平衡感了。否则我们的合作就很难持久了。”

“三点一测”丛书当年夏季出版。当时谁也没有预计到，这套丛书会红遍大江南北，成为总发行量达到六七百万套的教辅图书明星品牌。

当年夏季，北方图书市场反映有盗版的“金钥匙”丛书和“三点一测”丛书的出现，也没有引起我们多大的重视，只是派龙门书局总经理郑飞勇带人到河南去了解情况。但是，后来盗版现象越来越严重，据龙门书局代理商估计，在“三点一测”丛书销售最好的20世纪90年代后几年，市场上流通的盗版书占到了市场份额的30%~40%。在打击盗版方面我们的投入也不少，而且成立了专门机构，但效果一直不是很好。深受盗版之苦的在当时也不是我们一家，看来是与当时的国情有关吧。

八、“光盘事件”的教训

出版业是个特殊的行业，任何时候都要把出版质量和政治方向的把握放在首位，否则就要受到惩罚。我上任不到三个月就发生了“光盘事件”，至今想起来仍有切肤之痛。

1996年3月27日，我们接到新闻出版署音像司打来的电话，要求核实由北京保力软件公司编制的《家教软件荟萃》光盘是不是科学出版社出版的。如果是，发行了多少？还有多少库存？要求我们将已经发行的光盘全部收回。

经过了解情况才知道出娄子了。科学出版社音像出版中心主任王河山、副主任张启男向我报告说，我社出版的《家教软件荟萃》光盘用的是从台湾引进的CD-ROM。上海有人举报，说在光盘结束时，有“三民主义统一中国”等两行小字。在出版前审查时他们没有发现这两行字，因为这两行字是在全部内容结束后，过一二秒钟才出现的。我让他们演示给我看，的确如他们所说。我告诉他们，赶快收回已发出去的货，并将情况写成报告报新闻出版署和中国科学院出版委。

就在我们抓紧处理此事时，中宣部出版局通知中国科学院和科学出版社领导到部里去谈话。到中宣部后才知道是副部长龚心瀚和出版局领导要约谈。院出版委主任郭传杰（时任中科院党组副书记）、副主任郭志明，还有我和出版社的几个领导参加。我在约谈时做检讨，说CD-ROM光盘是个新的东西，我们没有经验，审查不到位，造成了严重的后果。我们要深刻反思，吸取教训，进一步完善规章制度，杜绝类似事件的发生。当时部里领导讲：“你们为什么不把光盘上的内容打印成底样，像审读图书一样来操作？”我回答说，如果把内容都打印出来，有半个书架那么多，所以只好在电脑上审读。传杰代表院里也做了自我批评，表示要加强管理，杜绝类似事件的发生。郭志明在讲话中说，科学出版社是有成绩的，这次发生的问题有一定的偶然性。结果被龚副部长严厉地批评了一通。约谈会最后宣布，科学出版社的音像出版业务停业整顿。

约谈会后，我们的音像出版业务全都停了下来。社里成立了整顿领导小组，由总编辑侯建勤任组长。不久，新闻出版署召开出版界通气会，把我们的“光盘事件”在大会上做了通报。4月中旬，我社中层干部在食堂开会时接到通知，说北京市工商局要约谈王河山。我感到情况不妙，就跟着王河山出了会场。我告诉王河山，到了那里有什么情况，就给社里打电话，并派车把王河山送去约谈。

没有想到的是，王河山这一去就没有了任何消息。事后我们打听到，王河山是被收容审查了。王是个局级干部，原来在院保卫局工作，中国科学院音像出版中心（与科学出版社音像出版中心合并后的名称）建立以后调来当主任的，严格说来，王河山是院里的干部，我便当即向院领导报告了此事。一个月后，据说是院里出面才把王河山放了出来。我第一时间赶到他家看望慰问，表示他为单位的事受苦了。人虽然出来了，但社里音像出版业务停业整顿工作还在继续。

从1996年4月15日正式向院里写检查报告，到1997年8月15日新闻出版署和中科院出版委到出版社验收整顿情况，经过一年半的时间才准予恢复科学出版社的音像出版业务。经过整顿，我们专门调进了光盘审读人员，还全面清理了全社书刊、音像出版质量保证体系的各项规定，重新修订完善了30多项保证质量的制度和管理办法，装订成册，相关人员每人一册。

“光盘事件”给我的教训是深刻的。本来，接手不到三个月，有许多事情要做，偏偏出了这个事件，对我们刚刚起步的改革增加了很大的压力。当时有种说法是，科学出版社很可能因为这个“光盘事件”而被取消“优秀出版单位”的称号，我最担心的就是这个。更有行业记者说，科学出版社只顾经济效益而忽视政治方向，只顾埋头拉车，不抬头看路。我当时的感觉正是“屋漏偏逢连阴雨，船破又遇顶头风”。

2000年我参加中央组织的“三项学习教育活动”培训班，通过八天的学习和思考，结合自己出版工作实践以及任职初期发生的“光盘事件”，比较系统地总结了经验和教训，从理论上加深了对马克思主义新闻出版观统领科技出版工作的认识：

1. 新闻出版工作是有阶级性的。在和平执政时期，阶级斗争对抗的形势和以往有了新的变化，新闻出版工作者要善于把握全局，透过现象看本质，提高洞察能力，不断地强化政治意识、阵地意识、大局意识和责任意识。

2. 坚持把社会效益放在首位。出版的两重性是中国政治体制决定的。要始终把社会效益放在首位，力求实现社会效益和经济效益的最佳统一；另一方面也要从总体上认识到，社会效益和经济效益是紧密相连、相互转化的，单纯强调社会效益而忽视文化产品的商品属性的做法，不可能有长久的社会效益，对于企业化的出版单位来说尤其如此。

3. 专业出版的政治方向问题。在实践中，专业出版也会遇到政治导向问题，比如保密问题、国土边界问题、民族宗教问题，以及引进版权夹带的政治、意识形态问题等，对这些问题不能有丝毫的懈怠。对专业出版来说，政治这根弦也一刻都不能放松。

4. 专业出版的国际化视野问题。科学技术本身没有国界，但有为谁服务的问题。现代科技的源头在发达国家，要引进先进科学技术为我国现代化建设服务是科技类专业出版的重要使命。因此，专业出版者一定要有国际化的视野，要引进国际先进科技成果和知识来推进我国现代化建设。所以，专业出版要着眼国内、国际两个市场，要有国内、国际两种资源的观念和视野，要创造条件融于国际科技出版市场，并参与国际竞争。

第九章

战略是企业的太阳

俗话说："人无远虑必有近忧。"意思是说，如果一个人只看到眼前必然会出问题。会出什么问题呢？会出现始料未及的问题，会出现对新的情况缺少观察、缺少预判，更谈不上主动适应和化解矛盾。

我们经常说企业要人格化，就是指企业就如一个人体的社会存在，有他的喜怒哀乐，也有他的悲欢离合；有他的生机勃勃，也有他的日益衰落直至消亡。所以，"人无远虑必有近忧"对于一个人格化的企业来说也是个铁定的规律。

这里所说的"远虑"是指对未来的谋划，或者说是企业长远的方向、愿景、目标，以及达到这些目标的途径和谋略，并且用精辟的文字凝练出朗朗上口、寓意鲜明、逻辑清晰，具有时代性和超前性的战略目标。发展战略目标一旦确定，就要围绕战略目标制定阶段性的战略目标和相应措施，并且在动态中做好阶段性战略目标的制定、实施、检查、评估和调整工作，使企业始终沿着正确的方向、去正确地做事。

一、我的战略观

经过在科学出版社十多年战略管理的实践，我对企业管理中的战略、战略目标、战略管理的心得总结如下。

（一）战略决定着企业的发展方向

企业经营者首要的任务是保证企业沿着正确的方向发展，为企业把握正确的发展方向是经营者指挥的核心。把握正确方向的关键是制定正确的企业战略，并组织实施。因此，企业的经营者既是企业战略的制定者，也是企业战略实施的组织者，是“第一责任人”。

（二）战略是一种观念、意识的选择

有无战略意识是由经营者的素质决定的。一个富有战略意识的经营者具有宏观视野、微观分析、洞察未来、把握本质的能力。战略的制定实际上是一种选择，选择不同类型的战略和选择可能出现的机遇，或者创造一种机遇，并能把握所出现的机遇。选择比苦干更重要。作为经营者，选择的能力往往关系到企业的盛衰。

（三）战略目标是一个凝练的过程

战略目标从其提出、完善、修正，到最终形成，是一个反复推敲、不断优化、不断浓缩的过程。一个正确、精练的战略目标的形成，要经过选择、描述、实验、小结、提升和凝练过程，不可能在短期内一锤定音。

（四）战略形成的阶段性和整体性

战略的形成有两种途径，一种途径是整体设计目标，分解目标形成阶段性目标和子系统；另一种途径是建立、实践子系统和阶段性目标，在条件趋于成熟时提炼、综合成整体战略目标。对于一个新到单位的领导者来说，在对情况没有全面把握的状况下，往往采取后一种方法容易上手。

（五）战略是一个管理系统

战略一旦形成，所有工作的出发点都要围绕实现战略目标来进行。各个子系统和相关职能部门都应在总体战略目标的要求下，拟定各自部门的战略或子系统战略，工作重点是强化实现战略目标的功能，弱化和摒弃非战略目标的功能，抑制与战略目标相悖的行为和职能，形成以战略目标为推动的、有机组成的管理体系。

（六）战略的评估和修正

在执行战略过程中应当有定期的专题战略评估的机制。首先，每年要有定期的战略研讨会，检讨战略实施过程中的问题和进展，评价战略的可行性和指向性，要求各子系统和职能部门都要有这个过程。在评估、研讨中把所列出的问题进行综合分析判断，提出指导性的修正意见，并贯彻执行。

由于特殊情况的出现或市场、政策环境发生重大变化，造成现有条件与原有目标发生原则性冲突时，应当考虑是否有必要对原有战略目标做出较大的调整；若有必要，就要做出调整方案和成本预算。一般情况下，应当避免大的调整，因为大的调整不仅难度较大，而且成本比较高。

（七）战略与企业文化

不同的战略需要不同的企业文化与其相适应。战略子系统中应当包括企业文化建设的内容。企业文化建设是战略实施的有机组成部分，是保证实现战略目标的企业的精神力量和凝聚力。建立适应整体战略目标的企业文化是实现战略目标的保证。

（八）干部良好的战略素养是执行力的基础

再好的战略，如果没有良好的执行力终将失败，而执行力的有无和强弱是与干部的战略素养密切相关的。干部的战略素养表现在其战略意识方面，即能主动从战略高度观察、分析和处理问题；能体察工作中与战略管理目标相冲突的地方，并能思考调整的办法和建议；有一定的战略管理的理论知识和学习能力。只有干部的理论素养提高了，才会有较强的战略执行能力。

二、科学出版社战略发展脉络

从1996年到1997年即第七届社领导班子任职的头两年，基本情况是急于改变落后的状况。针对当时出版社存在的三大矛盾——产品结构与盈利能力的矛盾、人才断层与可持续发展能力的矛盾、资产结构与扩大再生产能力的矛盾，进行调整和改革。

（一）产品结构与盈利能力的矛盾

科学出版社以出版高水平的学术专著见长。1996年之前，每年出版图书500种左右，80%以上属于上述性质的专著类，它们的平均印数不足1 000册。这样的产品结构必然创收能力低下，不可能通过市场交换达到自求平衡。当时，科学出版社人均创利能力仅为出版业平均创利能力的1/3。产品结构单一，而且品种过少，成为盈利能力的主要制约因素。

为此，从1996年起我就提出产品分类战略，即将我们的产品分为A、B、C三大类，实行分类管理政策。A类是科学出版社的传统优势项目，即基础理论、学术专著、基本资料、论文集等；B类是指应用技术类，主要有医学、考古、电子电气、计算机、科普等类图书和各类高等教育教材、教辅；C类主要是指文化类和中小学教材、教辅类图书。

A类图书是科学出版社产品的制高点，要提升水平，使之成为能够反映国内一流科技成果的学术专著；B类图书在应用技术领域拓展范围，扩大规模，成为生长点；C类图书发展中小学教材、教辅，进入教育图书出版领域，成为利润增长点。1997年工作会议上强调，要理直气壮地进入教材、教辅图书领域，形成有自己特色的教材系列。并向全社干部职工明确发出号召："科学版教材出版成功之时，就是我们经济上翻身之日。"

与此同时，我们研究制定了中小学教材教辅、本科生教材、研究生教材、高职高专教材和干部培训教材五大系列的发展规划。

到1997年年底，我们的产品结构中，A类加B类图书产值不到总数的30%，C类图书产值占到了70%以上，全社销售码洋达到1.2亿元，利润首次突破1 000万元。主要原因是B类图书布点、人员结构调整，还没有真正产生规模效益。这时候C类图书，主要是龙门书局的中小学教辅图书有了较大的增长，利润也主要来自这些教辅图书。我认为这是个千载难逢的机遇，有教辅图书产生的利润，就为B类图书的培育和A类图书的稳定发展提供了一定的物质保障。

在成功实现了1996年的"爬坡"、1997年的"上台阶"后，我们确定的1998年的年度战略目标是“全面突破”。到1998年年底，全社在版选题数1 226个，三类图书的品种结构是：A类占41%，B类占37%，C类占22%，A类加B类在品种数量上合计达到78%。当年产值达到2.5亿元，产值、销售、回款三项指标均首次突破亿元。选题结构调整取得明显的效果。

但是A、B、C三类图书的盈利模式到底如何？是不是A类图书一定就是亏损的？经过一个时期的发展和摸索，到2002年我们制定三类图书的评价体系，结论是，一部40万字的基础理论专著，每10万字资助8 000元，印数达到2 039册，定价为每个印张2元，每10万字的考核利润即可以达到7 656元。也就是说，只要完成2 000册的销售便可以有利润。之所以产生这种状况，是因为国家对科技投入力度加大，经费支撑力度也在加大，获取基金和作者资助的能力得到加强，每年获得的基金和作者资助在1 000万元以上。在基金和作者资助出版的图书中，双效益图书比例增加，同时基金和作者资助出版的图书是我社获奖图书的主体，是科学出版社品牌的基础，也是与科学家联系的纽带。对于B类图书中的大学教材，首次印数要在5 000册以上才能达到盈亏平衡，重印时每10万字成本降低45%。B类图书以平均20万字计算，印数达到4 000册才可能产生盈利。在评价盈利能力的基础上，对三类图书进行重新定位。

A类（基础理论、学术专著、基本资料、论文集）图书作为制高点，要发扬传统优势，坚持“三高”（高层次、高水平、高质量）特色，努力做到国际化、精品化，充分发挥出版基金和作者资助的支持，实现双效益统一，每年新书品种不少于300种。

B类（应用技术类和高等教育教材）图书，要建立300种常备书，扩大店销书品种，在高等教育教材、科普、建筑、医学、工具书、电子电工、生物技术、考古方面下功夫。没有常备书的支撑，销售渠道就无法维系。B类图书不再追求品种所占比例，而以是否形成常备书作为考核导向，在店销书方面向机械工业出版社学习。

C类（中小学教材、教辅和文化类）图书，作为利润增长点，今后不再限制其品种比例，从现在起到2005年，其产值要做到8亿元的规模，只要有市场，在风险可控的条件下能做多大就做多大，关键是“应变化、精品化、系列化、规模化”。

产品分类战略实质上是调整产品结构，从单一的学术出版向应用技术和教育、科普类方向拓展新的出版领域，也就是培育新的增长点。要想取得实实在在的效果，除了明确方向，还需要决心，不能碰到困难就退缩。那么，发展一个新的板块要培育哪些要素呢？经过实践，我总结由六个要素构成新板块发展的必要条件，即带头人、战略、机制、人才、资源、技术进步（文化）。只有不断强化这六个要素才有可能成功。

从发展的战略脉络来看，自1994年12月路院长到科学出版社推动改革到1995年12月之前，科学出版社基本上是以出版学术专著为主的学术专业出版社，年出书500种，80%以上是学术专著，年产值只有6 000万元。这个时候，全国科技类专业出版社已经按照“立足本专业，面向大科技”进行调整，已发展成一批产值过亿元的出版社。客观地讲，科学出版社在这个全国性的调整、发展大潮之后，因为没有能够跟上时代的步伐，而是仍然恪守原来的出版方向，从而造成经济上的困难。1995年年底，新班子上任后，将选题结构调整放在经营工作的首位，认真履行产品分类战略，经过近五年的调整，到2001年，产值达到5.6亿元，年出书2 745种，利润已经达到4 600多万元。A类加B类与C类图书品种比例已

经达到1:1。全社回款中，龙门书局8 000万元，应用类2 000万元，专著类1 000万元。

在“立足科技，面向教育”的产品结构调整方向上已经取得显著效果，并且对“立足”和“面向”的关系进一步加深了认识——“立足”是根本，“面向”是方向。我们的传统优势领域不仅不能削弱，还要得到加强，对品种有要求，每年新书品种不得少于300种，重点出版好基金资助书和重点项目图书，坚持出精品、国际化。要深入科研、教学第一线，争取到前沿、交叉、高水平、有重大影响的选题。编辑要多参加本学科的国际、国内学术会议，了解学科发展趋势，建立一流的作译者队伍。图书编辑要与《中国科学》期刊编辑结合起来，把握学科进展，筹划、确定选题方向，做到精而准、系统化。“面向”是发展方向，要求“重策划，重推广，重品牌”。

“重策划”：要求把握教育领域对有关教材的要求和需求，掌握国内外同类最好的教材资源。选择高水平的作者。可采取联合出版方式，扩大使用范围。

“重推广”：教材出版后，争取用户最大化，推广方式可以多样化。

“重品牌”：科学出版社教材的品牌建设是一个逐渐积累的过程，必须有质量和一定的数量保证。策略上，可以先一般大学再到重点大学，先京外再到京内，先专业课再到专业基础课。目的是把科学版教材品牌提升到科学版专著品牌的高度。

到2002年11月第八届领导班子任期的后期，我们将“立足科技，面向教育”的选题方向细化、提升为：“经过十年努力，把中国科学出版集团发展成为科学（S）、技术（T）、医学（M）、教育（E）为主要领域的高水平、综合性、国际化的传媒集团。”这一提法与国际大型专业传媒集团出版领域相同，也是国际专业出版社同行的出版领域和发展方向。国际上有专门的STM行业协会，每年发表这个领域的年度发展报告。只不过我们根据国内市场情况和科学出版社自身情况，增加了教育类（E）。

（二）人才断层与可持续发展能力的矛盾

1997年年底，我请人事部门统计了一下，在职职工人数是399人，这应当是近十年来在职职工人数的最低点。

在这399人中，从事编辑业务的是190人，其中图书编辑只有102人，占总人数的25.6%。因为期刊部门盈利能力十分有限，出版社真正有创收能力的是图书编辑。从编辑人员的年龄构成看，到2000年图书编辑将有30人退休，也就是说三年之后图书编辑只剩下72人了。对于一个有254名离退休人员、近400名在职人员，加上临时工共700多人的单位，仅靠10%的编辑能拖得动这架大机器吗？如不能及时补充新的编辑骨干，到2000年时，在职人员与离退休人员的比例将由现在的1∶0.64上升到1∶0.88，即在职人员347人，离退休人员306人。按照当时的分配水平和支撑水平，每年离退休人员的费用不少于600万元（含离退休人员医药等费用100万元，当年全社报销医药费用130万元）。除了中科院每年给出版社离退休人员拨的130万元专用款外，出版社要自筹470万元。到2000年时，在职人员人均负担离退休人员费用将由当时的1.4万元增加到1.8万元。当时出版业人均年创利水平是2.5万元，科学出版社的创利水平还要大打折扣。如此下去，维持都很艰难，更不可能通过积累来实现扩大再生产。

我在1998年社工作会议上强调，对老同志要尊重，要老有所为，老有所养，凡是政策规定要给的一分钱都不能少给。作为一个大家庭，我们在职的青壮劳力应尽我们的责任。但是要看到我们的责任与现实之间的差距。人员断层和离退休人员费用的负担这双重压力是阻碍我们发展的另一大矛盾。

面对这种状况，我们认为它既是挑战也是机遇。为了解决人才方面的矛盾，我们采取了如下措施：

清一批：共清退长期不上班的24人（调出、辞退、自动离职）。

减一批：机关职能部门人员从原来的38人精简到22人，调整下来的人员充实到编辑和生产部门。

调一批：从1996年到1999年四年时间共引进100多人，其中半数以上是硕士和博士，主要充实编辑部门和技术岗位。

分一批：通过转换机制分流人员，凡是在下属二级公司工作的人员，其工资和福利统一由其所在公司自行解决，与出版社分灶吃饭。共计分流60多人。

这些措施实施后，四年时间内虽然编辑人员有52人退休，但经过调整新增了71人，编辑人员总数不仅没有减少，反而增加了19人。与此同时，销售人员的素质和人数也得到了加强。

经过四年时间的调整，全社人员的平均年龄从1995年的52岁，下降到了1999年的40.2岁。

关于人才断层矛盾的战略思考：

1. 化危机为机遇。人才断层本是威胁可持续发展的主要因素，是一道绕不过去的坎，必须不失时机地去调整。但是，调整的方向要和整体战略方向相一致。从这个意义上说，它为产品结构调整、实施产品分类发展战略提供了比较好的机遇。

2. 构筑新型人才板块。科学出版社原本是以学术专著的出版为主体，其人才结构也是单一的。要发展应用技术类图书、教育类图书，最根本的是构建相应的人才队伍。我们把规划要发展的B、C类产品细分为板块：计算机、医学、考古、生命科学、电子技术、经营管理、高等教育、职业教育、科学人文、龙门教辅。每个板块从其出生之日起就会遇到强大的专业出版社的竞争。从这个角度看，我们是后进入者，在竞争策略上必须采取差异化，形成自己的特色，再在特色基础上形成一定的规模。因此，我们提出科学社的经营是要从单纯学术出版向板块特色、集成规模经营转化。按照引进、培养、调整、管理的原则，组建专业板块的人才队伍，使之能在未来竞争中以弱争强，取得突破。实践证明思路对头，效果也是显著的。

3. 挖掘板块的领军人物。板块的领军人物相当于科研院所的学科带头人。选好一个带头人就等于成功了一半。那么板块领军人物应当具备什么条件呢？我认为可以归纳为：

（1）熟悉本学科发展动态，具有对未来发展趋势综合判断的能力；

（2）具有对同类产品的优点和不足的鉴别能力；

（3）具有与作者良好的沟通能力；

（4）熟悉各种成本构成，具有迅速判断盈亏平衡点的能力；

（5）具有对政策和环境变化、市场变化做出迅速反应的能力；

（6）具有战略素养和把握全局的能力；

（7）具有“对上以敬，对下以和”的亲和力；

（8）能团结有特点、有毛病的人一道工作，具有用人之所长的能力。

从实践结果看，我们所选拔的各个板块的领军人物绝大部分是成功的，像考古板块的闫向东、医学板块的张德亮、高职高专板块的李振格、高等教育板块的胡华强、龙门书局的郑飞勇和韩立军、科学人文板块的胡升华、东方科龙公司的赵丽艳，等等，都是在他们手里全程将各自板块做大做强的。

4. 争取政策支持至关重要。在构筑新的板块、引进人才、调整结构方面，都需要上级主管部门中国科学院给予政策性的支持，主要是对新进人员进京户口指标的支持。

初期，我们每年只能获得两三个应届毕业生的进京指标，这对于我们要解决人才断层这一严峻形势的需求只能说是杯水车薪。在向院人事局和有关领导反映了我们的需求后，得到了他们的大力支持，增加的进京户口指标基本上满足了我们的需求。有时一年分配给我们的进京户口指标达到30多人，这在出版界是少有的。我们从京外引进专业骨干也得到了院有关部门的大力支持，先后从京外调进骨干十余人，他们的户口问题都得到了很好的解决。

至今想到这些支持，我依然怀着十分感激之情。在此，我要再次感谢院人事局和北京分院的领导，感谢他们能够体恤我的苦衷，在政策上大力倾斜，重点扶持，使我们对人才断层问题的解决得以顺利进行。

（三）资产结构与扩大再生产能力的矛盾

资产结构是指两个方面的问题。一是当时体制是事业单位企业化管理。资产是事业性质的，这与企业性质的经营机制是相冲突的。例如，我们想要出租房屋，得经中科院资产管理部门的批准，因为国有资产的所有者是中国科学院，而不是科学出版社。我们因流动资金紧缺到银行贷款，因为没有财产可以用于抵押而办不下来。为此，我们还请高等教育出版社为我们担保，向银行贷款2 000万元流动资金。二是流动资金短缺，支撑不了快速发展对资金的需求。为此，我曾在社里干部大会上号召大家，利用各种渠道帮助社里贷款，以充实流动资金。

在快速发展期间，账面上有利润结余，但在实际营运中经常出现资金紧张。为此，我还专门出了30道题，请中层干部们讨论，题目是：“我们的钱到底到哪里去了？”

讨论的结果是，快速发展期间，扩大再生产对资金的需求远远超出了积累的速度，所以账上总是见不到钱。有人建议，要想有积累，使账上有现金，唯一的办法就是放慢增长速度。经过思考，我用这样的比喻来统一大家的认识：从纯经营的角度看，我们是在制造一台印钞机，可以是印5元的、10元的、50元的，或100元的面值，放慢速度只能是5元、10元的效益，加快速度的话面值就会更高，况且时间不等人。

实践证明，这个思路是正确的。在第七届班子任职期间每年以50%的幅度增长，到第八届班子任职期间仍保持在每年20%~30%的增长幅度。账上的资金逐渐增加了。到2002年，我们与北京银行签署了银企合作协议，为了支持中国科学出版集团发展，北京银行给我们提供一亿元贷款授信额度。从此，流动资金短缺的状况得到了彻底的改变。

资产结构的矛盾始终困扰着我们前几年的经营工作。经过六七年时间的努力，缺乏流动资金的状况靠自身积累和银行贷款逐渐得到了改善；而独立法人财产问题则要在以后几年通过转制成为真正意义上的企业后才能得到解决。

实际上，我们虽然有北京银行给予的授信额度，但并没有大量使用，主要原因是自身的积累在逐年增加。到2009年时，账上的自有现金资产已达四亿多元。我很感谢北京银行在金融上率先给予我们的支持。在我们经营情况好转后，还有其他银行找上门来希望我们贷款。银行也是嫌贫爱富，这也可以理解——他们也是要规避风险的。

（四）老“三大矛盾”的解决

第七届社领导班子任职期间，我们紧紧抓住调整产品结构与盈利能力的矛盾、人员断层与持续发展能力的矛盾、资产结构与扩大再生产能力的矛盾这三大矛盾而开展工作。经过四年的调整，这三大矛盾已经得到初步解决，整个经营工作发生了显著的变化，初步实现了规模经营。到1999年年底，新闻出版署年报统计中，科学出版社在中央级科技出版社中的综合排名从1995年的第25位上升到了第7位。当年，出版图书品种已经达到1 889种，是1995年670种的2.8倍，A、B两类图书的出版品种占总品种近70%，科学社的主体出版方向得到了加强。期刊经营也有较大的改善，出版学术期刊的品种从1995年的145种增加到1999年的165种，出版总期数从1995年的670期增加到1999年的1 000期；社办大众类期刊从原来的《科学世界》一种增加到了1999年的四种，创办了《互联网周刊》《家庭科学》《科学养鸽》三种新刊。

在这四年中，产值从1995年的6 400万元增加到1999年的3.08亿元；销售收入从1995年的3 385万元增加到1999年的1.27亿元，是1995年的2.7倍；利润总额从1995年的259万元增加1999年的2 285万元，四年累计创造利润5 387万元；资产总额从1995年的6 249万元增加到1999年的1.4亿元，净增加7 800余万元。

因为有了盈利，向国家上缴的税金也有所增加，四年累计上缴各种税费2 770万元，首次享受到税收返还1 000万元。以往的情况是，因为经营情况不好，无税可缴，当然也就无税可返了。

与此同时，社会效益也很显著，社会影响得到了增强。在这四年中，科学出版社出版的书刊在全国各项评奖中，共获得125项省部级以上的奖项。其中，图书获奖60项，包括科技进步奖4项，国家图书奖4项，全国科技图书奖10项，中国图书奖2项。比原来专门出版学术专著时获得的重大奖项和总的奖项都有10%以上的增长。一大批反映我国科研水平的专著得以尽快出版。《中国动物志》《中国植物志》《中国孢子植物志》三大志，是从20世纪50年代就开始出版的系列巨著，在这四年中由于加大了投入力度，出版进度明显加快。在其已经出版的260种中，有100种是在这四年内出版的。期刊获奖65项，其中，全国优秀期刊一等奖获奖数占全国总数的10%；获得的中国科学院优秀期刊一等奖数量占到全院获奖总数的72%。《中国科学》《科学通报》在全国期刊评选中囊括了前两名，负责出版这两刊的中国科学杂志社也被纳入了中国科学院知识创新工程试点。

科学出版社这四年的显著变化引起了主管部门的高度重视。在1999年召开的全国新闻出版局长会议上，于友先署长在报告中两次提到科学出版社积极探索走双效益统一之路，实现超常规发展的事例，引起业内重视和新闻媒体的关注。《新闻出版报》发表专题文章“科学出版社在改革中崛起”。前后有十多家出版社到社里来交流取经。

（五）新“三大矛盾”的提出

面对一片赞誉之声，我们冷静地观察到出版业出现了一些新的情况，还有，连续几年的高速增长也带来了一些负面效应。这些新情况和负面效应可以归纳为如下几个方面。

1. 行业主管部门的政策导向。新闻出版署公布了《新闻出版业2000年及2010年发展规划》，明确到2010年中国将形成20~30个年产值在10亿元之上的大型出版社；形成5~10个年产值在30亿~100亿元的大型出版集团。新闻出版署已批准了上海、辽宁、北京、广东出版集团的组建，而报业集团的组建已先行一步。

于友先署长在“面向新世纪的新闻出版业”一文中指出：中国出版业要加快从传统产业向现代出版业的转变；由传统出版体制下的出版社向现代出版制度的转变，必须进行重组和变革，必须有一批出版社突破现行管理政策和法规，按照出版产业的发展规律去运作。那么谁能争取到这个机会，谁就会率先发展壮大。

新世纪出版业发展规划和于友先署长的文章为我们明晰了政府的政策导向。

2. 中科院的政策导向。从中科院内部情况看，2000年院工作会议明确把科学出版社和科学仪器厂列为转制单位，在全国242个应用型研究所从事业单位转制成为科技开发型企业推动下，中科院也在推动一批以应用为主的研究所转制成为企业。

对于我们来讲，就是摘掉事业单位企业化管理的帽子，彻底转制成企业。当时有不少人有顾虑，转制成企业后中科院就不管我们了，没有靠山也就没有保障了。

3. 市场环境和盈利结构不协调。经过几年的高速发展，原有的三大矛盾虽然得到了调整和缓解，但并没有得到彻底解决，还出现了一些令人担忧的新情况。主要表现在产品盈利结构上过分依赖龙门书局出版的中小学教辅图书，在3亿多的产值中，中小学教辅图书占到50%多；科学出版社出版的专著品种和所占比例有所提高，其产值已达1亿元；而应用技术类的出版还是处在艰难的培育期。我们要发展的每一个新的板块都面临着与强大的专业出版社的竞争，而且因为我们是新进入者，在出版资源的获得和发行领域都处在弱势地位。业内和有关部门的领导对科学出版社进入应用技术领域还有不同的看法，新闻出版主管部门要求，只要我们把学术专著和学术期刊出版好就行，其他的书做得多了他们担心会影响主业，削弱学术出版。我曾被多次问到这个问题，所以就反复宣传：在双效益统一之后，有经济实力才能投入更多的资金来发展学术专著的出版。为此还几次向中宣部出版局专题上报各类图书出版品种数和比例清单。

业内同行有的也把科学出版社要进入应用技术类的布局视作是对他们的一种威胁，从我们一起步就受到他们的重视。人民卫生出版社的刘社长曾到我办公室讲：你们把科学家的专著出好就行了，何必搞医学出版？你们的编辑和领导班子有几个是学医的？

随着规模的扩张和品种的增加，库存也在明显增加。1999年库存控制数是8 000万元，实际运行下来达到了1.2亿元，除部分可以继续销售外，大部分退货和库存都不能再销售了。这就意味着盈利能力要打折扣。

4. 自身的管理和运行机制不够完善。从整体上看，产品的创新能力还不够强，体制机制上还是事业单位形成的编辑室、组制，各竞争单元还没有从任务型真正转化为经营型，还是全社集中决策的机制，没有把市场竞争要素融入、移植到竞争实体中。

原有的人事制度、激励机制、分配导向、企业文化还不是与竞争型相配套的政策制度。这些都还在制约着我们的创新和优质高效的发展。

5. 集团化处于起步阶段。为了争取搭上集团化这班车，我们拟订了

中国科学出版集团组建方案，争取成为国家部委出版社第一家集团化的试点单位。方案拟订后报新闻出版署，却迟迟得不到批准。我们认为，能否进入新闻出版署确定的出版集团试点对我们的发展还是很重要的，只要搭上这班车，就会有相应政策推动，就会获得发展和突破现行政策的发展机遇。我们最想获得的突破就是允许与国外专业出版集团组建合资出版社。如果真能如愿，对我们来说是不可多得的发展机遇。科学出版社在国外大型专业出版集团中的口碑还是不错的，像施普林格、哈克、培生教育集团都表示有与我们合作合资的愿望。

鉴于以上考虑，在2000年社工作会议上，我提出了新的“三大矛盾”，即单位体制与企业化发展趋势的矛盾，数量规模增长与质量效益增长的矛盾，编辑主体不到位与适应市场能力的矛盾。

实际上体制机制、增长方式、编辑主体三个方面的突出问题已成为当下妨碍我们继续发展的主要因素。

解决新的三大矛盾的目标是：体制机制创新，从现有的事业单位企业化管理向建立中国特色的现代出版企业制度转化；增长方式从现行的以数量增长、外延扩张向以质量效益为中心转化；编辑主体是从现在编辑在选题设计、策划创新能力方面的不足，向以编辑为主体的提升专业化水准、提高产品竞争力和创新能力方向转化。相比原有的选题结构、人员断层、资金短缺矛盾而言，新的三大矛盾是更深层次的、更为本质的。

1999年年底，新闻出版署在其培训中心召开面向21世纪座谈会的准备会议，请了几家出版社的社长参加座谈。我在会上发言时提出自己的观点：面向21世纪，新闻出版界的首要任务是体制机制创新，要从现有事业单位企业化管理蜕变成中国特色的现代出版企业制度。所谓中国特色是指坚持“两为”方针，始终把社会效益放在首位，坚守为全党工作大局服务的政治方向。这就是中国特色，在这个前提下一切遵照市场和价值规律。按照企业作为市场主体的本质要求所建立的出版企业即为中国特色的现代出版企业制度，而且应当是以股份制作为一种法人财产制度，从产品经营向资本营运过渡。只有这样，才有可能实现新闻出版署提出的未来十年的发展规划。这一切的基础性的工作就是转制成出版企业，离开转制这条主线，其他的一切都无从谈起。我的这个发言还被《新闻出版报》报道过，在不少人的眼里，我的看法和观点是有点脱离现实，或者说是太超前了。

为了贯彻体制创新、解决新的三大矛盾的战略思考，2000年社工作会上我报告的题目是“大胆探索，认真实践，为实现制度创新、优质高效而奋斗”，报告对新时期面临的新的三大矛盾的产生根源和克服新的三大矛盾的历史必然和可行性做了论述，就克服新的三大矛盾分别做了部署。当时提出的针对性应对措施是：

1. 体制机制方面。推进集团的审批，并以此促进、启动转制工作。召集集团筹备小组会，有针对性地做工作，落实资产委托经营（转移）工作；落实院办公会支持的条件。

2. 增长方式方面。重点是优化选题结构。主要措施包括建立选题策划体系和分类评估标准。建立选题策划体系的具体办法是：

（1）社成立中心策划组，以总编、副总编和分管经营的副社长领导，各中心主任和有关首席策划参加的策划组负责，对重大选题进行规划、论证、审核、协调。

（2）各出版中心主任的主要任务是组织策划重大选题，并组织实施；要组织编辑做选题策划工作。每位中心主任每年要策划出产值、销售在1 000万元（不同类别有不同标准）以上的重大选题1~3个，并纳入当年考核指标。

（3）各板块首席策划要组织板块内的选题策划小组，形成有高级编辑参加的策划团队，并发展社外组稿队伍和作译者队伍。凡有策划能力的编辑在首席策划的领导下，按照规划组织选题。发稿能力较强的编辑在保证完成任务前提下，多发稿也是贡献。

（4）调整策划激励措施，明确编辑上岗目标，使编辑人员在策划有重印前景的图书上下功夫。

（5）分类制定出各板块规划和编写要求以及评估标准，以便于编辑组稿中掌握，提高效率。

（6）社里仍保留大型投资论证和集中审批选题制度，改革选题会，凡各板块选题论证，由各板块首席策划提出策划方案，并同时考虑市场分析和营销方案以及对出版的要求。重大选题由各出版中心主任报选论证。

3. 编辑主体方面。重点是加大对业务骨干的培养力度。具体措施有：

（1）有计划地选送人员出国进修，凡二级以上首席策划、中心主任原则上都要经过国外专业培训；

（2）改革国际书展参展人员组成，给业务骨干更多的参展机会；

（3）人力资源部要制订出对重点骨干人员的针对性培训计划；

（4）总编合作室与人力资源部拟定在职培训计划和业务交流计划；

（5）对在职攻读社急需岗位所需要的学位，社里给予费用支持。

尽管我们在当年出台并实施了这些具体的措施，但新的三大矛盾是根据跨世纪中国出版业发展趋势、科学出版社过去几年发展现状以及出现的一些新情况提出的，必须采取相应的对策来加以化解。事实上，新的三大矛盾的解决是一个长期的过程，特别是增长方式的改变和作为出版社主体的编辑的创新能力的提升是出版社发展中永恒的主题。

三、战略目标形成的脉络

中央各部委下属出版社的书刊出版范围从一开始就基本上限定在各部委的业务范围之内。中国科学院是以基础研究为主的国家级科研单位，那么，其下属的科学出版社的出版范围当然是以学术专著的出版作为主体。这种出版专业分工一直延续到1992年邓小平南方谈话之后，新闻出版署出台促进科技类出版社改革发展的政策——“立足本专业，面向大科技”。此后两三年，地方科技类出版社的出版业务范围有了较大的拓展，涌现出一批经营规模快速成长的出版社。不少中央级科技类出版社也在本专业范围内，大力拓展应用技术类和高等教育专业课教材，涌现出一批产值过亿元的佼佼者。而科学出版社在1996年以前基本上还在恪守高层次的基础理论、基本资料等学术专著为主体的书刊专业出版领域。从1995年年底第七届社领导班子上任后，着力推行调整老的三大矛盾的战略，大力推行产品结构调整的产品分类战略，拓宽出版领域，发展应用技术类和教辅类图书，收效明显，可以说弥补了我社产品结构调整滞后的状况，夺回了没能及时贯彻落实“立足本专业，面向大科技”的指导方针进行调整所延误的四五年时间。产品分类战略的推行，不仅贯彻了国家针对科技出版提出的调整政策，同时还为我社进入教材出版领域奠定了物质基础和出版资源基础。到1998年，我就明确提出：“教材起来之时，就是我们经济上翻身之日。”当时提出进入教材出版领域的主要出发点还是从经济上考虑，还没有从理性上思考进入教材出版的必然性和可行性。

战略目标是战略体系中的核心。战略目标规定着发展方向，并指明企业要到达的终极目标。战略目标的制定和形成必须充分分析把握所处的环境，包括国际上行业发展趋势、国内同行的竞争态势、国家宏观经济发展状况、行业政策环境，以及政府的政策导向。微观上要认清企业自身的优势与短板、现阶段存在的主要矛盾，以及克服、化解这些矛盾的思路和相关措施。在实践中，结合科学出版社具体情况，在制定发展战略目标时，我们着重从“方向、定位、目标、模式、要素、措施”六个方面来思考。

科学出版社战略目标的形成主要依据四个要素：（1）国家宏观经济环境对科技出版的要求；（2）行业管理部门政策法规及政府规划的导向；（3）主管部门中国科学院办院方针的贯彻实施；（4）国内同行竞争势态、国际同行业发展趋势和现行的运营状态。

在计划经济体制下，中国出版业的布局是部委所有制（中央级），因此，主管部门的发展目标决定了其下属出版社的办社方针。1978年3月全国科技大会以后，中国科学院定位为“国家自然科学研究中心”，以“侧重基础，侧重提高，为国民经济和国防建设服务”作为当时的办院方针。作为中科院下属的出版社，科学出版社将其发展目标定位为以“高水平、高层次、高质量”即“三高”为特色的学术专著、基础理论、基本资料、学术论文的书刊出版方向。应当说，在这样的办社方向指引下，科学出版社年出版500多种学术专著，200多种学术期刊，在国内被公认为“三高”层次的出版社，学术期刊的品种、质量和层次都在国内领先。

1983年年底，中共中央书记处就中国科学院今后一个时期的方针和任务作出指示，要求中科院大力加强应用研究，积极而有选择地参加开发工作，继续重视基础研究。这一指示在1984年年底作为办院方针。

1987年年初，中国科学院对其办院方针做了第三次调整。中科院在向中共中央汇报的改革方案中提出，“把主要力量动员和组织到国民经济建设主战场，同时保持一支精干的力量从事基础研究和高技术创新”，将面向国民经济主战场作为新时期的办院方针。

这次办院方针的调整十分重要，其主旨是“稳住一头，放开一片”，在保持精干力量从事基础研究的同时，把主要力量用于高技术创新工作，以服务于国民经济建设主战场。这也是落实中共中央书记处1983年调整中科院办院方针的具体化。

从1987年到1995年这段时间，科学出版社没有能够跟着中科院办院方针的调整而调整自身的发展战略，没有及时、敏锐地抓住中科院要发展的新的领域和新的突破，而是仍然沿袭其原有的“三高”学术出版业务方向和办社方针。这期间，全国科技类出版社在“立足本专业，面向大科技”的国家科技出版方针的推动下，专业分工的禁锢开始被不断突破。地方出版社率先改革，势头很猛；中央级出版社在“立足”和“面向”上突破，涌现出一批产值过亿元的出版社。而科学出版社由于没有及时调整出版方向，显得落后了。特别是在1992年党的十四大提出建立社会主义市场经济体制后，更进一步激发了国企改革的浪潮，中科院也在分类上把科学出版社列为事业单位企业化管理。但由于政策不配套，特别是自身没有调整出版方向，造成科学出版社成为全国知名的“得奖大户，经营亏损”的专业出版社。

中国科学院第四次办院方针的调整是在1999年。中央提出要建立国家创新体系，批准中科院成为国家创新体系中知识创新工程的试点。到

2002年院工作会上，路甬祥院长明确提出，新时期中国科学院的办院方针是："面向国家战略需求，面向世界科技前沿，加强原始科学创新，加强关键技术创新与集成，攀登世界科技高峰，为我国经济建设、国防安全和社会可持续发展不断做出基础性、战略性、前瞻性的重大创新贡献。"

根据新时期的办院方针，科学出版社顺势提出自己的发展战略目标："立足科技，面向教育，面向未来，用市场化的手段，实现知识创新成果的归纳整理、传播转移、普及提高，为基础性、战略性、前瞻性科学研究服务，为高新技术产业化服务，为科技成果国际交流服务，为培养优秀人才服务，要把科学出版社办成科学、技术、医学、文化、教育为主要领域，高水平、综合性、国际化的传媒集团，成为国家创新体系的重要组成部分。"

1. 一个"立足"与两个"面向"的关系。"立足"是根本，"面向"是方向。"立足科技"有两个层面，一是为作者出版高水平、高层次的基础理论和学术专著。为什么说是为作者出书呢？因为从事基础理论研究的成果的表达形式就是经过归纳整理后正式出版，以利于交流和保存；还因为科研成果的出版是科研工作的有机组成部分，高水平科研成果的主持人有的是个人，有的是团体，从出版角度统称为作者。要把这种专著成果类型的书刊出版好，就要为科研工作的专家和团队做好服务，就要高质量、高水平地做好编辑、出版工作，着眼于传承和交流，并不以市场为导向。所以称之为为作者出书。二是以市场为导向，以传播实用技术、科学知识、应用领域创新成果、科学人文知识为主的书刊的出版。

在"立足"的提法上，我们经历了"立足专业出版""立足本专业，面向大科技”“立足知识创新的源头”等阶段。1996年提出“立足知识创新的源头，为落实科教兴国的战略，实施知识创新工程，运用国际化、专业化、市场化运作方式，实现知识创新成果的归纳整理、传播转移、普及提高三大功能”。当时，中科院作为国家知识创新工程试点才刚刚起步，还没有正式调整成新时期的办院方针，所以我们还不能够系统地提发展目标，但是方向上应当说是正确的——紧扣中科院发展方针拟定自身发展战略。

两个“面向”即“面向教育，面向未来”的提法，是经过几年时间的探索凝练出来的发展方向。其主要依据是，中科院的任务是出成果、出人才，而中科院本身有中国科学技术大学，还有研究生院和分布在各个分院的研究生培养基地，因此，出版高水平的专业教材理应是科学出版社的重要责任和经营范围。现在看来出版教材不是问题，可在当年严格专业分工的政策环境下，要出版教材就要对国家规定的出版范围有所突破，有相当大的压力。当然，首先是自我束缚，自己不去想，当然也就不会去做了。

我们在经营中往往是把自身在出版界的位置（经营规模和效益）作为竞争的坐标，既关注自身的发展也关注业内竞争对手的发展状况。到2004年，《中国图书商报》发布中国图书出版行业综合竞争力统计结果，在全国572家出版社中，科学出版社综合竞争力排名第四，前三位分别是高等教育出版社、人民教育出版社和江苏教育出版社。全国科技类出版社竞争力排名中，科学出版社位居第一。《中国图书商报》是综合六种竞争力即生产力、销售力、盈利力、组织力、资源力和成长力的得分排序的。排在科学出版社之前的三个社都是教育类出版社，这样的排序格局充分说明，由专业分工所形成的教育出版是中国出版业态中

最令人羡慕的一块，体量最大，盈利能力最强，而且一本好的教材可以吃若干年；而科技类专业出版社因为单品种印数低，在市场上很难自求平衡。结果造成结构性的贫富不均。因此，从1996年我就凭直觉做出判断——要进入教材出版领域，加上龙门书局教辅图书的发展壮大也让我们有了一些经验。

提到“面向未来”，主要是为今后拓展发展方向留有空间，本意是在滚动发展中，当时机成熟时，还要拓宽新的、具有前景的发展方向。

2. 市场化的三大功能。“归纳整理”是指编辑出版的功能。归纳是聚集优质资源进行科学的、专业化的、高质量的编辑加工；“传播转移”是指利用各种方式，快捷、准确地进行传播，促进科技交流，推动经济建设和社会进步；“普及提高”是指普及科学技术知识，提高全民族的科学技术素养，包括科学精神、科学方法、科学思想、科学决策等，以迅速提升具有科学素养的人群在总人口中的比例（目前，在中国具有科学素养的人的比例只相当于世界上发达国家20世纪八九十年代的水平）。

这里所说的“市场化手段”是指用企业的运行机制来实现上述三大功能。

3. 四大服务领域。“为科学研究服务”主要是指对原始创新性基础理论研究的成果进行编辑出版，融于学术活动，服务于高水平科研成果的归纳整理、传播交流，促进科研水平的提升。

“为高新技术产业化服务”是指为高新技术产业化全过程提供信息资源服务。高新技术产业是我国产业更新换代、结构调整的必经之路，是实现四个现代化、全面建成小康社会必然经历的阶段。高新技术产业主要包括信息技术、生物技术、新材料技术三大领域，是知识密集、技术密集、资金密集型产业。我们要从高技术原始创新的源头和跨产业化的全过程，用国际化的视野发现、引进国外高技术产业化的信息资源，服务于国内项目和研究。

“为国际交流服务”是指服务于国际、国内两个市场，开发利用国际、国内两种资源的总称。现代科学技术的源头在发达国家，我们通过国家创新体系的建立和发展要迎头赶上，就必须加强国际交流，做好信息服务。

“为培养人才服务”是贯彻中国科学院“出成果、出人才”的办院宗旨。我们把培养科技人才、高技术产业化人才、科学思想库人才等高端人才作为立足点，力求成为中科院“出人才”的有机组成部分。

4. 四大业务领域。经过几届班子的努力，科学出版社业务领域以产品分类战略调整结构为起点，已经形成专著、应用技术（包括高新技术）、医学、教材教辅四大领域产品集群，已经基本达到国际通行的专业出版业务领域，即STME的结构。

“高水平、综合性、国际化、国家创新体系的重要组成部分”是我们追求的战略目标。

四、集团战略的实践与思考

早在1994年路院长到科学出版社视察时就曾提出，科学出版社要努力实现出版集团的目标。事实上，在当时只是一种愿望，因为本身的体制还停留在事业单位企业化管理的过渡阶段。

1999年，新闻出版署实施出版集团试点，在全国确定六家试点单位：中国出版集团、江苏凤凰出版集团、上海世纪出版集团、辽宁出版集团、广东出版集团、中国科学出版集团。在科学出版社基础上建立的中国科学出版集团作为唯一的部委所属出版社进入试点，它有两个特征：其一，它是科技类专业出版集团；其二，它的性质是部委所属的，可以为今后部委所属的出版社整体改制积累经验。

2000年6月25日，中国科学出版集团正式成立。在集团成立大会上，我明确提出中国科学出版集团的战略定位是：立足知识创新的源头，为落实科教兴国的战略，运用国际化、专业化、市场化的运作方式，实现知识创新成果的归纳整理、传播转移、普及提高三大功能，是知识创新工程有机组成部分。引用集团化的形式，按照现代企业制度，整合、优化科技出版资源，形成有特色、规模化、多元化、国际化的多种媒体综合经营的集团公司。目标是到2010年争取达到全国出版行业五强之一。为了实现这个目标，要发挥四个方面的优势：

1. 知识创新的优势。依托中国科学院四个基地（即科学研究的基地，高技术产业的基地，培养人才的基地，普及科学、提升全民科技素质的基地）的建设，为形成中国自主知识创新体系充分发挥作用。

2. 综合品牌的优势。科学出版社、龙门书局、中国科技大学出版社、希望电脑公司、中科进出口公司的品牌和中国科学院300多种学术期刊的资源品牌优势。

3. 体制创新的优势。在集团成立之前，三个成员单位是三种不同的体制：中国科技大学出版社是事业单位体制，希望电脑公司是高技术企业体制，科学出版社是事业单位企业管理体制。集团的成立实际上是三个法人单位形成的联合体。我们的目标是在集团成立后，用两年的时间将这个法人联合体整合成法人实体，把改制重组提到议事日程加以推动。

4. 国家试点政策的优势。根据中国科学院和新闻出版署批准的中国科学出版集团的组建方案，集团将实行“五五计划”，即形成五大出版中心，创办25种科技类期刊，创办五个中外合资出版社或期刊社，在全国建立五个分支机构和五大联合销售实体。

我们期望这些政策和突破能够得到落实。

但事实上，在这种联合体制下很难有大的动作。加上两年后，在原来新闻出版署试点的基础上，中央又推出文化体制改革的试点，在原来六家的基础上又增加几家成为中央改革试点，所以原中国科学出版集团的优惠政策和方案没有得到真正的落实。

集团和科学出版社是两块牌子一套人马，我既是集团的理事长，又是科学出版社的社长，并兼任集团党组书记和出版社党委书记，按说在这样的一体化运作的情况下转制是没有什么障碍的。但事实上并非如此简单，因为集团的成员单位构成比较复杂，所以真正的转制工作还是从列入中央文化体制改革试点后才开始的。

在转制过程中，我对集团的战略定位进行了思考，提出八大转化和一个平台、两个中心的战略目标。

八大转化是：

1. 单位的性质从事业向企业转化；

2. 从经营产品向经营品牌转化；

3. 从经营单一品牌向经营品牌群转化；

4. 从国内资源向国内国际两种资源两个市场转化；

5. 从单一的社内资源向中科院文化产业资源转化；

6. 从事业部机制向公司体制转化；

7. 从单纯纸质出版向数字网络出版转化；

8. 从产品营运向资本营运转化。

这八个方面的转化是在转制过程中需要解决和争取更多资源的必然

阶段。

当时我考虑的是，转制成企业或成立集团的目的是争取获取更多的出版资源，迅速地做强做大。如何获取更多的出版资源？主要是以下两个方面。

国内方面：首先，要把中科院内部文化产业资源重组在新组建的集团里。这当中曾与中科院秘书长邓麦村有过多次商议，拟定了一个涉及40多亿元的中科院文化产业重组的草案，其中包括了科学报社、中科院网络中心、中科院情报中心、中科院内学术期刊和大众期刊，也包括现有的科学出版社和中国科技大学出版社。其次，是利用集团平台整合国内相关的专业出版资源。这当中也做了大量的工作，人民交通出版社、冶金工业出版社、轻工业出版社、海洋出版社已就加入中国科学出版集团达成意向。

国际方面：坚持合作合资的形式把国际大型出版集团作为紧密合作对象，初步形成战略合作伙伴关系，进而合作办合资出版公司。先后与培生教育集团、爱思唯尔出版集团、施普林格出版集团形成战略合作伙伴并签署合作合资的意向，其目的是把这些大集团最优良的出版资源引进到国内，把我国的优秀科技成果通过他们的数据和市场平台走向国际。

基于这些考虑，提出转制的出版集团的发展战略目标——应当成为中国最有影响力、最权威的国内优良科技成果的发布中心，国际优秀科技成果的引进中心。而这两个中心的实现途径是在集团建立互联网数据平台。这个平台的建设已经和施普林格签署了合作意向，并专题向新闻出版总署邬书林副署长报告过。

总的说来，转制是集团的基础，目标是聚集更多优质资源，争取更大的发展，方向是院内、国内、国际三个方面，集团战略目标是拥有更多的知名品牌，形成品牌群。

五、分类战略的制定

分类战略是指整体战略目标分解到各相关职能部门的分类战略，它是整体战略在各分类职能的体现，也是实现整体战略目标的基础。

在实践中，有不少的单位把总体发展战略目标做成一块牌子挂起来，与经营的过程往往脱节，甚至会出现一些经营活动和决策与总的战略目标相冲突和相悖的现象。问题就出在分类职能战略没有很好地建立起来。

分类战略制定的原则是，重要的职能部门必须依据总体战略目标制定自己的阶段目标，明确自身的工作方向和要遵循的原则。要有较好的操作性，用形象化的文字描述，易懂易记；要有明确的责任制，职能部门主要负责人承担主要的执行责任，并且要将这种责任制与部门考核结合在一起。年度工作目标与分类职能战略要融为一体。

经过几年的摸索和实践，在整体战略目标清晰后，我们形成十大分类战略。

（一）体制机制转化战略

相关集成化，业务板块化；信息网络化，经营最优化；机制公司化，结构扁平化；全员聘用化，分配期权化；管理精细化，目标效益化。

（二）人才战略

人才是立社之本，通过经营人才来经营产品，只有产出大于投入才能产生人才红利。经营人才的要素：带头人、班子、价值观、创造力。

（三）核心竞争力战略

核心竞争力四要素：先进的理念，过硬的队伍，一流的管理，知名的品牌。

（四）矛盾转化战略

从产品结构、人才断层、资金积累这老的三大矛盾向体制与产业化的矛盾，数量与质量效益的矛盾，编辑主体与市场需求的矛盾转化。

（五）扩张化战略

相关集成，转换机制，引培人才，形成内核，内引外联，扩展裂变。

（六）产品与销售战略

包括产品分类战略，板块特色集成规模战略，个性化销售渠道战略。

（七）增长方式战略

以效益为中心，编辑为主体，板块为单元，销售为推动，策划为重点，质量为保障，实现产品创新、优质高效的增长方式。

（八）精细化管理战略

网络管理，控制成本，优化流程，单本核算。

（九）国际化战略

建立伙伴，引进理念，抢占资源，开拓市场。

（十）创新文化战略

发扬敬业、创新、奉献、忍韧的“科学人”精神。提倡“科学人”的道德规范：敬业爱社，团结合作；学习思考，进取开拓；真诚待人，光明磊落；市场竞争，有勇有谋。

六、战略管理

整体战略和分类战略都是在实践中不断地完善和细化，随着形势的变化滚动发展的。在调整老的三大矛盾期间（1996—2000年）主要是解决脱贫问题，战略重点是放在调整产品结构、增强盈利能力、引进新的人才、选拔培养骨干、克服历史遗留下来的难题等方面，所以就整体战略而言，还没有全面系统的考虑。到了2000年，科学出版社经过五年的发展，发生了本质的变化，这当中战略的重点放在形成比较完善的战略体系上，包括总体战略与分类战略。在方向上从原来事业体制规划为现代企业制度体制；业务上从原来单纯学术出版规划为立足科技，面向教育的方向；从以往单纯的国内市场国内资源，规划为两个市场两种资源的方向；并明确了STME的国际专业出版社的发展模式。

总体宏观战略由社里制定，在战略目标确定之后，根据不同的时段、不同的主要矛盾和重点，提出阶段性目标和举措。各职能部门和业务单元同样按照这个思路制定自己的整体目标、阶段目标和实施的措施。

例如培育新的增长点，发展应用技术类图书产品和高等教育的教材出版，共同的问题是，我们是后进入者，每一个板块的成长都会遇到同类专业出版社的阻击和竞争，以弱争强是一个回避不了的阶段。如何以

弱争强？我们提出“板块特色集成规模”的经营战略，即集中力量突出形成自身特色，取得市场认可，并充分发扬科学出版社品牌的优势，进行广泛的宣传，实现“科学”专著品牌衍生到应用技术领域，同样保持“高层次，高水平，高质量”的“三高”特色。武汉同济医科大学著名教授裘法祖就跟我说过：“我们学校的出版物，包括专著、期刊和教材只给两家出版社出版，一是人民卫生出版社，二是科学出版社。”可见品牌的重要性。在特色创品牌的同时积累扩大规模，紧盯专业出版社，不断地对比找差距，不断地完善、调整自身的选题和经营策略，我们后进入的板块已达到预期的目标，也就是说科学出版社已经成为他们的主要竞争者。例如，医学出版已成为人民卫生出版社的主要竞争对手，考古出版已经成为文物出版社的主要竞争对手，高等教育教材出版已经成为高等教育出版社的主要竞争对手，等等。

在紧跟主要竞争对手过程中，不断学习领跑者的经验和理念，将他们好的做法结合自身情况完善自我。各业务板块每年中期都要做竞争对手分析，对比找差距；在年终工作会期间进行部署、调整，提升竞争能力。

从2002年起，我们把每年中期的经营汇报会和中期的战略研讨会结合在一起，会议的目的是检讨战略执行情况，汇报半年经营状况。会前由社里组织几个专题调研小组，就当前突出的问题调研解决方案，在会上汇报调研情况。这种调研小组由社领导、职能部门和有关业务部门的领导组成。由于准备充分，调研水平很高，提出的解决方案有许多是兄弟单位的先进经验，往往比较有说服力。例如，提高人员分配水平、稳定骨干队伍的问题，科学出版社网络建设问题，高等教育和职业教育的教材发展问题，都是经过调研后形成方案，在年终工作会前做出新的调整，在新的一个经营年度实施。

这种以检讨发展战略、结合重点调研务虚，经过一段时期完善形成方案，推动战略目标实施的机制是保证战略能得到准确地贯彻和不断完善的主要机制。

在战略管理中，还要特别重视干部特别是班子成员和部门主要负责人的战略意识的培养，我曾提出“做正确的事和正确地做事”专题讨论，要求领导的首要任务是做正确的事。所谓做正确的事，就是符合战略方向、符合战略目标的事，在这方面出力越大贡献越大。而自以为按习惯思维方式“正确地做事”往往会做出与总的战略和目标相悖的事，这时出力越大破坏性就越大。要求干部在思考问题的时候要坚持正确的战略方向，坚持出版社利益最大化原则，坚持从实际出发、敢为人先的创新精神，坚持不唯上、不唯书、只唯实的实事求是精神。主要领导特别要有坚持真理、服从真理、敢于修正错误的精神。我觉得经过几年的努力，科学出版社干部的战略意识和战略素养得到了极大的提高，大多数干部能够主动从大局、宏观看问题和分析问题，能够深入实际提出解决问题的方法，能够排除干扰较好地迅速抓住事物本质做出判断。有不少干部在总结和表达见解时也是归纳得一套套的。我看到这种进步，由衷地感到高兴。

干部是事业的决定因素。只有高素质的干部才能做出高水平的工作，才能搞好战略的管理。

第十章

体制创新——探索有中国特色的现代出版企业制度

我24岁参加工作，第一个工作单位就是企业，历经六年，从工人到管生产和供销的副厂长，对企业的认识是有经历和感受的。我以为企业的本质就是提供产品，是在满足社会需求的过程中追求利润最大化的法人治理结构。我之所以选择留在科学出版社，就是因为我认为科学出版社最终的属性一定会是企业。当时我与胡启恒副院长谈话时就说过："如果科学出版社向企业方向走，我可能会有点作为，如果不是的话，我也不一定能够做得好。"

1994年夏天，我在出版社大门口碰到辞书编辑室主任荣毓敏，他对我说："老汪，出版怎么这么困难呀？"我信口说道："老荣，其实科学出版社遍地是钱，就看我们看不看得见，愿不愿意弯腰去捡。"我之所以这样说，因为我是以企业发展的眼光来看待当时科学社的状况的，遍地是钱是指它有潜力可挖，不至于这么困难。但是这时的看法并不系统，更谈不上对有中国特色的现代出版企业制度到底是怎么回事有个完整的想法了。

一、向企业过渡难点的思考

1996年，中国科学院在怀柔干部管理学院举办上岗培训班，参加培训的人员都是所级领导，共有30多人，化学冶金研究所所长李静海、院监察审计局局长李京顺也都在其中，副秘书长王玉民主持这一届培训。结业时每个学员要写一篇论文，我的论文题目是“科学出版社向企业过渡难点的思考”。

科学出版社作为中国科学院专门的出版机构，在分类定位中已明确“由事业单位向企业过渡，最终成为自主经营、自负盈亏、产权明晰、管理科学的现代出版企业”，我理解从现在起下大力气抓，加上中科院给予适当的支持，在20世纪剩下的几年内完成这一转化是有可能的。但是，也不能不看到这种转变难度是非常大的，从某种意义上说，是科学出版社从计划经济的运行机制向社会主义市场经济转化的第二次创业，而且是背着沉重的历史包袱的创业。依当时的认识，所遇到的难点有以下几点思考。

1. 传统观念与客观目标的冲突。多年以来，科学出版社以完成中科院赋予的出版任务为己任，为作者出书，等投稿上门，盈亏由事业费解决，一切都向研究所看齐，认识上还停留在“侧重基础、侧重提高”这一已经成为历史的办院方针的阶段，总寄希望于社会能适应我们的现状，总觉得上级领导和社会各个方面对我们这样的以学术专著出版为主体的出版社不理解，因而产生诸多抱怨。这种传统的观念还与“三高”特色扭在一起，一时难以澄清。这种思想上的障碍是实现企业化的阻力。

2. 队伍结构、知识结构不能适应市场竞争的要求。中科院按学科设所，出版社按学科设编辑室，以出版专著、学术期刊见长，编辑有深厚的自然科学基础理论专著加工的功底。但是，在面向社会需求、实用新型技术等方面的作者队伍和销售市场都还没有形成，特别是还没有合适的人去组织这样的队伍。

3. 专业分工造成结构性利润差异还无法突破。我国的出版管理体制是实行专业分工，科学出版社的出版范围被国家管理部门定为学术专著类书刊的专业出版。这类图书在市场上的销售很难自求平衡，即使发达的资本主义国家出版这类图书、期刊也是依靠政府和基金会的支持。如果在出书范围上不能有所突破，亏损是必然的，企业化很难实现。

4. 中科院和新闻出版主管部门对科学出版社的定位在认识上有距离，造成外部环境压力，短期内很难解决。科学出版社在出版界以出版学术专著而著称，这一块是我国出版界的难点，我们出版的学术专著在全国全年出版的学术专著和学术期刊中比例相当大，新闻出版主管部门希望院里在经费上给予支持，继续保持一定的数量和特色，而院里基金不可能继续增加，学术书刊的出版数量在下降，加上定位在“企业化”，出版主管部门认为中国科学院的定位不合适，我们明显地感受到挤压和各种关系不顺。

5. 资金紧缺，而且筹资无门。当时，科学出版社的流动资金只有700万元，多年都没有增加，随着物价上涨和生产总量增加投入的加大，加上市场销售情况不好，资金周转很困难，尚缺周转金500万元且无法贷款和筹措。

6. 没有法人独立财产。出版社没有注册成企业法人，财产仍在中科院总账上，到银行贷款无企业资产抵押，向院里借又借不到。

7. 离退休人员比例过大，包袱沉重。当时有离退休人员230人，每年费用300多万元，自己得从市场挣回250万元才能维持其开支。到2000年离退休人员将达到300人，到时候很可能形成一个职工养一个离退休人员的局面，按当时的物价水平，这部分人的费用将超出400万元，多年计划经济形成的经济包袱，完全由市场扛实在是太沉重。

8. 现有领导体制与企业要求相差甚远。现有领导班子由8人组成，人数过多，而且党委、行政、编务三套系统，稍有不慎极易形成三驾马车，很难担此重任。

9. 院有关政策和方向，没有更多地考虑出版社的性质。从院里有关各项政策看，没有考虑到出版社企业化的方向，各项政策都按研究所的套，其结果很难跳出学院式的管理模式，而且强化学院式文化。

10. 对社领导班子的组成、建设以及激励机制，缺乏针对性。

1996年10月15日的这篇结业论文是针对科学出版社当时的状况和要转制成为真正的企业存在的难点进行的比较系统的思考。这里面涉及传统观念、政策环境、领导体制、队伍结构、历史负担、资金短缺、现行出版体制等方面的问题，实际上是对从事业单位转制成企业面对的问题进行了梳理。要解决这些难点，实际上是从计划体制转化到市场经济体制的二次创业。

在科学出版社第七届领导班子任职的四年时间里，主要是推行产品结构调整，并对原有事业单位体制和机制存在的弊端进行一系列的改革，比如实行全员聘用制，对专业技术职务实行评聘合一，改革分配制度，调整人员结构，精简行政部门和行政人员充实编辑、销售第一线力量，破格启用一批中青年骨干，改善职工办公和居住条件，等等。同时，改制工作、集团化的工作做了舆论上的准备，并且十分关注跨世纪新闻出版业的规划和有针对性地争取参与新闻出版署集团试点。当时的想法是，只要争取成为政府推动的试点，必然会在现有的出版政策和规

定上有所突破，有突破就有机遇，抓住机遇才会获得发展的先机。

二、组建中国科学出版集团

1997年9月，党的十五大召开。这次党的代表大会是在即将跨入21世纪前夕召开的，格外令人瞩目。1997年12月18日，新闻出版署署长于友先在《人民日报》发表署名文章“加强管理，优化结构，提高质量——关于做好新闻出版工作的思考”，提出出版产业的概念，除了出版工作要为全党工作大局服务，为社会主义、为人民服务外，还要按照经济规律作为产业发展。按产业规律发展就必然会有资本营运、兼并的问题，有遵循市场价值规律的问题。文章对优化结构做了特别的解读，包括产权结构、分配结构不尽合理的要合理解决。还提到深化出版体制改革，就是要建立适应社会主义市场经济体制的运行机制。深化体制改革要以提高企业化程度为重点，以“促进兼并、联合为突破口”。出版业长期形成的“分散化、小而全”的状况已经非常不适应社会主义市场经济体制的要求。于署长在文章中展望道：“如果经过几年努力，使中国出现几家和几十家大型和超大型出版集团，加上国家政策的支持，中国的出版产业才能面对加入WTO所带来的严峻的挑战。”

于友先署长这篇署名文章实际上是当年全国新闻出版局长会议学习党的十五大报告精神的结果。在这之后，新闻出版署于1998年3月印发《新闻出版业2000年及2010年发展规划》。规划的重点是通过战略性、结构性的调整，到2010年出版总量翻一番，组建5~10个产值从30亿~100亿元的跨行业、跨所有制、跨国的大型出版集团，组建几十个10亿元以上的大型出版社。

为落实这一规划，新闻出版署确定五家出版集团作为试点，我们并没有被列入其中。这五家试点除中国出版集团外，其余四个都是出版大省组建的出版集团。

至此，我们已经明确了政府推动出版集团化的政策导向。如何搭上这班车，争取到发展的先机，是我们关注的焦点。

1998年，中央作出建设国家创新体系的重大决策，决定由中国科学院开展知识创新工程试点。在路院长的领导下，中科院得到的国家支持和投入力度加大。我们明显感觉到中科院已走出困境，各项工作的显示度越来越强。院党组副书记、出版委主任郭传杰在报告时讲：“中国科学院要成为知识创新工程的国家队，要重点考虑加强七个方面的战略布局，其中之一是建立国家科学思想库。而建立科学思想库就包括了科学出版社。”并形象地讲：“科学出版社就是院知识创新工程这面旗帜光辉的一角。”这在当时院属各单位都想在知识创新工程试点中找到自己位置的形势下，无疑是对我们一个很大的鼓舞。

1998年3月14日在中科院召开的小型座谈会上，路院长明确提出发展中国科学院文化产业的畅想：院内成立以科学出版社为核心的出版集团，以科学报社为核心的报业集团，以院文献情报中心为核心的信息网络集团。拿出3 000万元资金支持各个集团的发展，并决定召开中国科学院文化产业研讨会。

同年6月25日，中科院文化产业研讨会在怀柔召开，参加会议的院领导有路甬祥院长、郭传杰副书记、院机关有关局领导，以及院内书刊、报纸、文献情报系统代表和有关公司代表共100多人。

路院长在报告中指出，面向21世纪，中国的文化产业必将兴起，中国科学院要顺应这个历史潮流。

在分组讨论中，有的公司代表发言认为，科学出版社体量小，又不是企业机制，作核心企业还不合适。其实我也心知肚明，持有这种看法的是希望电脑公司的代表，他们认为自己的经营规模比科学出版社大，所以他们公司作为核心企业更合适。如果这个会议在1996年开，他们这个看法基本上是客观的。但到了1997年年底，科学出版社的产值已经超过1.2亿元，1998年产值计划超过2亿元，也就超过了希望电脑公司的经营规模。

郭传杰副书记在做会议总结时还专门讲了出版集团为什么要以科学出版社为核心的理由。他讲："无论从历史和传统，还是从改革和发展的趋势讲，以科学出版社为核心组建出版集团都是合适的。"

事实上，在改革初期，科学出版社与希望电脑公司的竞争一直存在。1996年院工作会议期间，根据周光召院长的意见，在院领导主持下我们还和希望电脑公司董事长兼总经理周明陶签署了合作协议。从中科院的角度讲，还是希望我们能够合作，共同把院内的出版工作做起来。在组建科学出版社领导班子的时候，还把希望电脑公司分管图书出版的副总裁秦人华安排到科学出版社担任副社长，负责计算机图书的出版。

在研讨会上，我代表科学出版社做了关于组建出版集团的发言。这个发言我们做了一些准备，制作成幻灯片，就图书、期刊的发展做了一些设想和发展规划，但是由于受当时思想并不够解放、改革刚刚起步、成效还不够显著等因素的制约，没有胆量提出重组院内出版资源的想法。对于没有抓住这次机会，在几年后我深感遗憾。

文化产业研讨会之后，就成立了出版集团筹备工作组，在中科院企业局领导下开展工作。科学出版社也组成了一个专门班子。根据筹备组的意见，要求在当年也就是1998年10月形成集团组建方案，报院长办公会审议。

三、赴美进修被紧急召回

1998年9月，中国科学院组织赴美国伊利诺伊大学为期两个月的培训团，参加的人员有院监察审计局局长李京顺、外事局副局长郭明义、大连化学物理研究所所长邓麦村，以及其他副所长级以上的中青年干部30余人。我被委任为团长，李京顺、邓麦村为副团长。不好意思的是，团长住单人间，其他人住双人间。

伊利诺伊大学厄本那-香槟分校（UIUC）地处美国内陆中心城市芝加哥以南140英里，占地1 480亩。整个香槟市就是一个大学城。这里环境优美，有全美最大的伊利诺湖，自然风光秀丽。伊利诺伊州是美国的粮仓，东部土地和我们东北黑土地一样，真是种什么丰收什么。我在想，上帝特别眷顾美国人，这么肥沃的土地都赐给美国人了，难怪他们这么富有。

厄本那-香槟分校建立于1867年，是美国中西部十大盟校成员，全美最优秀的工程大学之一。该校强调学术研究，1995年争取到的科研经费达15亿美元，获得的经费额位居全美第一位。到当时为止，该校共有24位教授和校友荣获诺贝尔奖，有22位美国国家科学院院士，28位美国国家工程院院士。是全世界排名第20位的大学。

我们这批团员应当说个个才华横溢，上课时都用英文与教授交流，所提出的问题和见解深得校方教授的赞赏。他们称，曾接待过几批学员，只有中科院的学员水平高，学习态度端正，研究问题深刻。我们的辅导员也跟我讲：“先期有的企业和政府代表团花很多时间忙于采购，他们的兴趣点和你们不一样。他们钱多，你们问题多。”

到10月中旬，在校授课结束，校方已将结业证书发给我们，并召开

在美国伊利诺伊大学进修结业合影（1998年，第二排右三为作者）

了很隆重的结业典礼。我作为团长在结业典礼上发表讲话，感谢校方精心周到的安排，感谢教授们高水平的授课，感谢辅导员老师关照我们每个学员，大家已经成为好朋友。我们将用进修所获得的成果推进我们每个单位的工作，面向21世纪，祝中美战略伙伴关系得到良好的发展。

正当我们准备按计划启程去纽约考察时，接到社里打来的电话，说中科院企业局通知，要我们10月底向院长办公会汇报中国科学出版集团的组建方案。路院长有批示，要求认真做好集团方案的准备工作。虽说在去美国学习之前，已经有了方案的初稿，但还有许多问题有待研究。我向邓麦村、李京顺两位副团长说明这个情况，准备从纽约提前回国。

在纽约我让科学出版社纽约公司负责人张居张罗，请代表团的全体人员吃了一餐中国菜后就与代表团分手，提前回北京了。遗憾的是，随后代表团到硅谷和微软公司访问的项目我没能参加。

回到北京后，我们加紧制定集团组建方案。这个方案的要点是，体制上是法人联合体，成员单位有科学出版社、中国科技大学出版社、希望电脑公司、中国科学杂志社；成立集团理事会作为领导机构。机制上实行“三统一分”，即统一领导、统一业务规划、统一对外形象宣传；各自独立核算，分灶吃饭；规划在三年内完成转制，成为实质上的企业单位，然后在此基础上进行实质性的重组；在业务发展方面，着重利用科学出版社和中国科学院的品牌，与国际上大型专业出版集团组建合资出版社，利用现有的上海、武汉、深圳等分支机构组建布局合理、涵盖出版资源丰富的省、直辖市分支机构；建立与民营资本相结合的销售网络；争取刊号资源创办新的大众类期刊；争取更多的书号，满足集团成员单位业务发展的需求；争取中科院投入1 000万元，贷款1 000万元；此外，还要求把中科院微电子中心占用的“物理楼”腾退给科学出版社。

这个方案于10月底正式上报给了院里，我们还做了上院长办公会当面汇报的准备。到11月中旬，院企业局通知我们说，集团组建方案在院长办公会上已获得通过，要求出版社尽快转制，实行股份制，建立产权明晰、自主经营、自负盈亏、自主发展的现代企业制度。并且同意拨款1 000万元用于集团组建。可是这笔款我们一直没有拿到。陈宜瑜副院长分管计划局时曾告诉我：“你们的1 000万元还放在账上，而科学报社的1 000万元早就花完了。”本来我们还是很缺钱的，但一直没有到院计划局去要，他们也没有主动给我们，此事只能抱憾了。

四、挤进新闻出版署集团试点

正当我们在中国科学院的推动下组建中国科学出版集团的时候，1998年6月得知新闻出版署确定五家出版集团作为试点。事实上，自从新闻出版署《新闻出版业2000年及2010年发展规划》颁布以来，我们一直十分关注集团试点工作的进展，也在争取进入集团试点，以争得发展的机遇。很快我们把筹备中国科学出版集团的方案报给新闻出版署，并且向图书司和署领导报告，希望能够成为试点单位。可能是我们的执着与真诚打动了有关领导，更重要的是署领导看到中国科学院已经有所动作，路院长对中科院文化产业发展的讲话在出版界已经传开，出版界公认路院长有超前的战略眼光，首次提出发展中科院文化产业，顺应即将到来的全国文化产业大发展潮流。有中科院领导的支持，而且已经有所行动，所以新闻出版署集团试点单位从原来的五家改成六家，而中国科学出版集团是唯一一家部委所属的出版单位，从试点的代表性讲，有我们参加试点，对探索出版集团的工作是有利的。

在被确定为试点单位后，我们紧锣密鼓地在原集团组建方案的基础上修改完善形成试点方案，准备向新闻出版署申报。到1999年4月，我们接到通知说，4月29日由中国科学院、科学出版社就集团组建方案向中宣部、新闻出版署汇报。

29日下午，由院党组副书记郭传杰、院出版委副主任李廷杰、院企业局领导和科学出版社集团筹备组的同志在新闻出版署会议室参加汇报。听取汇报的领导有新闻出版署署长于友先、图书司司长阎晓宏，中宣部副部长龚心瀚、出版局局长邬书林和副局长张小影等。

郭传杰代表中国科学院谈了对科学出版社组建集团的设想和院里从

创新工程高度，作为建立科学思想库、成为知识创新工程有机组成部分支持科学出版社组建集团，并表示院里支持1 000万元和划拨“物理楼”支持集团的发展。同时，郭副书记希望在出版资源、书号、刊号、设立分支机构上给予政策倾斜。我代表筹备组用演示文档（PPT）汇报了中国科学出版集团的组建方案。在汇报的最后，我讲道：“希望通过试点，能够在政策上有所倾斜，允许与国际上大的出版集团组建合资出版公司，在集团开办分支机构方面得到支持，并且希望明确组建的集团就是企业。”

在讨论中，于署长讲了很多支持和肯定的话，特别提出：“中央部委出版社里大社强社集中，通过你们的试点探索出一条集团化的路子，有着试点探路的示范作用。书号、刊号不是问题，这都是我们署里能够解决的。对外合作方面，你们是科技类出版，不会有危害党和国家安全的问题，应当支持，允许试探。”

龚心瀚副部长也表示支持试点，但对转制成企业，龚副部长说：“还有点问题，这需要中央批准。”于署长插话说：“就批准为企业性质，叫他们试试嘛。”龚副部长还是讲：“那得请示中央。”在集团的定位问题上，最后没有明确的说法。

现在看来，集团应当是企业，这是毋庸置疑的。但从当时情况看，把出版社转制成企业中央并没有做出决策。直到三年之后的2003年中央文化体制改革试点时才明确集团就是企业性质，而且出台了与转制相关的配套政策。我们之所以在当时提出要把集团转制成企业，是因为中科院相当一部分应用开发类研究所已经完成了企业化的转制改制。问题复杂就复杂在出版社是双重领导——行业管理和主管主办，再加上中宣部的管理，就很难决定下来了。如果按照研究所改制，中科院已经出台了与改制相关的配套政策，我们只要严格执行就可以了，甚至可以推行股份制改造。现在看来，在中科院的改制单位中唯独改制没有实行股份制的只有科学出版社一家。

五、吸收集团成员单位的尝试

2000年6月25日，我们在位于北京复兴路3号的中国科技会堂召开集团成立大会。中科院路甬祥院长、郭传杰副书记、院机关有关局的局长，新闻出版署于永湛副署长，中宣部龚心瀚副部长、中宣部出版局有关领导，还有特邀的20多位院士作者、新闻媒体记者、在京开设办事处的国际出版集团的代表，以及中国科学出版集团顾问、日本欧姆社社长佐藤先生等到会，参会人员坐满了报告大厅。

大会由科学出版社副社长向安全主持，他声音洪亮，语调抑扬顿挫，拿捏得较准。会场气氛热烈，透着喜庆。我代表集团讲话，首先感谢中国科学院和新闻出版署、中宣部的领导对集团筹建工作的支持，并对新建的集团定位做了描述："中国科学出版集团是在中国科学院直接领导下的出版集团，现阶段是由科学出版社、北京希望电脑公司、北京科海集团高技术公司、中国科学技术大学出版社、北京中科进出口公司五家单位组成。

"中国科学出版集团的战略定位是：立足知识创新工程的源头，为落实科教兴国的战略，运用国际化、专业化、市场化的运作方式，实现知识创新成果的归纳整理、传播转移、普及提高三大功能，是知识创新工程有机组成部分，利用集团化的形式，按照现代企业制度整合、优化各种科技出版资源，形成有特色、规模化、多元化、国际化多种媒体综合经营的集团公司。

“中国科学出版集团将依托中国科学院，面向全国，面向国际，面向未来，经过十年的努力争取达到30亿元规模，进入全国五强之列。为达到此目标，要发挥知识创新试点的优势，以及集团试点政策推动的优势，在3~5年内完成真正建立现代出版企业制度的转制转型。”

我的讲话本是大会的程序性安排，事先没有报给院里审查，我觉得也没有这个必要。但是之后路院长在讲话中指出：“汪社长讲话中提到依托中国科学院，我看他是思想不够解放。当然，中国科学院是中国科学出版集团的坚强后盾。我想，未来的中国科学出版集团不仅仅是以中国科学院为依托，应该是以世界科学技术成就为依托，这样我们才有无穷无尽的出版源泉，我们才能开拓更加广阔的市场。我没有批评的意思。我认为要从客观规律和客观事实出发，来明确未来的中国科学出版集团发展定位、战略依托和面向。要把中国沉重的人口负担转化为无可比拟的人力资源靠什么？要靠提高国民素质，一靠教育，二靠我们社会上的知识传播与普及，这是中华民族繁荣复兴的希望所在。我希望出版集团的同志们能够进一步把眼光放远大点，更加自觉地肩负起我们光荣的社会责任，使中国科学出版集团不仅成为中国而且是世界有影响的高水平的出版集团。也衷心希望中宣部、新闻出版署、社会各界能加强对中国科学出版集团的领导、支持、监督与帮助。”

路院长的讲话获得热烈的掌声。我也深深地为能有这样的重量级战略科学家领导我们感到莫大的荣幸，同时也感到我们对集团战略定位的思考还有许多的欠缺和不足。路院长的讲话对我们今后战略定位的形成是一次很好的鞭策。

龚心瀚副部长、于永湛副署长和院士代表都发表讲话，祝贺中国科学出版集团的成立，并寄予殷切的希望。集团的外籍顾问佐藤社长也发表了讲话，他说："我与科学出版社交往十多年，我一直在关注中国出版业的发展，更关注科学出版社的发展。近几年中国出版业有很大的进步，科学出版社发展速度更令人惊讶。能够兼职担任集团的顾问不胜荣幸，愿为集团的发展竭尽所能。"会后，路院长和郭副书记接见了佐藤社长，并合影留念。

集团成立之后，我们的工作着力点主要放在两个方面：一是以集团作为平台，寻求更多的出版社加入；二是加强与国际上大型出版集团接洽，寻求合作和合资建立出版公司。正像路院长在集团成立大会上所讲的，要立足国际科学技术成果才能有取之不尽的出版资源。集团的建立为我们提供了扩大出版资源的契机，必须抓紧进行。我当时觉得，现有的集团体量太小，在经营规模上与其他五家试点集团没法比，必须有新的资源进来。中国的单个出版社大都规模不大，只有联合起来才能够迅速做强做大。我在新闻出版署培训中心社长总编辑培训班讲课时谈了我的观点："当前中国出版业面临两种发展趋势，即联合与竞争。大家都习惯了竞争，这没有错，但从中国出版业现状看，要参与国际竞争因为体量过小不会形成优势。因此现阶段应当更多地考虑如何联合和重组，形成规模更大、特点更鲜明、特色更突出的竞争实体，才有可能有较强的竞争力。从这个角度讲现在的主流不是竞争而是联合。"我的这一观点得到不少社长、总编辑赞同，课后他们都来找我进一步讨论竞争与联合的关系问题。

有不少出版社的社领导出席了集团成立大会，他们与会一则表示祝贺，二则也在思考自己出版社今后的出路。因为就在中国科学出版集团成立大会的前几天，国务院进行机构改革，推进产业部委调整为行业协会。例如冶金部改为冶金工业协会，轻工业部调整为轻工业协会，还有化学工业、机械工业、煤炭工业、纺织工业、物资等部委都在调整之列。这样，原部委所属的出版社就有个出路的问题。6月中旬，国家经贸委政策法规司季司长分三批找这些出版社社长，传达说他们的主管部委马上要撤销，要他们自主寻找主管单位。在了解到这一动向后，我们多次找有关出版社联系沟通，征询他们加入中国科学出版集团的意向，其中有几位社长出席了集团的成立大会，聆听了路甬祥院长的讲话，很是羡慕中国科学院的政策环境和领导的高瞻远瞩。轻工业出版社和冶金工业出版社都明确提出，愿意参加中国科学出版集团，将主管部门改变为中国科学院。我们很快将这一情况写成报告，并将与轻工业出版社、冶金工业出版社签署的加入集团的意向书作为附件，上报郭传杰副书记并呈路甬祥院长，日期是2000年7月11日。路院长在7月19日做出批示："此事请（严）义埙协助传杰研究。总体看是好事，但要规范。一些关系和未来的结构要想清楚。必要时可委托做可行性研究。"

严义埙是院里分管企业的副院长，他的批示为："我看还是一步一步地走，首先加快出版社自身企业化的改革。然后，同时可对各出版社情况先做可行性分析。利弊搞清楚，再做决策。不单单形式上做大，要多考虑一些困难和问题。"

郭传杰副书记批示："总的看来此方向不错，但须操作审慎。建议：

1. 了解国家主管部门（中宣部、出版署）政策指导意向；

2. 先选择一家对象，进行深入一些的可行性研究，包括资产、负债、社保、信誉及将来的体制、运作规范、利弊因素等；

3. 加快集团实质性建设和内部改革。"

根据院领导的指示，我们继续与轻工业出版社、冶金工业出版社商议，并对他们的财务报表和有关经营情况做了进一步分析。结论是：

经营状况一般，但小日子都过得不错。特别是冶金工业出版社，家底雄厚，在王府井大街有不动产，每年的租金就够老干部的全部费用了，他们要是加入集团的话，对我们来说在经济上没有什么风险。

在这之后，我们还与人民交通出版社、海洋出版社接触过，他们也对加入中国科学出版集团表示出浓厚的兴趣。此外，还与清华大学出版社、高等教育出版社讨论过组建科教出版集团的设想，并与清华大学出版社王明启社长签署了意向书。

所有这些意向和接触之所以最后都没有成为现实，最根本的原因在于突破不了主管主办的体制。轻工业出版社和冶金工业出版社最终还是挂靠到行业协会去了，每年的事业费仍然由行业协会照拨，所占有的行业内出版资源的优势依然保持不变，这样要他们离开行业协会的主管就没有动力了。现在看来，中国科学出版集团的率先成立虽然为体制创新争得了一些优势，但在当时的情况下，既没有政策推动和政府主导，也没有相应的市场资本运作环境，所以，我们的这些努力都没有能够获得成功也就不难理解了。

六、进入国家文化体制改革试点

到2003年，中央文化体制改革启动。这是继新闻出版署试点后由中央推动的全国文化体制改革试点，其规模和政策支持力度、政府推动力度都要大得多。

2003年7月31日，中共中央办公厅、国务院办公厅下发中办发〔2003〕21号文件，转发《中共中央宣传部、文化部、国家广电总局、新闻出版总署关于文化体制改革试点工作的意见》，其中，列为国家文化体制改革试点的地区和单位共有四类35家，中国出版集团、上海世纪出版集团、辽宁出版集团、广东出版集团、拟成立的吉林出版集团、中国科学出版集团、人民邮电出版社、中国证券报社、电脑报社，共九家作为国家第一批文化体制改革试点单位，其他还有公益性文化事业单位和文艺创作单位，文化企业单位主要是发行集团公司和综合性试点地区如上海、广东、浙江、重庆、深圳、沈阳、西安、北京。

到2003年12月31日，国务院以国办发〔2003〕105号文件发出《国务院关于印发文化体制改革试点中支持文化产业发展和经营性文化事业单位转制为企业的两个规定的通知》。新闻出版总署以〔2003〕1147号文件发出《关于印发〈新闻出版体制改革试点工作的实施方案〉的通知》，并在总署成立了文化体制改革领导小组，由石宗源任组长，柳斌杰任副组长兼办公室主任。在领导小组下面成立三个工作指导小组，分别针对出版、报业、发行三个业务范围，由阎晓宏、余昌祥、刘波分别负责。

至此，中央文化体制改革试点工作有关指导性文件和领导试点工作的组织安排全部到位。领导小组要求试点单位在一个月内拿出试点改制方案报总署批准。

从2003年7月31日被列为中央出版体制改革试点，到2004年3月5日总署正式批准中国科学出版集团体制改革方案，历时7个多月。这当中经历了一些曲折，方案报上去之后又做了补充说明和调整，直到2004年2月10日才正式确定。究其原因，还是在拟订方案过程中科学出版社与中科院出版委的意见不够统一。

七、中国科学出版集团的核心企业之争

中国科学出版集团整体转制方案在制定之初就有两种思路：其一，

是集团作为控股公司，所有成员单位均是平等的子公司或控股公司，科学出版社是集团的成员单位之一；其二，是集团和科学出版社是两块牌子一套人马，科学出版社作为核心企业，对外代表中国科学出版集团。

由院出版委有关领导组织希望电脑公司、科海公司和律师组成的集团方案起草小组，形成了把集团做成控股公司的方案。根据该方案，科学出版社的业务被拆分，龙门书局、中科进出口公司、中国科学杂志社、其他学术类期刊分别成为独立于科学出版社的子公司，连同希望电脑公司、科海电子出版社、中国科技大学出版社一并成为集团下面的子公司。

在他们看来科学出版社的所有资产都是中科院的，进行拆分重组无可非议。但很明显的是，希望电脑公司和科海公司虽然已经从事出版多年，但一直没有正式的出版名分和书号，所用的书号都是与科学出版社或其他出版社合作取得的，进入组建中的出版集团是解决他们出版权的一个很好的契机，院出版委和希望电脑公司、科海公司都极力主张母子公司体制，这样可以打包解决他们的出版权问题。但从科学出版社的角度看，从科学出版社的品牌和历史看，我是不能接受这个方案的。我有个形象的比喻，科学出版社历史上是院直属单位，转制后属于国科控股（中科院国有资产经营有限公司）管理，成为孙子公司，而按照他们所做的这个控股公司的方案，又属于出版集团管理，还和希望电脑公司、科海公司、中国科大出版社平行都成为集团成员单位，岂不成了重孙辈公司？！最不能接受的是，所有成员单位都用科学出版社书号出版图书，书号就得归集团分配，那么科学出版社的品牌如何得到保持都成了问题。

在院出版委组织讨论时，就他们起草的集团组建方案产生了激烈的冲突。我明确表示集团的组建方案应当由集团转制领导小组办公室起草。对院出版委提出的这个方案，我从科学出版社的角度考虑实在难以苟同。当时中科院副秘书长郭华东代表院领导协调此事，我向他陈述了我的观点。

在郭华东的提议和带领下，院出版委副主任解源与科学出版社的向安全、彭斌和我一行五人，于2003年8月中旬到上海世纪出版集团，考察他们集团的组织架构。世纪出版集团董事长陈昕接待了我们。在去上海之前，我们听到的传说是，在世纪出版集团的方案中，下属各出版社的法人资格一律取消，都变成了单纯的图书生产单位。经陈昕介绍，他们的方案并没有最后确定，这种说法只是他们在考虑的方案之一。

从上海调研回来后，我们的两种方案还是没有得到统一，但我们与院出版委有关领导的矛盾逐渐公开化了。我曾跟班子成员说过："如果院出版委有关领导再要与我们讨论集团方案，我不参与。"我分析认为，这件事肯定会传到路院长那里。但当时我的想法是，如果集团组建方案对科学出版社伤害太大，我只有挺身而出了。如果因为转制而把科学出版社搞得没有了，我岂不成了历史的罪人？我已做好充分的心理准备，即使社长不当，也要坚持自己的想法。

不久，院里传闻说院领导发话了，要面向国内外招聘科学出版社社长。此传闻从全国科学技术名词审定委员会事务中心（曾经挂靠在科学出版社）主任潘书祥处也得到了证实，他跟我讲路院长的确这样说过。我心里想，自己已经59岁了，差不多该退休了，也无所谓了，反正集团方案的事我就是要横在这里，直到不让干为止。我打电话给路院长的秘书，预约向路院长汇报集团转制工作情况。第二天，也就是2003年8月18日上午，我到路院长办公室当面汇报了集团转制方案起草工作的情况。

路院长很耐心地听了我的汇报后，明确表示："集团转制方案很重要，要尽快推进，尽早报院里审批。方案由集团起草，报院领导小组审议。"

在汇报的末了，我跟路院长说："我今年已经59岁了，是做60岁退休的准备还是继续干几年应该有个说法，这对我下一步的工作安排还是比较重要的。"路院长笑着说："集团转制的事总得有个结果吧?!我个人意见，按2010年（退休）考虑较合适。这个问题还是按组织程序研究决定。"

这次汇报之后，制定集团转制方案的主动权按说又回到了集团，所以我们加快了以科学出版社为核心企业的集团组建方案的起草工作。但核心企业之争仍然没有得到解决，直到后来在新闻出版总署领导的干预下才画上句号。

现在想起来，真心感谢路院长的宽宏大度和实事求是，没有计较我有些不当的态度，这也是中国科学院的文化。

八、邀请江绵恒副院长担任出版集团董事长

在8月18日向路院长汇报过程中，我提议转制后的出版集团应当由一位院领导来担任董事长，理由是集团组建和业务范围拓展涉及面很广，各方面协调的难度较大。我主动提出请江绵恒副院长兼任集团董事长。我之所以提出这样的建议，出于两点考虑：一是在院工作会议上我听过江院长的专题报告，他用财务报表原理诠释科研工作的投入产出，我觉得既有新意又有说服力，觉得江院长很有才干。另外一个考虑是，江院长在讨论集团转制方案时提出，一定要有核心企业。他讲："没有核心企业怎么成为集团？"我觉得江院长脑子非常清楚。有这样的院领导兼任集团董事长将是集团之大幸。在路院长同意的前提下，我主动约

江院长汇报出版集团转制工作。江院长倒也没有推辞，约定到他办公室汇报。2003年9月5日，我应约到了江绵恒副院长办公室，并带上了我们出版的《牛顿—科学世界》杂志——江院长一直是这份杂志的读者，每期新刊出版后我们都邮寄一册到他在上海的住地。江院长很热情地接待了我，先从杂志谈起，谈了出版集团转制后的发展方向，如何参与国际竞争等问题。我直率地提出，请他兼任集团的董事长，理由是：集团发展势头良好，需要强有力的领导推动；有我们做具体工作，不会占用他太多的精力。我讲："如果你能挂帅，少帅老臣的结构运转一定会很顺畅。"江院长很客气地谢绝了，主要理由是他的工作太多，没有精力管这事，而且院领导分工也不是由他分管，并鼓励我，要克服困难，今后有什么难处他会鼎力相助的。

从江院长办公室出来后，我将江院长的意见向路院长的秘书报告了，汪秘书说他会将情况汇报给路院长。这次约谈没有能够请动江院长兼任集团董事长，是件很遗憾的事。可能是江院长的确太忙，也可能是江院长的兴趣不在出版工作，或者是其他什么原因，对我来说至今还是个问号。如果真能请动江院长，那中国科学出版集团的工作可能会是另一番景象了。

在与江院长约谈之前，杨柏龄副院长在8月5日约我谈话时已正式明确，院党组已经研究决定，转制后的出版集团由我担任总裁。我觉得如果能有一位院领导兼任董事长，对集团的发展更为有利，而江院长便是理想的人选。

九、集团改革方案的调整

2003年8月29日，中国科学出版集团改革方案正式上报中宣部、新闻出版总署。

集团改革方案上报后，新闻出版总署改革领导小组召集我们参加总署调研座谈会。我在会上介绍了我们的改革方案，也提出此方案的问题是科学出版社被肢解了，在集团中的作用明显下降了。总署改革办领导看了这个方案后也有同感。

到了2003年12月2日，总署改革办阎晓宏司长、刘建国副司长邀约中国科学院领导和出版集团领导到高等教育出版社交换对改革方案的看法。中国科学院副秘书长郭华东、邓麦村，院出版委副主任解源以及我、向安全、彭斌参加。阎司长明确表示，中国科学院所报的集团改革方案在突出出版事业、充分发挥科学出版社核心作用方面应当加强。郭华东、邓麦村两位领导表示，将尽快对方案做补充说明。第二天我们被召集到院国有资产经营公司（国科控股）开会，讨论补充说明一事。最后由院出版委起草文件，并以院科发出字〔2003〕334号文形式将补充说明报送到新闻出版总署。

该补充说明在原方案的基础上就出版业务的发展进行说明，对转制后集团发展战略做了进一步的归纳。但是对原有的组织结构并没有做任何调整。

2004年1月30日，总署改革办通知我们到总署就集团改革方案进一步沟通，我、向安全、彭斌去了。阎晓宏司长讲："柳（斌杰）署长很重视中国科学出版集团的体制改革方案，要求突出出版，要求发挥科学出版社核心企业的作用。并要求中国科学院尽快答复，以便在本月12日总署改革办会议上讨论。"

我体会到，总署改革办意见的实质是，不能弱化出版，不能降低科学出版社在集团中的地位和作用。这是科学出版社长期以来在社会和总署领导心中形成良好印象的“科学”品牌的作用，他们不愿意看到改制后的集团把科学出版社仅作为一个子公司，而希望电脑公司、科海电子出版社倒成了一个个正式的出版社。这与国家推动组建出版集团的原则和控制出版社总量不无关系。

对于解决希望电脑公司和科海电子出版社图书出版权的问题，我一直是持积极支持的态度的。这两个公司的社会和个人持股比例都比较大，其竞争力和专业化水平还是很高的，在当时已经形成了自己的计算机图书品牌。在转制之前，虽说是中国科学出版集团的成员单位，但他们的国有股权是中科集团持有，与科学出版集团并没有资产层面的关系。客观看来，假如在转制后希望电脑公司和科海公司成为有正式出版权的公司或者出版社，那么就会出现两个自然人持股占绝大多数的出版公司或出版社，而这种情况在出版这个特殊行业并没有放开的情况下是不允许的，即使到今天也是不允许的，更何况是在当时。以上只是我自己对总署意见的分析，并没有得到任何人、任何部门对这个问题的明确说法。

根据总署改革办的意见，邓麦村副秘书长召集我们讨论，在补充说明的基础上进一步调整关于集团组建的整体方案。邓麦村明确表示，按新闻出版总署改革办提出的两点意见，调整、修改方案，以促进集团改革方案尽快得到总署的通过。

调整集团改革方案的函由院出版委起草，于2004年2月10日以科发政字〔2003〕2号文件报新闻出版总署。调整后的中国科学出版集团组织结构框架如图1所示。

2月10日下午，施尔畏副院长、郭华东副秘书长带领院高技术企业局、出版委和中国科学出版集团有关人员到新闻出版总署向柳斌杰副署

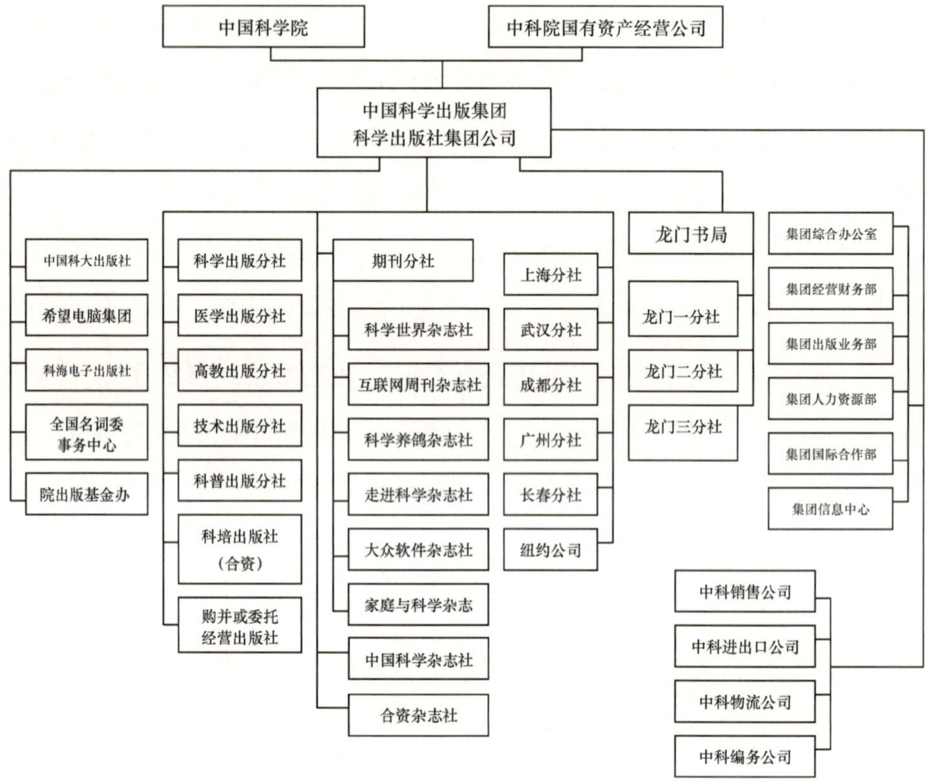

图1　中国科学出版集团组织结构图

长汇报中国科学院调整后的集团改革方案。总署阎晓宏、余昌祥和改革办郑加可等参加。

柳斌杰副署长充分肯定了中科院领导对中国科学出版集团转制工作的高度重视，肯定了集团在部委出版社体制改革试点中起到了很好的带头作用，表示总署改革办将对《中国科学出版集团整体改革方案》尽快做出批复。

2004年3月5日，中国科学出版集团体制改革方案得到新闻出版总署的正式批复。总署在批复中要求集团按照现代企业制度的要求，加快清产核资、资产划转、授权经营等各项工作，突出主业，充分发挥科学出版社核心企业的龙头作用，积极推进试点工作，圆满完成试点任务。

至此，历时七个多月的改革方案拟订工作告一段落，虽然经历了一波三折，但最终的结果还是比较圆满的。从这点来看，试点工作整体转制方案难度还是比较大的，因为没有现成的模式可以套用，各个单位的情况不尽相同，各个环节的诉求也不一样，强有力的领导和总署改革领导小组明确的指示性意见和把关至关重要。

十、改革实施方案的制定

在中国科学出版集团整体改革方案上报新闻出版总署之后，中科院副院长施尔畏即指示我们，整体改革方案将很快得到批复，集团要抓紧工作，要成立领导小组，加快推进整体转制工作。并要求院高技术企业局和出版集团一起在一个月之内起草好改革实施方案，报院长办公会审批。

根据施尔畏副院长的指示，我们成立了集团体制改革领导小组，由我担任组长，向安全担任副组长，下设办公室，由彭斌担任办公室主任，成员包括吴瑰琦、彭斌、王春福、徐津津、朱升堂，着手起草集团体制改革方案的实施方案。

在实施方案的起草过程中，我们认为转制后集团是否能获得国有资产授权经营的权力是个关键。按照中国出版集团的模式，由国务院行文授予中国出版集团国有资产的经营权。我一直想套用这种模式争取到中国科学院和国科控股公司对集团的国有资产授权经营。因为中国科学院的经营性国有资产整体授权给了国科控股公司，能否由国科控股公司二次授权给转制后的出版集团是需要协调和沟通的。为此事，我与邓麦村副秘书长多次沟通，甚至产生争论。最终，邓麦村同意在实施方案中明确，转制后的出版集团公司对所属企业占用的经营性国有资产行使出资人的权利，对所属企业中的国有投资形成的国有资产和国有控股权，依法进行经营、管理与监督，并对有关经营性国有资产承担保值和增值任务。这段文字套用的是国务院授权中国出版集团的模式。在这里我非常感谢邓麦村副秘书长的开明和大度，能采纳我的意见。这种授权实质上扩大了转制后出版集团经营的自主权，也就是说把人、财、事的管理统一了起来。一句话，就是行使大股东的权力。只有这样，转制后的出版集团才有可能施展得开，真正有权力做成一些事。我想这并不是为我个人争取到什么权力，因为我当时已将近退休年龄，只是想有个好的制度安排，以利于出版集团的发展。

转制后出版集团能否突破原有出版管理体制即主管主办的体制，也是在实施方案制定中碰到的一个大问题。有的试点单位（主要是地方出版集团试点单位）将一部分行政管理权，如书号的分配、指标的管理、刊号的申报、重大选题的报批等，下放到集团。但是，作为部委所属的中国科学出版集团转制试点，我们能否有所突破呢？我们也进行了试探，最终的结果是沿袭已久的主管主办体制还是无法突破。关键是新闻出版总署没有这方面的改革举措，也习惯了部委主管的体制，因为一旦出现了什么问题，下可以直接找出版单位，上可以找部委的管理部门，甚至直接找到部长、院长。在“看好自家门，管好自家人”的责任制下，出版单位正在三股力量作用下运作：其一是主管部委的管理；其二是新闻出版行政部门的行业管理；其三是市场驱动和惯例。文化体制改革的试点并不可能突破原有主管主办的体制。正是因为在这一点上没有突破，所以在我看来试点的改革是不彻底的，改革后的出版集团的市场化程度也就大打折扣了。

时至今日，部委这条线仍然起着主导的作用，评奖名额分配，书号、刊号申报，出版范围的变更，重大选题的报批等业务都在把关，连生产出来的每本书、刊都还要送审备案。政府既是出资人又是管理者，还是领导责任的承担者。

因此，我们在拟定实施方案中就中科院出版委对出版集团的职能做了界定："中国科学院出版委要按有关规定，对集团公司行使指导职能，重点是贯彻党和国家出版方针政策，坚持正确的出版方向，不干预集团公司的日常经营活动。"这也算是院出版委下放职权的举措吧。

实施方案就集团公司的组织结构、转制的实施步骤、转制人员社会保障和安置、在用房屋土地资产的处理、资产评估，以及转制后集团公司继续使用"中国"字头的报批手续的办理等都提出了原则性的意见和操作办法。

2004年4月13日，《中国科学出版集团转制实施方案》以集团公司的名义正式上报中国科学院。到2004年9月3日院长办公会正式讨论并批准这个实施方案，历时四个月零20天。从此，转制操作层面上的工作全面展开。

十一、转制过程中几个难点问题的解决

在获得了集团使用"中国"字头注册的批准之后，我们上缴中国科学院4 900万元，院里投资100万元，用这5 000万元在国家工商总局做了注册。2005年6月21日拿到了"中国科学出版集团有限责任公司"的营业执照。

作为集团核心企业的科学出版社的转制工作要比集团复杂得多，转制工作难点不少，其实质就是对"人到哪里去，钱从哪里来"这两个问

题的解决。难点在于人的身份的转换，要从事业编制转变成企业人。事业单位是社会公认的“铁饭碗”，旱涝保收，工资国家拨付（尽管给的不是很多，从1993年以后每年只给退休费400万元），退休后的养老问题由单位担着，比较有安全感。而转制后摘掉事业单位的帽子，企业的兴衰就决定了职工的命运，以前属于事业编制的职工退休后就要改为到社会保险部门拿退休金，与单位再没有关系了。而现实情况是，职称、工龄相同的人员，从企业退休的月收入要远低于从事业单位或政府部门退休的收入。这种差距严重阻碍了转制中身份变更的进程，工作难度很大。更加困难的是，我们是试点单位，当时整个出版界还没有这方面的操作经验，一切都得靠我们自己摸索，试探性地去推进。主要的政策依据有国发办〔2003〕105号文件、新出办〔2003〕1147号文件，以及中国科学院关于应用开发型研究所转制改制的政策。除此之外，中宣部体制改革办高书生给了我们许多指导，我们经常找他讨论有关转制中的难点和解决的方法。

从单位角度讲，转制是有较高成本的：养老保险要补缴，医疗保险要建立，房屋土地划转要缴一笔数目可观的税费，为了弥补企业与事业单位退休金待遇差就要建立补充养老保险，集团的注册资本金等都要投入，粗略估算一下，大约需要2亿元。对于有实力和有积累的出版社来讲还可以承受，而对于经营状况一般又没有太多积累的出版单位来讲就有些为难了。我曾对媒体讲过，在现有条件下转制“是富人的行为”，就是指转制的成本是很大的。

为了加强领导，我们将社领导分为两套班子，我和向安全、彭斌主要抓转制工作，林鹏则主抓经营工作，并根据转制工作进度成立相应的专题工作小组，由社领导牵头、相关职能部门参加，先后成立了社会保障工作组、土地房产划转工作组、上市工作领导小组。

（一）老人老办法政策得到落实

2006年3月，我和刘培文向院计划局汇报转制后加入北京市基本养老保险的问题，当时院秘书长李志刚听我们汇报。我们要求能按院机关和研究所转制的政策执行，即已离退休的老人仍然保留在院内作为事业编制退休人员，他们的待遇标准和资金拨付渠道不变，因为如果将这部分人交由北京市社保局的话，只能按照企业退休标准发放养老金，与原事业单位退休标准有个待遇差，根据个人类别不同，月收入要相差几百元到一二千元不等。要保持已离退休人员待遇不变，必须要解决待遇差的补齐问题。如果这部分人的退休养老待遇有波动，我们整个改制试点就没有办法进行下去。

李志刚很认真地听取了我们的意见，他表示将和院人事局商量后给我们答复。事后，我们又与院人事局的黄海霞副局长沟通，她表示一定会支持我们的改革。

到2006年4月，院人事局正式下发《关于科学出版社加入北京市基本养老保险的批复》（科发人教函字〔2006〕95号），同意继续拨付科学出版社原有的基本事业费（每年400万元），主要用于解决转制前已离退休人员的社会保障事宜，保证此类人员原离退休待遇标准不变；转制后如遇国家统一调整事业单位离退休人员的待遇标准，将继续保持与同类人员的待遇相同，所需经费由院统一争取财政资金或由院按照国家规定予以经费安排。这是天大的好事，321位离退休人员的离退休费用得到了完美的解决。虽然中科院内改制的研究所有这样的先例，但在出版行业做到这样的安排还是不容易的。据我们的人力资源部介绍，不少中央部委所属出版社也想争取这样的政策，但还是没有看到成功的。文件下达后，我们将文件复印给老干部处进行宣传，不少离退休老同志要求复印一份留存。到2006年年底，当年老同志的事业费连同待遇调整增加部分一同拨付下来了。

（二）建立“中人”补充养老保险

“中人”是指事业编制的在职人员，出版社本部有职工447人，其中属事业编制的247人。这247人在转制后有个身份转换的问题，因为这部分人退休后也存在从企业退休与从事业单位退休待遇差的问题。按照相关政策规定，这部分人员退休后的待遇差在退休后五年内由原企业补齐，五年以后就没有说法了。人力资源部提出的补偿方式有两种，一是延长补差的年限，二是采取建立补充养老保险的办法。国办发〔2003〕105号文件明确指出，有条件的转制单位，可以建立补充养老保险和实行企业年金制。科发产字〔2004〕393号文批复同意科学出版社事业编制的职工建立补充养老保险，其所需费用由转制后五年经营收益来解决。按照工龄、岗位、职称、职务和社龄等方面的要素，社转制社保小组提出补充养老保险的方案，经社长办公会议讨论通过，报社2007年职工代表大会投票表决批准，建立了“中人”补充养老保险。这次建立补充养老保险共投入6 000余万元，惠及247位事业编制的在职职工。可以说这部分人的后顾之忧也得到了解除。

（三）加入统筹医疗，建立补充医疗保险

原事业编制的离退休人员和在职职工看病都在单位报销。为了降低医药费，社里还设有医务室，小病就在社医务室处理。我们鼓励离退休

人员在医务室拿取常用药，重大疾病和手术费用经社里医疗费领导小组研究后开支。每逢医药费报销的日子，医务室门口总排长队。在个人与单位之间经常为哪些该报销、哪些要自费发生矛盾。参加医保后，这些问题就简单了。除了基本医疗统筹外，社里还为全体员工建立了补充医疗保险，报销的比例加起来达到了95%。只不过在职员工个人每人每年得缴纳1 000元左右。

（四）中国科学杂志社改制工作

《中国科学》和《科学通报》两刊是中国科学院直接主办的刊物，在国内学术期刊领域享有崇高的声誉。《中国科学》创刊于1950年，比科学出版社还早四年。1954年科学出版社成立后，《中国科学》改由科学出版社出版，编辑室也从中科院编译局搬到了科学出版社。1958年，《中国科学》第一届编委会成立，主编由钱学森担任。《科学通报》创刊于1952年，其编辑部于1965年迁入科学出版社，与《中国科学》合并成立两刊编辑部，统称中国科学编辑部。1973年7月两刊编委会合并，成立了第一届联合编委会。周光召老院长1996年9月起担任两刊第五、第六届联合编委会主编；2008年1月起改任第七届联合编委会荣誉总主编。朱作言从2008年1月起担任两刊联合编委会总主编。

2002年12月，经中国科学院和国家自然科学基金委员会双方领导协商，共同主办《中国科学》《科学通报》与《自然科学进展》。

1995年10月，为了调整中国科学编辑部的运行机制，由科学出版社出资107万元注册成立了全民所有制企业法人——中国科学杂志社，由我担任杂志社法定代表人，直至2008年。

在杂志社成立之初，其账上只有200多万元资金，整个经营还是相当

艰难的。经过十多年的发展，其经济状况有所改善，到2008年改制时，杂志社有现金结余3 000多万元。2008年改制前，按照周光召老院长的建议，把两刊放在中科院院士局平台上办，之后进行了一系列的调整，包括新的领导班子的组成和干部的使用都要同院士局和主编朱作言沟通。这时出现了要把两刊收归到院里的舆论，而且我也了解到有关领导正在做周光召老院长的工作。得知这一信息后，我感到压力很大，因为中国科学杂志社作为集团成员单位之一的集团转制方案是经过院党组和新闻出版总署批准了的，如果收归院里直接出版，原有的出版集团的组建方案就要变更。更为重要的是，中国科学杂志社是国内高端知名品牌，是国内著名科学家非常关注的学术刊物，如果将其拿走，科学出版社的品牌将受到很大的影响。我与两刊总主编朱作言进行了沟通，我说："两刊放在出版集团有很多有利于其发展的条件，你这个总主编的工作也比较顺手。"我和朱作言都曾在武汉分院工作多年，已是老熟人了。他表示支持我的意见。我们俩最后商定由他出面向周光召老院长谈将两刊继续放在出版集团的事。朱作言在跟周光召老院长商谈后，周光召老院长明确表态，同意朱作言的意见。这场虚惊总算没有成为现实，可以说是避免了一场危机。

我之所以对两刊要拿走的传言格外重视，不敢有丝毫马虎，是因为在这次危机之前，发生了另外一件令人很不愉快的事。全国科学技术名词审定委员会（原称全国自然科学名词审定委员会，简称"名词委"）事务中心是在科学出版社辞书编辑室的基础上设立的，也一直委托科学出版社代管，但对其运作我们并没有介入太多，只是经由名词委审定的名词术语的发布由科学出版社出版。名词委的主任先是钱三强，其后为中科院卢嘉锡院长，再后是路甬祥院长。1998年在我去美国进修期间，突然接到院人事局黄海霞副局长打来的电话，说是要和我商量一下名词委事务中心从科学出版社划转到院情报中心的事宜。我当时心里感到很不舒服。在我出国之前，名词委事务中心主任潘书祥没有向我透露任何信息。等我进修一个多月回来时生米已经煮成了熟饭。

（五）建立法人治理结构

我们先后做了两次清产核资，第一次是在2004年中国科学出版集团工商注册前，第二次是在2006年科学出版社转制前。两次清产核资结果报中国科学院和国务院国有资产监督管理委员会（简称“国资委”）审核批准，把原有的无效库存和报废图书进行了比较彻底的清理，共清理了几亿元的不良资产，并且做了相应的财务调整，目的是转制后能够有一个好的起点。

2007年4月，科学出版社有限责任公司完成工商注册，经中国科学院企业党组和中国科学院国有资产经营有限公司（简称“国科控股”）批准，成立了第一届董事会和管理层，原有的科学出版社的领导体制向现代企业制度“三会一层”（即职工代表大会、董事会、监事会和管理层）领导体制转变是一项重大的变革。经过几个月的酝酿，到10月份的时候形成了《关于科学出版社有限责任公司法人治理结构实施的指导性意见》，就建立法人治理结构的指导思想、公司的基本框架、会议制度、干部管理体系、财务审批体系、合同授权体系等都做了明确的规定。按照《公司法》，结合转制后公司的具体情况，界定了董事会和管理层、党委、监事会、职工代表大会的各自治理权限。这是一个操作性很强的指导性意见。

按照指导意见，公司“三会一层”较好地运作了起来。我作为董事长、党委书记，不再主持每周的例会，改由总经理主持。2008年社工作会议上的经营报告即由总经理林鹏做。我作为董事长提出指导性的意见，并对总经理的报告做了充分的肯定和评价。

十二、转制成本

我推算了一下转制过程必须发生的费用，估计要近2亿元，其中建立补充养老保险需要6 000多万元，集团注册资金要4 900万元，数字出版平台的建设计划投入3 000万元，房产地产土地出让金几千万元，另外“物理楼”收回后维修改造也需要一笔钱。当时曾考虑将“物理楼”拆除后重新盖一栋集团办公大楼，并且请北京市建筑设计院做了设计方案，初步推算需要1亿多元。

对科学出版社来讲，为集团注册所出的4 900万元资金，实质上是上缴给了中科院，由院转投到出版集团作为注册资金。中科院只投入100万元，作为中科院和国科控股2∶8的持股比例来划分。

以上所有投入都得靠科学出版社自己出资，按照当时出版社的财力还是相当吃力的。

作为试点单位，享用的优惠政策在于所得税返还。自进入试点开始到我退休的2009年，累计返还所得税2亿多元。另外，我们还从中宣部国家文化体制改革扶持基金争取到2 000万元用于数字出版平台建设，加上国家大型出版项目《20世纪科学家成就概览》拿到的国家出版基金，应当说转制成本基本上都由政策性支持消化掉了，特别是员工身份转换过程中要补缴的基本养老保险费，自企业注册之日起视同已缴，等于这笔费用由国家给出了。

当时有不少没有转制的单位，在考虑转制中的成本问题时压力很大，担心拿不出那么多的钱。事实上，从我们转制试点的情况看，由于有政策上的支持，转制给单位带来的成本压力并不大。但是，必须早转才能早受益。在中国出版协会科技出版专业委员会的年度会议上谈到转制试点情况时，我曾写过一副对联："早改晚改早晚得改，早转晚转早晚得转。"横批："早改早受益。"

十三、自然人持股问题

中国科学院在转制企业中普遍推行了自然人持股制度，转制的研究所和几个科学仪器厂，以及联想控股有限公司、中科集团公司都已经实行股权社会化。有时候我也在想，如果联想在改制时国家和中科院不给他们高管分红权和期权的政策，那么会不会有现在的联想控股？中科院能不能得到出售联想控股29%股权的27亿多元？

鉴于中科院的一贯做法，我们在出版集团整体转制方案中设计了自然人持股的框架。杨柏龄副院长在跟我的谈话中也向我们承诺，可以像院里其他转制单位一样搞分红权。但是由于出版行业国家政策的限制，终于还是没有突破。为此事，邓麦村还专门与中宣部出版局局长沟通过，得到的回答也是否定的。

十四、理顺产权关系

科学出版社产权关系单一，100%归属于中国科学院，在转制过程中不存在什么障碍。但对北京希望电脑公司来说，中科院只有36%的股权；科海电子出版社的股权结构更为复杂，既有中科集团的股权，又有职工和经营层的股权。中科院将其持有的股权完全划转到中国科学出版集团后，集团公司不能实现控股，要想控股就得另外拿出一部分资金来

购买其他股东手里的股份，而这些股份持有人开出的股价虚高太多，他们的出版业务盈利能力却不是很强，基本上没有收购的价值。所以，虽然经过多次协商，最终也没有取得什么结果。我当时的想法是，不能“千里买马骨”，赔本赚吆喝。

中国科技大学出版社的产权也很明晰，100%属于中国科技大学。虽然方案中确定划拨给出版集团，但中国科技大学出版社本身并没有积极性，我找校长朱清时谈了好几次，都因出版社员工不愿脱离中国科技大学而无法启动资产划拨。再加上安徽出版集团也在拉科大出版社加入，这件事就无果而终了。

本来中科院的计划中已经将中国科技大学出版社委托给出版集团管理，并下发了托管文件，终因科大不配合而没有实现。中科院还是比较讲民主的，当下属单位有不同的意见时很少采取强制措施，更何况中国科学技术大学是知名的大学，他们的意见还是很有分量的。

十五、冠名“中国”字头

转制后的科学出版集团要冠名“中国”字头是需要严格审批的，经中科院和新闻出版总署联合行文到国务院，申请转制后的科学出版集团冠名“中国科学出版集团有限责任公司”，最终由国务委员陈至立签批同意我们的申请，到国家工商总局登记时才终于实现冠名“中国”字头。

现在想起来，冠名“中国”字头对集团的发展意义究竟有多大？如果就直接取名“科学出版集团”，可能寓意更加深远和开阔，也许会为将来的国际化提供更大的方便。

随着转制中的难点被一一克服，到2005年6月，原中国科学出版集团正式完成工商注册，登记为中国科学出版集团有限责任公司，这是文化体制改革试点中第一家经国务院批准的冠名“中国”字头的出版企业集团公司（当时中国出版集团因社保资金等待中央拨款还没有进入工商注册登记阶段），从历史角度看，首家冠名“中国”字头的出版企业集团非我莫属。

转制后的集团党组和董事会的组成与以往有着很大的不同。在事业单位体制下是由中科院人事局组织考核和民意测评，形成方案报中科院党组讨论批准。而转制后企业集团的班子组成由集团董事会提出方案报国科控股，最终由院企业党组讨论批准。

走完程序后，转制后集团第一届党组和董事会于2005年4月29日在科学出版社召开。我以党组书记和董事长的名义主持第一次董事会，参加会议的有邓麦村、曹效业、向安全、林鹏、胡再春和我六位董事。

会议表决通过了我担任集团公司董事长、集团公司法定代表人的议案，并讨论了集团公司议事规则。集团公司监事会也在同时召开，表决通过了刘培文任监事会主席和院计划局的杨涛、科学出版社的李峰任监事的议案。

集团领导班子的建立以及第一届董事会和第一届监事会的召开，标志着中国科学出版集团转制成中国科学出版集团有限公司的试点工作已基本完成。

2007年4月，集团公司核心企业科学出版社有限责任公司也正式完成工商注册登记，全体员工统一纳入北京市社保体系。中国科学院也批准了我们撤销原事业单位的报告。从1954年8月科学出版社正式建立，到2007年4月摘掉其事业单位的帽子，历经近53年。如果不是国家大力推进文化体制改革，如果不是与转制相关的优惠政策的支持，如果不是为了更好地加快科学出版社的发展，可能事业编制还会存在相当长的时间。现在单位性质变化了，这才是第一步，关键是看转制后是否有跨越式的发展。

2009年中国出版杂志社记者采访我时，我曾讲道：“要说体制改革的难点和关键，我们的体会是：改到深处是产权；改到难处是人员；改后能发展是关键。”

2008年4月，全国文化体制改革工作会议对文化体制改革试点工作进行总结，中国科学出版集团有限责任公司作为转制试点被评为“全国文化体制改革优秀企业”，受到中宣部、文化部、广电总局和新闻出版总署的联合表彰。

第十一章

培育核心竞争力

2000年12月28日，在科学出版社2001年工作会议上我正式提出培育科学出版社核心竞争力的问题，我报告的题目是“培育核心竞争力，迎接新世纪的挑战”。

为什么这个时候提出核心竞争力的问题？核心竞争力和科学出版社发展战略是什么关系？中国出版业的核心竞争力是什么？科学出版社的核心竞争力是什么？如何培育核心竞争力？这些都是很复杂的命题，但也是至关重要、涉及科学出版社未来前途的命题。

路甬祥院长曾提醒我们：“科学出版社的同志们要思考一下现行的出版专有权的管理体制还能维持多长时间？三年、五年，还是更长时间？如果中国出版体制变革，所有的外资、民营和国有企业都可以放开进入出版领域，科学出版社还能否站得住？靠什么和强大的对手竞争？要未雨绸缪做出研判和应变的准备。”

带着这个问题，我们曾经研究过中国台湾出版业在20世纪80年代后期废止出版法、市场完全放开后的情况，也对苏联解体后其科学出版社变化情况进行了一些了解。

中国台湾的出版法执行了70年，到2000年前废止，出版业从登记制转为备案制，出版社从原有的500多家急速膨胀到8 000多家。新成立的出版社大都规模很小，而真正出版图书的出版社也只有百分之十几，每年出版图书一万多种。引起我们注意的是，在废除出版法之前具有垄断资源性质的几家大的出版社都很快衰落了，例如台湾高等教育出版社，原来出版高等教育教材，是台湾出版规模和经济效益最好的出版社，放开之后其竞争力急速下降，如今只能勉强维持。相反，股份制的和民营的出版社成了主流。

俄罗斯的科学出版社曾经是我们的老师，苏联时期也是苏联科学院下属的专业出版社。我2007年访问该社时，仍然是原有的体制，隶属于俄罗斯科学院，出书范围和规模品种比以往有所减少。出书品种和风格与我们科学出版社的传统出版领域差不多。单位设施陈旧，编辑手段仍然比较传统。所不同的是，俄罗斯科学院仍然是社会科学和自然科学合在一起，因此社会科学和文学也是该社的出版范围。我曾问他们社长："你们为什么不出版教材和教辅？它们的市场要比专著的市场大得多。"社长告诉我，这个领域他们进不去，都是一些寡头把控着，如果贸然进入会有血光之灾的。我还对他们员工的收入情况做了了解。社长告诉我，他们出版社的人均月收入折合500美元左右，在俄罗斯算是中等收入水平。显然，这样的收入在我们科学出版社是很难留住人的。这次访问的成果是与俄罗斯科学出版社签订了战略合作伙伴关系，双方约定在版权引进、输出方面进一步合作。

就路院长提出的问题，经过我们的考察和思考得出的结论是：无论体制如何变化，只要有独到的核心竞争力，就能立于不败之地。在有限的时空内，充分利用现有的优势进一步提升自身的竞争力，是今后几年

2007年作者（中）访问俄罗斯科学出版社

的一项战略性任务。

一、核心竞争力的内涵和特点

核心竞争力又称核心能力，是20世纪90年代兴起的一种新的管理理念。根据麦肯锡咨询公司的观点，核心竞争力是指导一个组织内部一系列互补的技能和知识的结合，它具有使一项或多项业务达到竞争领域一流水平，具有明显优势的能力。核心竞争力包括五个方面的内容：

（1）公司员工的知识和技能；

（2）公司技术开发和创新能力；

（3）公司管理和经营能力；

（4）公司创造品牌和运用品牌的能力；

（5）公司独特的文化和理念。

核心竞争力的特点可以概括为：价值优越性、资源集中性、不可替代性、形成艰巨性和滚动创新性。

（1）价值优越性：这种独特的竞争能力有利于企业效率的提高，能使企业在创造价值和降低成本方面比竞争对手更优秀。同时给消费者带来独特的价值和利益。

（2）资源集中性：把企业的资源集中在少数关键领域，以使尽快在这些领域建立优势。

（3）不可替代性：核心竞争力只有少数企业拥有，大部分同行没有这种能力，或者说竞争力的层次没有自己企业高。这种特别的知识、技能体现在其产品有很强的竞争力，是别的企业没有的，是难以模仿和不可替代的。

（4）形成艰巨性：核心竞争力是企业整体发展战略中更深层的核心战略。整体战略是根据环境变化确定的目标和对策，而核心竞争力则是眼睛向内，发现、积累给企业带来利益的独特的资源优势，形成本企业独有的超常的竞争力。这种能力的形成，战略的深化，着眼点从目标、机遇转向苦练内功。因而它的相关因素很多，培育时间长，特别是体制转换期间难度更大。一般国外企业要经过10~15年才能形成自己的核心竞争力。

（5）滚动创新性：随着外部环境变化和战略调整及业务拓展，核心竞争力的内涵和重点都会转移和相应变化，这种变化的过程是不断创新的过程。

一般原则下的核心竞争力由两个方面的要素构成：一是领先竞争对手的技术，并利用这种技术持续改进生产新产品和提供新的服务方式；

二是领先竞争对手的管理文化氛围，即有比竞争对手更好的上下同心同德、适应企业发展的共同价值观。而这种价值观，在新的环境变化中能迅速适应变化，不断地强化和完善。企业创造财富的价值，50%来自产品（技术）创新，50%来自管理，而技术创新效能的发挥有80%要依靠管理。

二、科学出版社核心竞争力分析

迄今为止，我还没有查到有关国内出版行业分析核心竞争力的专门报道和文章，这可能是与中国出版行业还没有发展到全面竞争的时代，竞争的力度还不够大有关系，也可能是与对核心竞争力的战略管理还没有被充分认识有关系。由于出版行业的特殊性，核心技术不好界定，产品内容的多样性、形式的同一性和产品价值的差异性之间的因果关系很复杂，最主要的是现行出版业还基本上属于计划体制的范畴，用市场竞争来对抗以往计划体制形成的垄断优势难度很大。

但是，不能因为上述原因，我们就不去认识、研究和探索实践，只有逐步认识和创新实践才可能在即将到来的新一轮竞争中争取到主动。

要想弄清楚科学出版社有没有核心竞争力，有哪些核心竞争优势，就必须把强势出版社的竞争优势做一个比较详细的分析。

根据数据分析和观察，我们归纳出强势出版社具有以下共同点：

（1）教材占1/2以上的比例和出版范围专用控制，在某一领域形成品牌，并占有市场份额优势，获得了消费者的认同。

（2）垄断部分出版资源，有固定的作（译）者队伍，不断有新产品上市，对手难以跟上和模仿。

（3）有长期效益的拳头产品。

（4）有较强的营销能力、有自己控制的销售网络和行政推动渠道。

（5）有较精明的经营班子和创新能力强的队伍。

（6）有垄断利润的积累，资金实力雄厚，拓展新领域能力强。

就整体竞争力而言，科学出版社的劣势主要表现在：

（1）没有指令性教材；

（2）没有垄断意义上的出版范围；

（3）没有行政推动的销售；

（4）缺少长效应的拳头产品；

（5）资金积累时间短，实力不够。

但是，科学出版社经过46年的发展，龙门书局走过70年的历程，特别是最近五年的调整和发展，我们在某些方面已经形成了一定的竞争能力。

第一，选题与品牌。几十年来我们以中国科学院为依托，出版了许多优秀的图书，以“高层次、高水平、高质量”的“三高”特色和“严肃、严密、严格”的“三严”作风在作（译）者和读者中有很好的影响。特别是近几年在选题竞争力上有了长足的发展，在某些板块形成了我社的强势。

（1）我社已形成一定竞争力的板块或书类：

- 数理化板块中的数学类图书；
- 生物板块中的生物技术类图书；
- 基本资料板块中的三大志；
- 文教板块中的同步类图书；
- 医学板块中的引进版图书。

（2）我社在发展中的尚具备形成核心竞争潜力的板块或书类：

• 高校教材（包括引进版）；

• 计算机图书及电子信息图书；

• 考古、文物类图书；

• 文教类图书中的小学科技课教材、小学实验课本和高考类参考书；

• 资源环境类图书；

• 科普类图书；

• 自办期刊。

（3）我社在发展中离成为核心竞争力差距较大的板块或书类：

• 辞书、工具书；

• 成人自考图书；

• 建筑类图书。

第二，管理。科学出版社是一家传统的出版社，最近几年在吸收国外先进管理经验的基础上，对社内的人事组织管理、经营管理、选题管理、质量管理、营销管理、成本管理和服务质量管理方面逐步做了较大的改革，形成了科学出版社的管理特色，在出版界有较大的震动，先后有十多家出版社来我社考察。

（1）我社在管理方面具有一定竞争力的几个方面：

• 战略管理：科学出版社的体制机制不断变革，发展战略在不断提炼、修正中完善。

• 成本管理：实行定点印刷厂、装订厂制度，对成本进行预测、复核，实行厂社工价，这些组成了我社成本管理的特色。

• 劳动人事管理：我们已完成了代际转移，中层骨干素质好，聚集了一批青年人才。此外，我们还导入首席策划制度，职称评聘分开，按岗设薪，境外培训人才。

• 经营管理：我们具有较领先的经营理念。在此指导下，每年制定可行的经营计划和目标，全程经费控制，并就重点板块全社重点运作。

（2）我社在管理竞争力方面要加强的几个方面：

• 建立数字化管理网络，业务流程再造；

• 完善事业部制的运行机制；

• 建立对客户的独特的服务管理体系；

• 建立绩效挂钩、有科学特色的激励机制，吸引优秀出版人才。

对于有一定竞争力的几个方面要不断完善和创新；对于要加强的几个方面要加大人力、财力的投入，有些工作还要招聘专业人才才能落实。

第三，质量。科学出版社46年来出版了几万种图书，并以编校严谨和成书质量高而著称，受到科学家以及广大科技、教育专家的好评，在社会上形成了较好的质量品牌效应。

（1）我社成书质量有一定竞争力的几个方面：

• 严肃、严密、严格的编辑风格；

• 几十年形成的高质量品牌；

• 多学科、综合性强的编辑队伍。

（2）在质量竞争力上要加强的几个方面：

• 强化全社员工的质量意识；

• 各中心建立成书质量控制体系；

• 有关部门建立对客户的服务质量规范。

第四，营销。“穷则思变”，因为没有垄断优势，只有靠市场锤炼我们的意志和适应市场的创新能力，经过近几年市场营销实践，科学出版社已具有一定的营销策划竞争力，表现在两个方面：

• 较好的文教图书销售网络；

• 实用的宣传促销策略。

但在以下三个方面还需要进一步得到加强：

• 加快推进按不同板块实施不同的营销策略和宣传促销方案；

• 建立不同板块的销售网点；

• 建立量化的图书市场信息预测、分析、反馈系统。

此外，经过持续五年的快速增长，具有一定的规模优势和出版集团争取发展机会的优势。

上述优势是比较优势，是和我们自己比、和同行比的一种判断，客观地讲，并没有真正形成不可替代的绝对优势。

二、核心竞争力的培育是整体战略发展的必然要求

中国出版业自“文化大革命”结束以来的发展和变革历史，可以划分为三个阶段：第一个阶段，1978—1985年，“拨乱反正”阶段；第二个阶段，1986—1995年，快速发展阶段；第三个阶段，1996—2005年，体制创新、全面竞争阶段。在第三阶段，改革和发展的基本方针是，建立既适应社会主义市场经济的要求，又符合社会主义精神文明建设的要求，同时又体现出版工作自身规律的新型出版体制。

根据1999年新闻出版署统计资料，在全国566家出版社中，科学出版社出版学术期刊168种，在品种数量上排在全国第一位；出版图书品种（初、重版）1 867种，在全国排名第四，其中初版图书品种为1 059种，位居全国第一；出版码洋2.96亿元，居全国第20位；销售总额排在中央级出版社第七位。我们与领先者高等教育出版社、中国地图出版社差距

还是很大，他们当年的出版码洋已经达到7.5亿元左右。可以说这是我担任社长第五年的成绩单，自己与自己比确实有较大的发展和改观，但放在出版业大环境比，着实还谈不上是经营上的强社，只能说是一个品种大户、各类评奖的获奖大户。如何将品种和获奖的优势转化成我们的竞争优势和经营大户优势，是经营者需要回答的问题。

当时我们碰到的突出问题是：

（1）中国加入WTO对科技出版业的冲击。

（2）出版行业内部竞争加剧。

（3）由于出版管理体制还不能突破，集团争先机的优势正在下降（当时集团仅停留在宣传上，转制没有批准，优惠政策没有落实）。

（4）新的三大矛盾的解决还需要时间。

（5）规模扩张到四个亿，资金、人才、机制、管理全面紧张，现金流不畅已成为制约继续扩张的瓶颈。

（6）靠品种扩大规模的势头仍很强劲，管理仍为粗放型，成本控制还有待加强。

（7）机制转换、考核方面的措施还没有到位，新的运行机制还有待磨合。

（8）企业内部环境还不够净化和统一，造成较大的干扰。

（9）出版业改革发展的三个阶段，我们是第二阶段和第三阶段的前五年合并在一起的，原始积累还只是初步的，家底薄，货币资本的积累与竞争对手有较大差距。

（10）职工对提高分配水平的期望值与现实有差距，给企业增加了较大的压力。

（11）对青年骨干的培养、使用还有待加强，离从整体上形成“过硬的队伍”还有一定的距离。

（12）社办公司含海外公司的转制整顿工作任务还很艰巨，有的已成为潜在的隐患。

（13）社办期刊成为新的经济增长点还只是一种愿望，至今还没有寻找到有效的途径。

以上所罗列的问题属于发展到一定阶段必然产生的，是摆在我们面前需要解决、调整、转换的问题。按照中共十五届五中全会的精神，在发展中出现的问题只能在加快发展中解决。

为此，根据中国出版业发展第三阶段所剩的时间，我们提出今后五年的具体目标：

（1）生产经营规模达8亿元（核心企业），年利润在1亿元以上，每年增长率不能低于20%。

（2）集团的重组整合要有实质性的进展，启动“五五”计划，争取各种政策优惠尽快落实，目标是成为上市公司。

（3）加快国际化步伐。经营理念、管理、核算、销售方面要与国际接轨。《中国科学》和《科学通报》编委的国际化要有大的进展。

（4）采用多种形式大力培训培养骨干队伍，因材施教，对口培养，尽可能地选送到国外对口单位进修培训，推行学分制的内部学位制。五年后，高级编辑和首席策划以上人员应当把MBA和博士学位作为任职条件。鼓励利用业余时间对口进修，经批准的学费予以报销。

（5）培育新的增长点，在期刊、网络出版、合资出版公司等方面有实质性进展，形成占总量1/3的规模，形式上可采用战略联盟。要推动以读者俱乐部的形式形成科学出版社自身的直销网络。

实现上述战略目标基本上还是要与以往形成的一套战略相衔接，根

据新的情况充实新的内容，可归纳为今后五年的基本目标：

- **练内功：**机制、管理、财务、营销与国际接轨。
- **转体制：**成为主板或中小板上市公司。
- **培人才：**高素质复合型人才队伍。
- **保速度：**每年增幅不低于20%，在保证质量和加强管理的前提下，速度是利润的主要来源。
- **求效益：**实施数字化成本控制体系，利润率（税后）要高于10%，2005年要实现税后利润1亿元以上。
- **塑品牌：**特色规模经营。

四、科学出版社核心竞争力的四大要素

我们是从单纯学术出版向综合板块特色规模集成经营转化，必然是以弱争强的竞争态势，每个板块都遇到较强的专业出版社的竞争，我们靠什么取胜？有没有取胜的可能？回答是肯定的。

首先，要有超前的眼光，能看到机会和对手的弱点。林鹏副总编辑2000年组团到日本市场考察，结论是日本市场竞争相当惨烈，出版已是负增长，市场细分很精细。相比之下我国的图书市场还没有到充分竞争的阶段，只要我们眼光超前，寻机创新，有的是机会。龙门书局的成功就是一个很有说服力的实例。

其次，由于中国出版业体制改革的滞后，不论是在观念上还是在运作上都需要一定时期的调整，大部分出版社包括强势的出版社不同程度地存在着“一化二差三慢”的现象，即垄断在弱化；竞争意识差，拼搏劲头差；体制转化慢，管理创新慢，观念更新慢。而这些恰恰是我们基本具备的相对优势。

世间万物，强弱之势，相互转化。只要我们用先进的理念、敏锐的洞察力和创新的产品同市场结合起来，这种转化是完全可能实现的。

根据以上定位、比较、分析、判断，我把科学出版社核心竞争力的要素描述为：“先进的理念，过硬的队伍，一流的管理，知名的品牌。”

（一）先进的理念

“理念”是一个哲学概念，是人们思维活动的成果。先进的理念是指用科学的方法和思维方式准确把握事物本质，从而作为判断事物发展方向是否正确的依据。要想理念先进，就必须把握前沿信息，用科学的思维分析判断，具有敏锐的洞察能力和判断能力。先进理念下的体制、机制必须是符合市场规律的现代企业制度。先进理念必须通过不断创新的发展战略和与现实相结合的管理得以实施。

（二）过硬的队伍

整体团队的概念包括领导班子、各中心部的中层领导、各板块首席策划、高级编辑、各类职能管理人员、营销和促销团队，要创造性地开展各项工作，具有本专业岗位先进理念和过硬专业技能，各部门的干部和其他同行比较总体上要强。

（三）一流的管理

我们提出管理向国际并轨，“严格，清晰，数据化，可调控”。管理出效益，要充分发挥潜力，加大贡献力度。

在新的运行机制下，如何加强全面质量控制和管理，是我们要认真解决的问题。在选题、编校质量方面，各中心主任是责任人，三审制要认真落实，社总编室抽查结果将公布，作为考核的重要内容之一。要充分发挥老编辑在质量把关和培养人才方面的作用。总编室要根据新的运行机制重新修订质量控制办法，尽快实施。

（四）知名的品牌

品牌即事业，是通向市场的门票，是征服人心的宝剑。我们的目标是“科学”品牌在计划体制下形成的优势，要通过市场竞争向市场品牌优势转化，这将是一个很艰苦的过程。

各个板块要找准自己的定位和竞争对手，形成自己的竞争战略和实施战略的措施。要用一流的选题、一流的质量、一流的服务创造自己的品牌，壮大科学出版社的品牌，形成不同门类的子品牌。龙门书局形成品牌不过五六年的时间，那么我们各板块经过几年能不能形成自己所在领域的知名品牌?

板块的确立和培育、发展、竞争成为品牌，不可能一蹴而就，要有一定的时间和条件，我们的经验是，带头人、团队、机制、资源、战略五个方面均要具备，才有可能实现创品牌的目标。我社的板块管理应当是动态的，要建立评估、监控、进入、退出的机制，保持最大的活力。

企业发展持久的动力在于核心竞争力，它是在激烈的市场竞争中立于不败之地的根本保证。核心竞争力形成的长期性、战略性、艰巨性，要求我们持之以恒、不懈努力去发现、培育、集成、扩散，要与我社的产品有机地结合，要融入为客户提供超值服务当中。

核心竞争力的培育是科学出版社整体战略转向“练内功”的战略延伸，是实现办社目标的根本措施，因此，它是今后相当长时期内出版社工作的着力点。我要求，各级领导、全社职工都要增强核心竞争力的战略意识，在有限的时空内，加快核心竞争力的培育，为科学出版社的长治久安、持续发展打下基础。到2005年核心竞争力的形成应当见到明显的实效。

从2000年提出培育核心竞争力后，在第八届社领导班子换届的报告中有一段小结："核心竞争力正在形成。培育核心竞争力是科学出版社竞争的法宝，经过三年的实践，我们的经营理念在出版界一直占有优势；人才队伍日趋成熟；以成本控制为中心的精细化管理逐步深入；龙门书局公认是教辅图书的第一品牌，科学出版社各板块在快速成长，形成特色，以弱争强、特色制胜已形成共识。科学出版社的综合竞争力大为提升。"

五、对科学出版社核心竞争力的再认识

从2000年正式提出培育核心竞争力的问题，到2009年社领导班子换届，历时九年的时间，核心竞争力的四个要素都得到培育和加强，我自认为科学出版社的核心竞争力已经初步形成。

1. 先进的理念。我们把握住了正确的改革发展方向，在出版界率先完成文化体制改革的试点，在体制创新、机制创新、管理创新方面已经处于领先的势态。已经具有中国专业出版旗舰的基本条件和优势，在国家层面上重组专业出版资源的平台已经形成，最终形成中国出版两翼的战略方向已经得到主管部门的认同和促进。这些足以说明科学出版社、中国科学出版集团的战略取向是明确且正确的。

2. 过硬的队伍。人才队伍已趋于成熟，专业化的能力有很大的提升。各个层面和关键岗位人才的竞争能力在业内也是较强的，基本上能够承担起未来战略发展方向的需求。

3. 一流的管理。具有科学出版社特色的管理体系已经形成，包括战略、经营、核算、考核、分配、企业文化建设和党的组织建设等各个方面的管理已经形成制度，管理和效率有显著的提高。

4. 知名的品牌。整体战略框架下实行科学出版社品牌的建设已经取得显著成效。科学出版社总品牌得到提升，子品牌涌现，已经形成科学出版社的品牌群。龙门教辅，中科进出口，科学出版社的高等教育、考古、医学，东方科龙的电子电气在业内影响力均位居前列，而且持续发展势头良好。

但是，从形成核心竞争力的长期性和艰巨性看，还不能认为核心竞争力已经完全形成，还需要在今后发展和改革实践中不断地强化、完善和发展。核心竞争力的培育这根弦要时刻绷紧，松一松就有可能掉下来。因为核心竞争力的形成是长期的过程，只要企业存在，它就没有终结。

从四要素的结构看，先进的理念、过硬的队伍、一流的管理是因，而知名的品牌是果。这种因果关系还可以理解为，出版社要腾飞，实现又好又快的发展，先进的理念是导航系统，保持航行在正确的方向；过硬的队伍和一流的管理是两翼，缺一不可，而且要保持平衡；主体则是知名的品牌，品牌的含金量越高，品牌群的基础越强大，竞争力就越强。核心竞争力的追求应当是形成国际、国内知名的品牌。

培育核心竞争力要与时俱进。随着历史阶段的不同、社会生产力水平和技术水平的不同，核心竞争力的内涵和侧重点是会随之变化的，要根据客观形势的变化，去主动适应变化，提出合理的竞争力的结构要素，使之成为指导形成核心竞争力的理性思维和行为准则。

我认为，一个单位核心竞争力的培育关键在经营者有没有先进的理念，是否具有把握正确战略方向的能力。最起码的要求是要具备规划未来十年发展方向和未来五年发展目标的能力，并且能拿出一系列切实可行的措施来保证目标的实现。要做到这些，起码的要求除了经营者自身的素养和能力外，还应当有国有体制干部任期制度限制方面的适应性。在走马灯似的干部轮换情况下，谁会考虑未来十年的事情?

第十二章

两个市场，两种资源

两个市场指国内、国际市场。图书作为一种商品，原本的属性是面对国内、国际市场的范畴。但是多年以来，国内的出版物主要盯着的是国内市场，即使今天，国外图书市场上也很难见到中国的出版物，有也只是凤毛麟角。原因在于我们在产品设计时就是为了给国人看的，还谈不上用国际资源占有国际市场。针对这种状况，国家在文化体制改革中着力推行“政府主导，企业推动”，两个市场、两种资源相统一的“走出去”工程，已经明显取得了一些成绩。

一、科学出版社国际合作的历史

科学出版社对两种资源相统一的认识较早，而且其起步在中国出版界也是领先的，原因是它是由中国科学院编译局与龙门书局合营组成的。编译局的主要工作是在新中国成立初期大量引进苏联的基础理论和学术专著、基本资料，翻译出版后提供给国内的科研人员，以推动中国科学院各学科的发展。龙门书局是20世纪30年代在上海成立的私营企业，是靠影印西方高等教育教材起家的，在中国当时原版的外国大学教材价格十分昂贵，而龙门书局利用自己发明的技术影印的这些教材只有原版教材价格的十几分之一。新中国成立前，在高等学校和知识分子中，龙门书局是很有影响力的。因此有不少科学家曾跟我们讲，他们是读着龙门书局的教材成长的。

自科学出版社成立后，一直都比较注重引进国外优秀科技图书的版权，在社内政策上一直都有对引进版图书责任编辑鼓励和补助的规定，并且在出版基金申请时也会给予倾斜。尽管如此，多年以来在版权引进方面也只是保持了一定的传统优势；而在版权输出方面，进入西方主流市场的图书数量就很少了。

为了加强版权引进和输出工作，科学出版社在20世纪80年代末成立了国际合作室，按不同地区安排人员分工负责联系版权，这在国内出版界也算是起步最早的。在国内学术著作出版难的形势下，科学出版社还提出“以外养内，以副补主”的经营方略，于20世纪90年代初先后在纽约、香港成立了出版公司，以期打开国际市场，应当说这在中央部委级出版社中是个首创。

从以上情况可以看出，科学出版社的出身和其学术专著的出版方向决定了它必须注重国际出版资源，因而较早地建立了专门的职能机构，也较早地建立了海外分支机构。到上世纪末，累计创收85万美元。

二、对两个市场、两种资源的认识

经历15年马拉松式的谈判，中国于2001年10月正式加入世界贸易组织（WTO）。在此之前，中宣部、新闻出版署都在加紧研究加入WTO后对新闻出版业的影响和应对措施。我也多次参加研讨座谈会，并应科技出版委员会主任周谊的邀请，在2000年11月全国科技出版社社长、总编辑年会上做了“科技类出版社面对入世的思考”的大会发言；在2001年《中国出版》上发表了题为“入世带来的阵痛与机遇”一文。我认为加入WTO后对中国出版业来讲，将会面临巨大的压力，从大众出版、教育出版以及专业出版三大类别来看，专业出版（科技类）将会首当其冲。综合起来看，我们将面临国际出版大鳄带来的以下四个方面的压力。

1. 科技源头优势的压力。对科学技术基础理论的研究、传播和应用应当是无国界的，特别是探索未来的基础理论的学术研究尤其如此。中国在历史上曾有过领先世界的科学技术和经济，为人类做出了杰出的贡献。但是在过去的100年里，我们落后了。20世纪50年代到90年代，获得诺贝尔奖的科学家有249位，中国国内的科学家一个都没有。人们都在猜想，什么时候中国自己的科学家会获此殊荣。在未来与产业息息相关的九大研究领域27项核心技术都被美国、日本、欧洲等发达国家和地区占有。在瑞士洛桑开发研究院2000年公布的全球科技竞争力排名中，中国仅排在第25位。

在科学引文索引（SCI）中，中国位居第12位，仅相当于美国的0.06%，英国的0.9%。世界发表学术论文最多的200所大学名单里居然没有一所中国大学。从专利申请情况看，2000年以前中国每年申请的专利数为1.3万件，而美国是20万件，日本是40万件；日本每年在国际上申请专利5 000件，而中国只有300件。这使我们不得不承认，当时一流的科学家、高水平的科研成果、一流的大学和研究所还是被发达国家所把控。正是因为现代科技的源头在欧美等发达国家，最优秀的科技出版资源自然也在国外。

2. 出版市场优势的压力。国际上大的专业出版集团大都是有着百年历史的专业出版社经过世界范围的资本运作形成的，加上他们在语言方面的优势，从而占据着国际图书市场最优质的资源和最大的销售渠道。中国的科技出版还没有真正伸向这个成熟的主流市场。

3. 网络传播优势的压力。国际大型专业出版集团已基本完成数字化网络出版的基础建设，利润来源正在迅速从纸质图书向数字出版物转化，例如爱思唯尔在20世纪90年代中期其利润就已经有8%是来自期刊数据库业务。而现实情况是，国内出版社的产品结构基本上还完全是纸质图书，这个差距短期内还很难缩小。

4. 体制机制优势的压力。中国出版业的主体是由事业单位转制来的出版企业，体制的转换无疑是个很大的进步，但是这种转换并不彻底，还达不到真正成为市场主体的要求。因此，出版生产力的要素还不能充分进入市场，现有的集团大都是行政推动、政府撮合的结果，缺少资本运作的环境和机制，从体制机制上就很难与国际真正接轨。这种体制机制的差距会较长远地影响中国出版业参与国际竞争的能力。

基于当时的分析，我提出几点应对措施，即增强六种意识。

1. 时间意识。从2000年起到2010年，在体制机制创新方面一定要有所突破。按新闻出版署的规划，要组建五个大型出版集团和20~30个大型出版社，以抵御加入WTO后对中国出版业的冲击。

2. 产业意识。中国的出版业必将融于国际出版产业，这是必然的趋势，加入WTO后会加速这一进程。虽说现在还没有公开认同出版是一个产业，但作为出版社的经营者要看到这种必然趋势，在改革和发展中自觉遵循产业发展规律，为未来深化改革做一些铺垫。

3. 媒体意识。要从传统出版的归纳整理、传播转移、普及提高功能提升到提供最优质的科技信息、综合服务、专业娱乐媒体上来。利用各种媒介提供服务与传统的出书、卖书、回款、赚钱有着本质的区别，前者的空间要大得多。媒体意识就是要把多种出版形式融为一体，媒体的综合化是整个发展的必然趋势。

4. 网络意识。互联网的发展是人们始料未及的，网络愈来愈影响和改善人们的生产、生活和思维方式。如果固守传统形式，路只会越走越窄。从现在开始要着手对出版进行资源数字化工程，为网络出版和销售打下基础。日本讲谈社提出的“先期准备，择机进入，讲究实效”的原则可供借鉴。

5. 联合意识。中国出版业的现状是分散、重复、规模小、效益低。竞争是发展的必然，但在目前的状况下应当倾向于联合，共同发展。用联合来出规模、出效益，用联合来增强抵御风险的能力。出版社内外、同行业应该更多地考虑如何把蛋糕做大，把生产要素集合起来，形成我们自己的实力。

6. 全球意识。自觉地把自身发展与参与国际市场竞争联系起来，特别注意与国际上大型出版集团加强合作，争取资源，学习管理，合作开发，培训人才。科学出版社对中层干部有个不成文的规定，就是必须经过国外进修，因为我们面临的是两个市场、两个压力。

以上就是我当时对两个市场、两种资源的基本看法，在工作中我也是在不断地努力推动科学出版社国际化的进程。

三、两个市场、两种资源战略的提出

科学出版社虽然有争取国际出版资源的传统和优势，但是在计划经济和事业体制下，不可能把它作为一个战略发展方向。从1979年到1994年这15年时间里，共引进版权262种，输出版权56种，平均每年引进版权16~17种，输出版权4种（含向港澳台地区的输出）。这种状况显然与科学出版社的传统和地位要求还有相当大的差距。

从1995年12月到1999年年底，第七届领导班子的主要任务是脱贫，解决产品结构、人才结构、资金结构失调的问题，还没有就科学出版社的国际化战略进行认真的思考和提炼，只是按照原有的惯性开展版权引进和国际交往工作。从1999年年底在出版社工作会议上我提出要把科学出版社办成高水平、综合性、国际化的专业出版社的战略方向，到对中国加入世界贸易组织后对新闻出版业的研究时，我对国际化的必然趋势有了更清楚的认识。特别是到了2002年，我们把中国科学出版集团的战略发展方向确定为建成国际通行的科学（S）、技术（T）、医学（M）、教育（E）专业出版的发展方向，建立跨国、跨所有制的综合性专业出版集团。应当说，从这时候起，把科学出版社国际化，争取国内国际两种出版资源，面向国内国际两个市场的战略方向更加清晰了。

基于以上认识和战略方向的提出，思考如何才能尽快实现科学出版社走向国际，争取国际出版资源，开拓国际市场。我觉得仅靠版权贸易还不足以实现这个目标，最有效的途径应当是科学出版社率先组建中外合资出版公司，但当时的政策不允许这样做。我们的想法是，随着中国加入WTO，以及出版业的转制和文化体制改革，在政策上应当会逐渐突破，最终应当允许中外合资出版公司的设立，特别是科学出版社是个专业社，并没有较敏感的政治问题。在科学是没有国界和现代科技源头在发达国家的基本现实下，我觉得可以大胆探索。

四、建立中外合资出版公司的探索

1996年夏季，在深圳筹建科学出版社深圳分公司的樊友民提出要在深圳建立一家中日合资的出版公司，合作方是日本欧姆社。在我没有任

社长之前，欧姆社社长佐藤政次先生到访过科学出版社。据樊友民讲，佐藤社长是他在日本进修时认识的，是个资深出版家，在日本出版界有较大的影响。

樊友民之所以建议把合资公司办在深圳，是考虑到深圳是特区，又毗邻港澳地区，会有些优惠政策和机会，当然也是因为深圳分公司正在筹备之中。经过考虑，我还是认为把合资公司设在北京较为合适，毕竟北京是国家的政治文化中心，而且离科学出版社本部近，不仅方便联系，更能方便出版社对合资公司的支持和管理。

为推进该项工作，由樊友民安排双方在深圳会谈。1996年8月31日，在深圳火车站附近佐藤所住的香格里拉酒店，双方正式就设立合资公司的有关事项交换意见。佐藤的助手细井做日方的记录，彭斌做中方的记录，樊友民当翻译。会谈从上午九点开始，直到晚上八点多钟才结束。讨论的几个重点问题是：公司办在北京而不是深圳；合资主体是欧姆社和科学出版社；双方投资额和股权比例为50%对50%；董事会组成人数，董事长和总经理的派出方式；合资公司主要的业务；合资公司拥有欧姆社图书版权的首选引进权；根据中国出版行业的规定书号是有限制的，因此书号作为一种资源科学出版社要收取一定的使用费；公司在北京的经营场所由科学出版社提供，另收租金，列入公司的成本。即使双方语言相同，这些问题谈起来也很费劲，樊友民的日语加上中文手写才能勉强沟通。何况收取书号使用费外国人是不理解的，因为除了中国大陆外，国际上没有哪个国家或地区的书号是收取费用的。我反复解释并非我们提出了苛刻的条件，而是中国出版管理体制的原因，而且双方是对等的——欧姆社提供版权首选是支持合资公司的发展，但也是有偿提供，欧姆社要收取版税。只不过为支持合资公司的发展，双方都以优惠价格（在原有基础上优惠50%）收取，可以看作是双方对合资公司的对等投入。

佐藤很有个性而且性格强势，在谈到不高兴的时候脸就拉下来了。他比我年长11岁，又是一个老出版家，我在他面前尽量压制冲动，表现出更多的耐心。否则的话，按我们二人的秉性，随时可能谈崩。谈到中午，就在酒店给每人要了一份面条送到房间来吃。在吃面条时居然没有人说一句话，我觉得气氛有些不对。看来需要调整一下思路——有的问题还不能说服对方，就要先放一放，不能一竿子插到底，等双方都消化后再慢慢谈。谈到下午三四点钟的时候，我实在坐不住了，因为我那几天痔疮犯了，坐的时间长了很难受，先是尽量忍耐，总是换坐姿，或者站立一下。佐藤问我是不是不舒服，我只好直说是痔疮犯了，不能久坐。他很客气地说，那我们就躺着谈吧！就这样，我们分别躺在床上，面对面继续谈。奇怪的是躺在床上谈，效率好像还高些。天渐渐变黑了，开灯继续谈着。直到双方都没有再多的激情谈下去时，已经快晚上八点钟了。我盘算这次是谈不妥了，还需再交换一次看法，也就跟老先生说我饿了，才让他觉得该结束了。我们在酒店吃了晚饭，也不记得都吃了些什么，只记得花了2 000多元，是细井结的账。

在第一次深圳谈判之后，双方形成了会谈纪要，商定继续交换意见。1996年9月在北京举行了第二轮会谈。参加这次会谈的除上述五人外，我方还增加了李峰。李峰当时是科学出版社设在香港的科华公司的经理。让他参与谈判是为了将来合资公司的运作能与香港科华互相配合。

因为有了上次深圳会谈的基础，这次的谈判就显得轻松多了，遇到意见不一致时，大家沉默的多、争论的少。我看得出这老头儿还没有完

全接受我们的条件，特别是书号费和他们的版税打折的问题。他表示，这些意见还需要待他回日本与社里讨论后再做决定。

自9月这次会谈后，欧姆社就没有了消息。为了推进合资公司的谈判，1996年年末，我们邀请佐藤到科学出版社来做讲座，因为在前两次会谈中我们已正式邀请佐藤先生做科学出版社的顾问，他也欣然接受了。这次请他以顾问身份到科学出版社来讲“出版经营计划的制定”和“如何做好部门负责人”的专题内容。出版社各业务部门的负责人都参加了，讲座是讨论式的，不少中青年干部都觉得受益匪浅。但合资公司的协议还是没能签下来。樊友民建议我们到欧姆社去访问一次，不然这件事还得一直拖下去。我觉得他的建议有道理。

1997年1月，我得到佐藤的邀请，参加在东京举办的国际图书展览，同时受邀的还有荷兰IOS出版社的阿伊纳、韩国尖瑞出版社社长等。在参观过书展后，在欧姆社由佐藤、阿伊纳和我分别代表三方举行关于设立合资公司的会议。佐藤提议荷兰IOS出版社占5%的股份，并由佐藤代持，科学出版社实际上成为控股方。这样中方要有控股权的问题得到了解决。三方在欧姆社举行了合资公司有关合作文件的签字仪式。

这是我第一次见到阿伊纳。他是位身材高大的北欧人，曾长期在爱思唯尔从事期刊方面的工作，熟知学术期刊业的国际行情。他通过收购被爱思唯尔淘汰的学术期刊公司，对其加以改造重组变成了IOS出版社，并迅速将其做大，当时在荷兰学术期刊领域已经有了一定的地位，经营着近200种学术期刊。能有这样学术期刊方面的专家加盟合资公司，我是求之不得的。

历经两年多的谈判，1998年9月4日中、日、荷合资公司北京东方科龙电脑图文制作有限公司正式完成工商注册成立了，由我担任董事长，

科学出版社、日本欧姆社、荷兰IOS出版社三方合作文件签字后合影
（1997年，右一为作者）

佐藤任副董事长，向安全任总经理，樊友民、细井任副总经理。

合资公司的主要业务是：翻译、出版欧姆社出版的电子电气方面的图书，这些书里的插图由欧姆社提供日文版图书的原图；承担欧姆社日文版图书和荷兰IOS英文版期刊的排版工作。由于有稳定的日文和英文排版活源，加上对欧姆社电子电气类图书的中文首选权，合资公司第三年就开始盈利了。

到目前为止，合资公司已累计出版中文图书1 316种，外文版图书8种，为日文版图书排版800多种，长期为50种英文期刊排版。与欧姆社合作翻译出版的《中国野生兰科植物图鉴》日文版获得第十五届亚太出版商联合会（APPA）颁发的翻译作品银奖。

在电子电气、机械、自动化领域里的图解版图书已经形成自己的

特色，在国内形成了一定的品牌影响力，也加强了科学版店销书的品种。

第一家中外合资出版公司的创办，对科学出版社开辟两个市场、利用两种资源有着开创性的意义：

1. 探索了与国际同行紧密合作的模式，投入小，风险低，收效好。

2. 与佐藤先生建立了良好的工作关系和私人关系，从他身上学习到许多好的经验，我们既是国际友人，也是良师益友。

3. 补充完善了科学出版社的产品链，形成图解版电子电气欧姆—科学版的品牌。

佐藤既是科学出版社的顾问，也是中国科学出版集团的顾问。在我任社长期间，他自称是我海外声援团的团长，从多方面支持我的工作，把科学出版社的发展当作自己任内的事，我和他心心相印。2011年冬天，他发着高烧，还冒着严寒到办公室来看我。在他离开办公室时，我们说好来年到法兰克福书展再见。当我带着礼品来到日本区欧姆社的展台，却没有见到他的身影，只见到他主持开发的电子电气专业图书动漫版在陈列展出。回到北京后听到了佐藤先生已经病逝的噩耗。我怎么也不敢相信，怎么这么快就走了呢？！我们的交往还没有够呀！我一定会去东京拜祭老先生的。实际上，合作是看人、看缘分，我与佐藤先生是有缘分的。

有了与日本、荷兰出版公司组建合资公司的经历，更加坚定了我走与国际上大的出版集团深度合作的方向，也加快了这方面的步伐。我们与德国、意大利合资的Burda-Rizzoli期刊出版集团开展合资《牛顿—科学世界》的经营，与美国最大的医学出版公司哈克·布雷斯、计算机图书出版公司西蒙·舒斯探讨合资合作的意向。后因这两家公司分别被汤姆逊集团和爱思唯尔集团收购，合作被迫中止。

到2005年7月，中国科学出版集团与荷兰爱思唯尔集团签署了建立战略伙伴关系的意向书，实质上是就建立合资公司达成了意向。当年11月，科爱翻译公司正式挂牌成立。这时我已经有了创办中、日、荷三方合作的科龙公司的经验，没有走行政审批的程序，工商注册也不叫出版公司，只是做科技图书的翻译，在国内的图书出版使用科学出版社的书号。双方投资按合资公司创办，也没有任何人说不可以。

科爱翻译公司的总经理马学海博士，为人低调，思维敏捷，做事踏实。在他的主持下，科爱公司对爱思唯尔及其所属公司选题的版权都有首选权，这样可以最快获得最新的爱思唯尔出版物的信息，并且做到同步列选、同步出版。这些合作成果的取得与爱思唯尔中国区负责人张玉国的积极支持是分不开的。

五、与施普林格全面合作

德国施普林格出版集团与科学出版社是多年的合作伙伴了，在20世纪80年代曾邀请科学出版社参加法兰克福国际书展，而且全额予以资助。他们还接受科学出版社派出的进修人员，吴瑰琦就是在施普林格进修一年回来后，担任科学出版社总编辑的。当年施普林格还是一家家族企业，当家人是老格茨和他的儿子小格茨。两人都对中国、对科学出版社很友好，我社每年参加法兰克福书展的展品都要寄存在他们公司，布展前他们再把书送到我们的展台。20世纪90年代初，施普林格被一家上市公司收购，但其出版业务仍然保持相对独立。

施普林格应当说一直关注着科学出版社的发展，并寻求与科学出版社合作发展的机会。1996年1月15日，在我担任常务副社长不到一个月，他们就派其亚洲区代表到科学出版社与我见面沟通，并且每次都还要到中科院拜会院里分管出版情报工作的院领导。与中科院的关系一直比较密切。

2005年5月，经过多轮会谈后，双方签署了《总体合作框架意向书》，其中主要涉及三个方面的内容：

1. 学术期刊的合作。将科学出版社学术期刊有选择地纳入到施普林格网络平台——SpringerLink上发布，因此产生的收入的39%作为版权费返回出版单位。重点是《中国科学》《科学通报》利用施普林格的全球网络发布平台，打开海外市场，让世界及时了解中国最优秀的原创性科研成果。与两刊的合作还举行了正式的签字仪式，施普林格出版集团全球出版总裁Ruediger Gebauer、中国科学院副院长李静海、新闻出版总署副署长石峰出席了签字仪式。

两刊与施普林格的合作成效非常显著，《中国科学》《科学通报》国际影响迅速扩大。从2006年到2010年，网络版的国际机构订户翻了一番多，从合作前的2 361户上升到5 779户；下载量从8.9万次上升到64万次，增加了6倍多。其中，欧洲和北美的下载量占到下载总量的50%以上。两刊的学术影响因子也有大幅提高，《中国科学》（物理、力学、天文）影响因子突破了1，创造了其历史最好水平。《科学通报》作为综合性学术期刊，成为世界排名前50位中的第九位。经济效益明显增长，按照协议，施普林格每年保底支付9万美元版税。随着发行量的增加，到2010年两刊的版税收入达到了50万美元。

与施普林格的合作促进了两刊学术目标、经营目标的提升。当然这是双赢的，施普林格出版集团的平台由于有两刊内容的加入，市场价值也得到极大的提升。

中国科学杂志社与德国施普林格出版集团期刊合作出版签字仪式（2005年，左边握手者为作者）

2. 版权方面的合作。对施普林格的新书版权，科学出版社有首选权，特别是其数学图书方面的版权引进一直是科学出版社的重点之一。作为对等，科学出版社的版权施普林格也有首选权。我们还强调要加大输出版权力度和合作出版的力度，争取国家“走出去”项目翻译费的资助，以提高在国际市场的销售额。

这种合作方式既获得了对方出版资源的首选权，同时考虑到输出版权和推荐有价值图书以合作的方式在国际上出版，可以较好地满足国内科学家在国际知名出版社出书的需求，对于提升科学出版社在国际、国内争取优秀作者和出版资源均起到了较好的促进作用。

3. 构建科学出版社与施普林格合资网络平台。到2005年我已经认识

到网络平台的重要性，特别是像我们这种专业出版，未来的方向必然是数字化。施普林格和爱思唯尔经营的主要方向都已经调整到网络数据信息服务方面，利润的来源主要是数据库，而我们仍然以纸质图书为主。

为此事，我与施普林格的R. Gebauer多次进行深入讨论，认为在中国出版业转型中，双方共同投资建设资源数据平台将是一项创新；由于施普林格和科学出版社的品牌影响力，平台建成后国内优秀出版资源必将得以聚集。因此，我们很快就对建设科学—施普林格—Link的设想达成了一致。

我们共同认为，要把平台做大，使其更具有权威性，就应当在中国科学院的层面上来做，而且就这个问题我们也与院出版委和院情报中心的领导做过沟通，大家的看法也比较一致。

为了促进这个平台的合资建设，我还专门到新闻出版总署向邬书林副署长汇报了此事。我提出要建立合资公司的理由是，平台只是一种工具，并不是出版物，所以不会涉及文化安全问题。邬副署长一向对学术期刊比较关心，他也没有提出反对意见。

施普林格是采用外包给专业公司的形式建设他们自己的网络平台的。为了推进合资平台的建设，施普林格还从德国把为他们设计制作网络平台的公司带到出版社来与我们座谈沟通。

我与R. Gebauer商议要成立筹备工作小组，拟订方案，得到双方认可后共同推进。后来出现两个方面的情况：一是施普林格希望把原来设想分两步走的形式放下，一步到位与中国科学院进行合资，而中国科学院的决策不是我们所能左右得了的；另一个情况是，我们班子内部有不同的看法，有人认为数据网络平台应当立足自己建设，他们担心合资平台会水土不服，会造成事倍功半的结果。最主要的是，R. Gebauer在2006年年底离开了施普林格集团，这个项目在德国方面再也没有高层推进了。

除了以上三个方面的内容外，我们在引进施普林格经营管理理念上也进行过一些交流。1996年在R. Gebauer的带领下，施普林格组织十多人的代表团到科学出版社，介绍他们的人力资源管理和薪酬体系，施方人力资源经理对口与我们的人力资源部进行交流。一般外国公司都把这些内容视为企业机密，不会轻易向外传的，更何况我们是一家中国的出版社。

作者（前排左三）与施普林格出版集团全球出版总裁
Ruediger Gebauer（前排左四）合影（2005年）

R. Gebauer是一位极具眼光的职业经理人，与他合作感到很融洽、公平。他离开施普林格后，2008年北京奥运会期间，他全家到北京来看比赛，还专程请我看德国队的乒乓球比赛。在看球时他对我讲："我到新的工作岗位后还是会与你合作的。你是我在中国遇到的最值得信赖的合作伙伴。"我也再一次体会到，凡是合作实际上就是人与人之间的合作，彼此信任是合作成功的基础。

合资平台的拟建促进了我们发展战略阶段目标的细化。2006年，我提出："中国科学出版集团在'十一五'期间将建成中国最大、最权威的数据平台，成为优秀科技成果的发布中心和引进中心。"

除了以上几个合作、合资项目外，在任期内还先后与培生教育出版集团、泰勒·弗朗西斯出版集团、威科医学出版集团、俄罗斯科学出版

作者（前排右二）与中国科学院党组副书记郭传杰（前排左三）、中国版协领导李宝中（前排右一）一起访问培生教育出版集团总部（2004年）

社签订了战略伙伴关系或合资合作协议。当时我们对外合作的局面是稳步快速发展，在国际上与我们有版权贸易的出版社有200多家，创办了两家合资公司和一种合作期刊，与国际上大的出版集团和知名出版社建立了密切的关系，超出版权合作范围的有十多家。北京国际图书博览会期间拜会科学出版社的贵宾络绎不绝，2007年、2008年，每届都有30多批次国际同行到出版社访问，国际合作室的工作人员不够用，就把编辑部门的人员动员起来一起去接待。

表1为科学出版社版权贸易数量统计表，从中可以看出，在争取国际出版资源方面，从2000年开始，版权引进大幅增加，基本稳定在每年200种左右。在版权输出方面，在中央文化体制改革政策的推动下，从2006年起，有大幅增长，每年近200种。基本上实现了版权引进和版权输出的平衡。为此，2008年12月科学出版社被列入“国家文化出口重点企业”目录。

表1　科学出版社版权贸易数量统计表

年份	版权引进数量（种）	版权输出数量（种）
1979—1994（合计）	262	56
1995	20	4
1996	31	3
1997	27	3
1998	20	4
1999	60	1
2000	62	15
2001	116	9
2002	79	31

续表

年份	版权引进数量（种）	版权输出数量（种）
2003	146	2
2004	56	1
2005	105	5
2006	237	225
2007	236	202
2008	257	170
2009	165	162

第十三章

以科学发展观推进又好又快发展

从1996年到2005年这十年间，科学出版社经历了一个快速成长的阶段，平均每年产值增长一个亿，利润年平均增长800多万元。到2004年，产值已经突破10亿元大关，达到10.5亿元，利润8 411万元。直觉看来，年利润突破一亿元将指日可待。但是，从经营者的角度看，在企业规模上升到一个新台阶后，要实现可持续发展，就必须首先客观、科学、公正地分析各方面存在的问题，并提出有针对性、科学性、实效性的措施来加以解决，对未来的发展做出进一步的规划。这是关系到科学出版社能否实现持续、健康发展的大计。

2003年10月召开的党的十六届三中全会明确提出要树立科学发展观；2005年10月11日，党的十六届五中全会通过《中共中央关于制定国民经济和社会发展第十一个五年规划的建议》，要求全面贯彻落实科学发展观，实现国民经济持续快速协调健康发展和社会全面进步；2007年10月召开的党的十七大，正式把科学发展观确立为中国共产党的指导思想。这是马克思主义理论新的发展，也是深化改革开放、促进经济社会高速发展的理论总结和指导方针。科学发展观的提出为我们分析问题、制定对策提供了有力的指导。

我们从2004年开始理论联系实际思考、审视科学出版社的进一步发展问题。到2006年年初，我们就以科学发展观推进出版社又好又快的发展形成了比较系统的认识，从而为“十一五”目标的实现奠定了很好的基础。

一、用科学发展观审视存在的问题

从科学发展观角度看，科学出版社十年的快速发展使得各方面的问题逐步凸显出来了，只有正视这些问题，才能明确方向，找到解决问题的办法。

（一）体制机制创新的能量还没有释放

我们可以说是出版界最早提出走企业化道路的出版社。在过去的十年中提到关于“转制重组，促进发展”的内容不少，特别是在2005年，我们集团转制工作取得了实质性进展。

在实践中我们做了若干次调整，也收到一定的效果，但都是在原有体制下进行的改良，还谈不上变革性调整，因而科学出版社体制机制创新的能量还远未发挥效力。这里有一个认识上的差异，即我们总想等到体制机制调整到位，有些问题才好处理，因此采取的调整均是过渡性的，从而错失了不少发展机会。

现在我们已经认识到，既然目标已经明确，就要果断去实践，并在实践过程中去发现和解决问题。

（二）经营增长方式的转移仍需努力

我们提出“以质量效益为中心、坚定不移推动经营增长方式的转移”已经有三年多了。客观地讲，我们收到了一定的效果，2005年经营状况已经说明了这一点。但是这离我们的要求还差之甚远，“三高与三低”——高成本、高码洋、高报废率，低回款、低效益、低贡献率，在某些书刊生产经营中屡屡出现。

（三）结构失衡，比例失调

在书刊结构上，我们的利润97%来源于图书，主要投入也集中在图书。为了追求实实在在的利润，这无可厚非。但是我们要看到，国际出版大鳄已经将期刊作为利益的主要来源；国内大众期刊也有以一个期刊成为产值达几亿元的集团。中国科学院好的科技期刊分散在各研究所，而不在我们这些专门从事出版的出版人手中。我社期刊成为新的利润增长点还仅停留在口头上。

另一方面，从我社图书结构上看，龙门书局的主打产品为单一的同步教辅书；科学出版社的产品中，教育类图书比例增长较快，科技类图书需要加强。

（四）创新意识和能力不强

主要表现在：（1）过于求稳，只求成功，害怕失败。（2）我们现在仍然是任务型向经营型过渡，还没有达到战略驱动型的高度。（3）大型项目少，长远项目少，增量主要靠品种，成本控制主体长期没有真正到位。（4）产品创新、管理创新还是局限于少数人的行为，创新要成为全社的共识。人人参与创新活动的机制和环境还有待建立。

（五）创新文化有待重塑

我们以往企业文化是在企业线性快速增长阶段形成的，提倡奉献与拼搏精神，出版社还存在很深的事业单位、官本位的痕迹，行政化的倾向突出，真正的社会责任和科学精神与个人发展结合还不紧密。企业文化中以人为本的思想有待突出，鼓励创新的环境有待加强，适应创新发展的机制有待建立。

（六）以技术进步推动发展的意识有待加强

我们对新技术在出版中的应用反应不够敏锐，对数字出版对传统纸介质冲击的形势估计不足，缺少紧迫感，应当说错过了一些发展机会。比如学术期刊数字化，清华同方把我们的科技期刊资源数字化，形成了年赢利几千万元的内容产业。

我社的数字出版平台还处在计划之中，没有取得实质性突破；物流中心建设长期议而不决；我们的图解版图书和《中国科学》网络投稿及评审系统等的成功经验没有在社内转移。

（七）以资金为主线的精细化管理还处在初级阶段

我们在从经营环节向经营主体转化方面所花的时间太长，成本控制主体长期不能到位，导致成本偏高。管理部门、生产部门、编辑部门、销售部门都处在由任务型向经营型过渡阶段，还没有达到向质量效益型和可持续发展（战略型）的转变。

全社考核体系几经调整，还没有真正建立适应自身发展需求、鼓励创新导向的考核办法。

（八）品牌和资源优势还没有真正转化为市场竞争优势

多年形成的形象品牌转换成市场品牌，关键靠竞争力和创新的服务和产品，要不断有叫好又叫座的传世之作涌现，才能增加品牌的含金量和市场占有率，真正实现从企业的形象品牌向市场品牌的转移。

聚集国外优秀出版资源是我们的优势，但我们还没有将国外优秀出版资源优势转化为市场优势，以提高对企业的贡献度。另一方面，我们在聚集国际出版资源的同时，还不能忽视国内出版资源的聚集和竞争。我们守着中国科学院和“科学家的出版社”的金字招牌，却让国内优质出版资源花落他家，这值得我们认真反省。如何把品牌资源优势转化成市场资源优势将是我们一项长期的任务。

以上八个方面问题的产生，究其深层次的原因，不难看出我们当时工作中存在着二大障碍，即体制机制的障碍、创新文化的障碍、增长方式的障碍。清除这些障碍，用科学发展观统领我们各项改革和发展工作是今后一项长期的任务。

二、以科学发展观推进出版社的变革与创新

为了实现持续健康发展，必须认真思考并解决以上提出的问题和障碍。在总结我社过去十年改革和快速发展经验的基础上，面向今后五年乃至更长时期我社的发展，我们提出以科学发展观来推动我社的变革和创新。在变革与创新过程中，我们要坚持六个原则。

（一）必须坚持以人为本的经营管理服务理念

以人为本，是科学发展观的本质和核心。我们肩负着发展中国科技出版事业的政治使命，同时也承担着向广大读者提供精神文化产品和科

技信息服务的重任。在完成使命和提供服务的经营活动中所产生的经济利益，除对社会的贡献外，还要用于提高职工的精神和物质生活水平。科学出版社要为全体职工谋利益的理念任何时候都不会变。要促使每一位职工的发展和企业的成长统一起来，要促使骨干们对构建科学出版社未来大厦的责任感在认知上统一起来，个人人生规划与企业发展规划统一起来，把个人收入的提高与企业效益的提升统一起来。

（二）必须保持我社经营平稳较快发展

保持我社经营平稳较快发展，在这里有两层含义，即坚持发展是硬道理，保持适当的增幅；但是增幅要在保证营运质量的前提下实现，切忌只追求短期效应，使得全社经营大起大落。我们的目标是，实现科学出版社持续、快速、协调、健康的发展。

（三）必须促进我社各项工作协调发展

科学出版社作为国内最大的综合性科技出版社，在图书出版上具有学科多、类别多、品种多的特点，此特点使得我社各项业务工作量大，管理成本较高。作为一个大型出版机构，必须促进社内各项工作的协调发展。

在“十一五”期间，我们将调整书刊结构，调整科学、技术、医学、教育各类图书产品结构，调整并建立符合我社书刊产品特点的销售渠道，建立高效的集团销售、物流、财务结算、生产印制业务运作平台。

（四）必须提高我社创新能力

创新是一个民族繁荣进步的灵魂，是一个国家兴旺发达的不竭动力，更是我社生存和发展的源泉；从本质上看，创新是我社出版工作最根本和最重要的要求。实现我社长期持续发展要依靠我们的创新能力建设和人才队伍建设，把创新能力作为我社持续发展的战略基点，大力提高我们的选题创新能力、市场适应能力和引进消化吸收再创新能力。党中央提出建设创新型国家的目标，我们科学出版社更应率先建成创新型出版社。

（五）必须大力推进技术进步

在“十一五”期间，我社在数字出版和网络平台建设上要有根本性的突破。我们将在建设一流的内容资源平台上进行投入，同时抓紧推进与外方合作开发数据平台项目。在推进数字出版工作的同时，我们要培养一批优秀的专业人才。

与此同时，我们要升级和改造出版社内部的局域网，使其能够保证我社各项业务的发展和数据化管理的要求。

此外，要求全社各个岗位的职工都要熟练使用各种办公软件，尽快推进无纸化办公。现代化物流平台的建设也将纳入发展规划中。

（六）必须加快建立现代企业制度

科学出版社要实现科学、持续发展，就必须在社内创造富有活力、创造力、竞争力的体制机制环境。通过以创新体制、转换机制、面向市场、增强活力为重点的改革，建立现代企业制度，将科学出版社打造成为有活力、有实力、有竞争力的市场竞争主体。

在坚持以上六个原则的基础上，我们提出了“十一五”期间的总体发展目标，即集团要完成建设“一个平台、两个中心”，即建立集团科技内容资源平台，以适应数字化出版和内容产业发展的需要，同时将集团建设成为中国优秀科技成果的发布中心和国外优秀科技成果的引进中心。

到2010年，集团年出版图书8 000种，期刊400种，年经营规模在整合资源基础上翻一番，达到20亿元，年利润达到1.5亿~2亿元，其中数字化产品及增值服务达到整体利润增长的20%，国有资产保值增值率年均达到10%。

经过五年的艰苦努力，把中国科学出版集团建设成为以科学、技术、医学、教育为主要领域的高水平、综合性、国际化的传媒集团，成为集图书、期刊、报纸、文献信息与服务、网络出版、进出口、印刷等为一体的中国科技出版旗舰。

三、改革调整经营机制

根据“相关集成，转换机制，引培人才，形成内核，内引外联，扩张裂变”这一集成扩张战略，在第七届社领导班子期间，进行了经营体制和机制的调整。当时调整的导向是以调整A、B、C三类产品选题结构为出发点，打破原有的编辑室体制，设立分社，以期实现以分社为竞争单元、以板块为特色的框架，促进各专业板块快速形成自身的竞争能力，在此基础上形成特色集成、规模经营的综合竞争能力。在经营策略上我们的思路是先放后收，首先为各个板块放开手脚，让其充分发挥主观能动性尽力发展，待具有一定规模时再进行集成，梳理形成若干主要的出版方向。

经过几年的发展，分社曾发展到了20多个，在科学、技术、医学、教育各个专业类别已经形成了相应的规模，但是这样做存在的问题也凸显出来了，主要可归纳为以下四个方面：

1. 各分社的发展参差不齐，有的产值已经达到了几千万元，有的则刚起步不久。因此，队伍的状况和分社社长的能力或者说分社社长适应所在板块市场竞争的能力差别很大。

2. 分社的主要功能是图书编辑工作，只是产品的设计环节，不可能每个分社都能成为竞争单元。

3. 从发展战略调整的进程看，已经从产品的“三点”战略细化拓展到了科学、技术、医学、教育的专业规划方面，过于分散的组织结构不利于形成明晰的战略方向。

4. 从战略层面考虑，要从产品经营向品牌经营转化，在科学出版社这一主品牌之下，要形成若干子品牌，分社的体制和运行机制还不适应，也不配套。

当时最主要的考虑是，从竞争环节向竞争单元转化最有效的方式和体制应当是公司体制。我们自身的实践也证明，公司运行机制的效率、效益明显高于全社整体垂直的领导决策方式和经营模式。我设想，在“科学”品牌下形成若干个冠名“科学”的专业类别的子公司，专业经营分类品牌，比如“科学专著”“科学医学”“科学考古”“科学人文”“科学教育”，等等。

基于上述考虑，经社长办公会研究，决定从2007年开始，调整经营运行体制与机制，具体调整内容是：

第一，成立五个中心，即科学出版中心、高等教育出版中心、医学出版中心、期刊出版中心、销售中心。这五个中心实行事业部制，把管人、管事、管分配相结合。在图书事业部下，按学科或书类成立分社，目的是扩大原有一些编辑部的发展空间，通过专业化运作，实行专业化管理，把专业出版做深做透。

第二，发展两个直属分社，即科学人文分社、工程技术分社。把这两个分社作为发展中的分社，在2~3年时间里，以考核销售额为主，利润为辅，目的是希望通过特殊政策，促其快速成长为我社新的增长点，并逐步发展成为出版中心。

第三，建立一个法人公司，即组建“龙门”教辅图书文化有限公司，与龙门书局一体化，按照公司化模式进行运作。

但是社里仍然保持销售、生产运作平台，由全社统一集中运营。

通过这次重大调整，在事业部模式下，各中心享有较大的选题决定权、用人自主权、发展基金使用权、自主经营权等。

公司+中心+分社的调整办法，作为科学出版社2007年1号文件下发了《关于建立书刊经营事业部制和公司制的通知》。

该办法扩大了各中心的经营自主权，扩大了各中心主任在规定的经费使用和审批、流动资金管理以及用人等方面的权限，目的是实行全成本核算，并配置了相应的绩效考核办法。各事业部年度奖金总额的计算方法为：

奖金总额＝当年销售实洋 × 提奖比例＋超额提奖 － 报废扣奖；

提奖比例＝上年度的奖金总额 ÷ 上年度的销售实洋。

这种考核办法考虑了多种因素，其核心是以质量效益为导向，在形式上彻底改变了以往“干了再算”的不确定性，而变为“算了再干”，使各个编辑出版中心能够在年初就做到心中有数。这也是我们在管理中的一种突破。

四、从战略层面统一干部的认识

“十一五”期间，我们是边进行体制改革创新、边着力发展完成翻番的目标。从思想观念上要有所转变，认识变化的方方面面和历史必然性。因此，我提出今后一段时期要努力实现八个方面的转化：

第一，从产品营运向资本营运转化；

第二，从经营单一品牌向经营品牌群转化；

第三，从产品提供商向信息服务提供商转化；

第四，从单纯纸介质的产品形态向数字出版为主要形式转化；

第五，从单一以图书为主流产品向书刊并重转化；

第六，从单一出版向文化产业链延伸的多元化经营转化；

第七，从事业单位向现代企业制度转化；

第八，由单一的国内市场向两个市场两种资源转化。

资本营运、经营品牌、信息服务、企业制度属于企业形态的本质转化；两个市场两种资源、数字出版、书刊并重、多元经营是企业业务链完善与延伸的转化。

我认为我们集团要成为高水平、综合性、国际化的传媒集团，乃至成为中国科技出版的旗舰，完成上述八个方面转化是到达彼岸的必由之路。我们今后相当长的时期内，就是围绕上述转化进行变革和创新。

作为出版社来讲，转制后的目标和集团是不一样的。出版社是要做专、做强、做大，专业化越强，竞争能力也就越强。因此提出了专业化强社的九条标准：

一是知名的品牌，包括各板块的子品牌；

二是一流的专业化队伍（编辑、营销、领导班子）；

三是现代化的传播手段（如数字出版平台）；

四是精细化的管理体系；

五是完善的法人治理结构和有效的激励机制；

六是具有优良的传统和与时俱进的企业文化；

七是独特的聚集优质资源的能力；

八是独有且难以仿效的盈利模式；

九是专业化国际市场运作能力。

我们要求，经过此轮调整和转制、体制机制创新的推进，再次推动科学出版社实现新一轮快速增长。

五、再次进入发展快车道

在科学发展观的指导下，经过2006—2008年三年不断地调整和创新，到2008年年终总结时，科学出版社已经明显走出了2005—2006年徘徊的局面，各项工作都进入了新一轮快速发展周期。

（一）全社上下共同努力，创造经营业绩历史最好水平

2008年，全社出版图书7 594种（其中初版书3 015种），期刊200种。全社书刊产值达到12.89亿元，比上年同期（10.84亿元）增长18.91%；全社书刊总销售4.68亿元，比上年同期（3.96亿元）增长18.18%，达到历史最高水平。

从财务角度看，2008年科学出版社主营业务净收入、利润总额、资金结余状况也达到历史最好水平。全社总收入为7.66亿元，较2004年增长49.6%。2008年全社利润总额达到历史最高的1.36亿元，较2004年增长了76.2%。在2008年最后一天社本部资金结余为2.2亿元，较2004年增长

61%，为历史最好水平。

（二）龙门书局触底反弹，体制机制创新显成效

2008年是龙门书局完全按照公司化运作的第一年。在这一年里，龙门书局按照现代企业的经营模式和管理理念，进行机构调整和岗位梳理，开展了适合龙门书局发展的薪酬体系改革，充分调动了员工的积极性；在选题的开发与合作、生产运作与成本控制、销售管理和服务体系等方面进行了卓有成效的探索。

龙门书局在经历了一段低谷之后，2008年呈现了触底反弹的势头：产值为5.25亿元，比上年增长17.32%；销售实洋1.32亿元，比上年增长24.54%；考核利润545万元，净现金盈余2 419万元。

（三）全面推动“两刊”改革，开创“两刊”发展新局面

2008年是《中国科学》《科学通报》两刊全面改革与发展的一年。在这一年里，中国科学杂志社明确发展目标和发展思路，积极制订完成“两刊”改革方案，使中国科学杂志社成为中国科学院第一个期刊改革试点单位。

杂志社在理事会的领导下，全面推进“两刊”在管理体制、办刊模式、杂志社体制机制、人才队伍建设等方面的改革，取得卓有成效的成绩，得到了院领导、院士工作局和战略规划局、总主编和编委会的好评，开创了“两刊”持续发展的良好局面。

2008年下半年，在中科院和国家自然科学基金委的支持下，中国科学杂志社与国家自然科学基金委员会出版的《自然科学进展》编辑部进行了整合。与此同时，“两刊”的改革与发展还得到了新闻出版总署的

关注和支持。2008年12月，新闻出版总署正式批准了《中国科学》（F辑）中文版刊号。

（四）中科进出口公司有效应对恶劣环境，取得突出业绩

2008年受美元汇率的影响，导致中科进出口公司销售收入直接减少1 600万元。面对这个不利的环境，公司积极发展延伸数字产品线，稳固发展期刊产品线，培育图书市场，在挖掘市场潜力和开发新产品的基础上狠下功夫，成功消化了汇率损失，取得了良好的经营业绩。

2008年，该公司实现销售收入2.60亿元，比上年同期（1.93亿元）增长34.72%；净资产4 367万元，比上年同期（3 007万元）增长45.23%；向出版社分红260万元，加上房租等给出版社贡献达300万元（等同于当年出版社收购中科进出口公司时所花的费用）。

（五）集团体制改革得到充分肯定，品牌影响力提升

从2003年6月起，作为中央文化体制改革试点单位，集团积极推动体制改革工作，取得了突出成绩。与此同时，集团的体制改革工作也受到了上级领导的关注和好评。

2008年，中国科学出版集团被评为“全国文化体制改革优秀企业”，受到中宣部、新闻出版总署、文化部、国家广电总局的联合表彰；科学出版社获首届中国出版政府奖先进出版单位奖。

2008年10月，影响力很大的《中国科学院知识创新工程简报》以“创新体制机制，促进科技成果传播——中国科学出版集团体制改革试点成效显著”为题，第一次报道了集团体制改革工作。

2008年12月，集团还被中国版权协会授予“2008中国版权产业最具

影响力企业”。

在2009年1月召开的全国新闻出版局长暨党风廉政建设工作会议上，邬书林副署长充分肯定了中国科学出版集团释放体制创新能量的发展思路。

（六）法人治理结构运行良好

2007年科学出版社有限责任公司完成工商注册，按照公司法要求，建立了公司的法人治理结构，即董事会、监事会和经营班子。社所属的北京中科进出口公司、中国科学杂志社也按照体制改革要求，建立了法人治理结构；上海、武汉、成都办事处分别成为科学出版社设在外地的分（子）公司。

为了保证法人治理结构科学、有效地运转，2007年专门下发了《关于科学出版社有限责任公司法人治理结构实施的指导性意见》。可以说，2008年是科学出版社在新的法人治理结构下完整运转的第一年，经营班子已经承担起全社经营的重任。在大家共同努力下，新的法人治理结构逐步磨合、运转良好。

（七）数字平台建设一期工程基本完成，并得到中央财政强力支持

以“一个平台、两个中心”建设为目标，科学出版社大力推进数字平台建设，促进传统出版向现代出版的转型。到2008年年底，数字出版平台建设已经取得阶段性进展。基础内容资源管理系统（CMS）、“科学文库”、期刊子项目的一期陆续完成验收，已开始着手进入二期开发阶段。

另一方面，为支持集团文化体制改革工作，在中宣部改革办的大力

支持下，中央财政给予集团数字出版平台建设项目2 000万元的强力支持，这也是科学出版社历史上技术开发获得国家财政支持最大的项目，极大地促进了集团数字平台建设，提升了平台的品牌影响力。

（八）以品牌建设为目标，不断推动重大图书出版项目建设

科学出版社一直致力于在专业出版领域做强做大，努力打造中国科技出版第一品牌，而专业出版发展须以重大出版工程项目来带动。2008年，科学出版社又有一批重大出版工程项目列选或出版，如吴征镒院士的《中国种子植物区系地理》、王大成院士等的《生命科学实验指南系列》、孙鸿烈院士主编的《中国自然地理丛书》（第二版）、李未院士的《数理逻辑》，还有《汶川地震灾害遥感图集》《中国出土瓷器全集》等。出版的《基因图谱》还上了中央电视台节目。

首届中国出版政府奖评选中，《中国植物志》和《生物的起源、辐射与多样性演变》获图书奖，《中国气候与环境演变》获图书奖提名奖，《中国热带气旋气候图集》获印制奖提名奖。

《超声电机技术与应用》获得第二届中华优秀出版物图书奖，《中国科学技术史》科学思想卷和水利卷分别获得第三届郭沫若中国历史学奖二等奖和三等奖。

在2008年国家科学技术学术出版基金项目评审中，科学出版社获得批准项目44项，资助金额226.9万元，比2007年增加8.57万元。

（九）以人为本，加强业务队伍建设

要保证在激烈的市场竞争环境中实现又好又快发展，必须重视出版人才队伍建设。2008年，我社以人为本，采取有效措施，加强业务队伍

建设。

一是招聘68名新员工，充实编辑和销售队伍。

二是贯彻落实《劳动合同法》，根据“先临时、再项目、后编制人员”的原则与职工协商签订新的劳动合同，建立劳动关系清晰的用工制度。

三是完善修订《绩效考核奖励办法》，推行领导与群众考评相结合和中层干部实行业务与管理对等互评的新型考核制度。

四是恢复科学出版社编辑出版系列高级职称评审，有15位同志被评上副编审，有5位同志被评为正编审。

五是改善职工收入，根据2008年的经营业绩水平，全社奖金总量比上年同期增加331万元；为离退休人员和事业编制人员以及2005年1月1日前入社的合同制聘用员工补发住房补贴金606.5万元。

另外，2008年我社还有三位同志分别获得“韬奋出版奖”（林鹏）、“中国出版荣誉纪念章”（向安全）、“中国出版政府奖优秀出版人物奖”（肖宏）。

（十）加强党的建设，创建企业和谐文化取得进一步成果

学习实践科学发展观活动，是一项全党集中的教育实践政治任务，也是已开展的党内集中教育活动的深入和延伸。社党委积极按照上级党组织的要求，深入细致开展学习实践科学发展观的活动，并将这次学习实践活动的载体确定为：提升经营理念，强化以质量效益为中心的科学发展观，实现又好又快持续发展。

科学出版社学习实践科学发展观活动开展得有声有色，树立了以质量效益为中心的经营理念，得到了中科院京区党委学习指导小组的好

评。中科院院长白春礼所做的“中科院学习实践科学发展观报告”中还专门提到，“科学出版社化危机为先机持续发展”。

在党的组织建设方面，社党委完成了支部换届工作，设立16个支部，一大批青年业务骨干走上了支部书记和委员的岗位，为基层党支部战斗堡垒作用的强化提供了支撑。

2008年汶川地震中，在社党委组织下，全社上下积极向灾区人民奉献一份爱心。科学出版社向灾区捐款共238.20万元（其中单位捐款210万元，员工捐款10.09万元，特殊党费18.11万元）；组织出版了《地震知识问答》《抗震救灾实用知识、技术与产品手册》《地震灾后恢复重建实用技术手册》等图书并捐献给灾区人民；《牛顿—科学世界》以科学的角度及时宣传报道抗震救灾活动，被中国期刊协会授予“全国抗震救灾宣传报道先进期刊奖”。在2009年1月召开的全国新闻出版局长暨党风廉政建设工作会议上，中国科学出版集团被评为“新闻出版行业抗震救灾先进集体”。2008年，科学出版社被中科院京区党委评为先进文明单位。

我们以科学发展观重新审视科学出版社过去十年的发展历程，规划“十一五”发展目标，指导我们用马克思主义辩证唯物主义的思想方法认识我们前进中的困难，以及依靠群众，提出切合实际的解决困难、化解矛盾的方法，使科学出版社的经营走出徘徊的局面，步入一个持续、快速、协调、全面发展的历史新阶段。

第十四章

我的人才观

任何一个企业的经营者都会有自己的人才观，不同的人才观可以说决定着企业的未来。不同的历史时期、不同的发展战略会有不同的人才观。如何正确树立经营者的人才观？以我自身的体会，首要的是提升人才观的理念。

一、经营者的首要任务是经营人才

什么是人才？我认为能力、水平、人品超过平均水平者可视为人才。能力从几个方面考虑：首先是其对所从事的专业领域的熟悉程度和经历，有没有可替代性以及替代的成本大小；再者是把他放在行业领域内比较，看是否有竞争力，是否能在其专业领域的活动中有一定的影响力。

在能力方面，优秀人才应当有较强的组织能力，而且是有效率的组织行为，能将战略目标转化为经营活动；有较强的决断能力，能在较繁杂的情况下迅速抓住事物的本质，并趋利避害做出决断；还要有良好的学习习惯，对新事物和新情况敏感，并善于归纳，能利用有效的形式不

断完善自己。

在水平方面，受教育的程度和培训经历是潜力和能力的基础。高水平的人才应当有较强的战略思维能力，能从宏观整体观察事物，具有一定的理论修养和较强的说服、劝导能力，能与不同观点的人打交道，并能从对方的观点中汲取营养。

在人品方面，要有正确的价值观，有团队意识和协作精神。不能一事当前先为自己考虑，而是能够把企业的利益与自己的利益统一起来。家庭和睦、孝敬父母也是重要的方面。一个不孝敬父母的人肯定没有感恩思想，完全就是一个利己主义者。对人要有同情心，能从对方的立场考虑问题。不贪恋权力和金钱，把权力看作责任，君子爱财取之有道。

人才是需要经营的，而且是各项经营活动的核心，这也是以人为本理念的具体化。在人才经营方面我的理解和做法要点如下。

（一）战略驱动

人才队伍建设要在战略指导下进行，不同的战略目标、不同的战略发展阶段需要不同的人才队伍。也就是说，人才队伍建设要服从、服务于战略发展方向和战略目标的实现。科学出版社在事业体制下，以出版学术专著为主要业务，编辑队伍以学理科的为主，销售和市场营销的人才奇缺，行政人员、工人、后勤人员比例过大，甚至电工、瓦工、木工、炊事员都是正式的事业编制人员。要从单一的学术出版向科学、技术、医学、教育、文化综合出版的战略方向转化，人才队伍建设必然要随之转化，要有支持向综合型出版转化的人才队伍。所以，经营者要把好战略方向关。从理论上讲脱离战略驱动、以个人好恶和关系搞队伍建设，势必造成人浮于事、效率低下、缺乏竞争能力的后果。

（二）人才是最大的资本

出版社是智力密集型企业，传统上只要有好的编辑就能出好书。因此出版社最大的资本和生产力就是人才。与资金密集型企业不同的是，出版社不需要不断地进行大型设备的更新和改造，不像印刷厂没有“海德堡”就没有精美的彩印，扩充产能的基础是大量资金的投入。当然也不能否认，印刷厂必须有技能过硬的工人和技术人员，也有人才队伍建设的问题，但是其本质还是资金密集型的。

在人才队伍建设中，要特别注意各类人员的比例关系，应当牢牢把握主体人才队伍建设工作。就出版社来说，编辑是主体，他们是产品的设计者、资源的聚集者和产品的营销者，这三者决定了编辑人员在出版业务中的主体地位。因此，优先考虑编辑人才队伍建设是工作的重点。任职期间，我们按照“引进、调整、培养、管理”八字方针指导人才队伍的建设，取得比较好的效果。我们引进专业对口、业务成熟的编辑人员和高校应届毕业生充实编辑队伍，对应届毕业生采取导师制个性化的培养方式，合同制的培养效果也不错。对非编辑人员原则上不予引进和招聘，主要通过内部调整加以解决。在制定考核评价体系时，着重向优秀人才倾斜，调整淘汰不合格人员，形成有效的竞争淘汰机制。

（三）人才经营

优秀的人才是用钱堆出来的，也就是说培养人才是有较高成本的。以往有不少人认为，人才的成长是其自己的事，现在看来，人才的培养和使用是经营者的主要职责。作为经营者首先应当是企业人才的经营者，通过经营人才，再由专业化的人才去经营产品，特别是像科学出版社这样学科门类齐全、业务领域宽泛的企业，更加应当如此。

把人才当作生产力来培育，当作特殊的产品来经营就要有投入、产出、盈利、亏损的概念。一个编辑从走出校门到能独当一面，没有三年时间是不行的。不同的周期要有不同的考评办法，人力资源部建立人才考评体系和人才投入台账，就是针对人才经营工作采取的具体措施。

一般情况下，一个成熟的专业人才要离开出版社向外流动，我是很谨慎的，除部门谈话外，我都要亲自出面谈话，了解调动原因，沟通解决问题的办法，因此而挽留了不少骨干人才，他们至今仍在各自岗位继续发挥着作用。也有我们辛苦花钱培养几年的骨干跑到竞争对手那里去的，从企业角度讲就是失败，从人才经营的角度讲就是亏损、赤字。

（四）从善如流

“从善如流”在这里是指把优秀人才放在最合适的岗位，使人才的效益最大化。我们常说出版社人格化，单位如人。这个“人”是否有竞争力，是否在同行业比较竞争中有优势，关键就是要把最优秀的人才用到最合适的岗位上，成为人格化的出版社竞争力的功能团，这一点在实践中显得尤其重要。“用人不当”在这里指没有把人才放到合适的位置，造成其能力不能发挥，从人才自己讲，觉得别扭，甚至有“武功全废”的挫败感。这里“从善”是识别，“如流”即选择。识别出优秀人才，将其放到最合适岗位上，才会产生人才红利。

如何才能做到从善如流？首先，要统一领导班子对人才问题的认识，做到公平、公正地使用人才；其次，依靠人力资源部制定规划和考核评价体系，拿出专业化的意见；再次，要尊重分管领导的意见，从中甄别合理的部分，原则上应当支持他们的意见。经营者要综合各方面的情况做出决策。

二、完善机构

1996年我们调整机构设置，将科学出版社传统的人事处调整为人力资源部，明确其主要职责是为出版社的发展提供人力资源的支持，是培养和管理人力资源的职能部门。除了人事管理这个传统职能外，主要是放大了其人员的招聘、培训、管理、考核功能。要求人力资源部为每个员工建立人力资源成本台账，凡涉及个人的费用支出包括工资、奖金、福利、社会保障、商业保险、培训、出国考察进修等各项支出均记入本人的成本，每年计算出年度个人成本。结合考核创造利润的指标，综合评估个人的绩效。设立人力资源成本台账后，可以有效比照社会同类人员的平均价格来考核人力成本的投入效果。我常跟人力资源部的同志讲，社长的首要任务是经营人才，通过经营人才来经营产品。在这种理念的指导下，社人力资源部的工作开展得有声有色，朱升堂主任在出版行业人力资源部门也具有一定的影响力，仅1998年一年接待兄弟出版社上门取经的就有十多批次。我也鼓励他，要成为人力资源方面的专家。

三、增量调整

在科学出版社的改革调整中，我们一直坚持增量调整的原则。所谓增量调整是指在对人员结构、工资结构、奖金额度、分配水平进行调整时，原则上做加法，少做或不做减法。这样做容易为各类人员所接受，调整的阻力也就会小很多，因为个人待遇减少是很难被人接受的。在增加的过程中实行按业绩贡献调整增量，适当拉开差距。调整的幅度按照“少量快跑，进步年年有”的原则。注意可调整的总量空间，切忌在短时间内把调整的幅度用满用足，与行业内中上等分配水平相比较适当留有差距，目的是为以后调整留下空间。

将化解人才断层的危机视为机遇。从1996年起，每年招聘新员工不少于30人，最多时一年招聘50多人。主要的招聘岗位是编辑和营销。到2002年，共引进各类人员已达170人，其中博士10人，硕士65人，占引进人数的44%。本科以上学历人数占90%以上，全社平均年龄从1995年的52岁降低到1999年的42岁，到2002年进一步降低到38岁。全社人才队伍规模适中，结构趋于合理，整体素质提高，涌现出一批骨干，可以说已经顺利地完成了人才的代际转移。

新招聘的员工一律实行聘用制，这在当时的出版界力度也是最大的。

薪酬体系是任何经营单位的一大难题，难就难在如何打破传统分配体系，建立一个符合按劳分配、合乎情理的分配体系；难就难在如何处理不同类型工作人员的分配比例和结构关系；还难在每年随着经营业绩的变化如何确定分配总量和个人分配量的浮动幅度。

2003年，经过一年时间的酝酿和调研，最终形成了18级岗位点薪制的薪酬体系。该体系设计的基本原则是，人力成本占总成本的25%~30%，奖金总量与全社经营利润挂钩，税后利润的15%~20%作为当年的奖金总额。年成好奖金自然就上涨，经营利润下降则奖金总额就下降。岗位类别分为管理类、销售类、编辑类、高管类、中管类五大类，从社长到初级工人设置18级岗位，每个岗位确定能级点数，社长是750点，初级工人是90点，相差8倍左右。每年的点值（即一个点对应的钱数）由可供分配的总额除以参与分配的总点数得到，点值乘以岗位能级点数为所在岗位的薪酬总额。每类岗位分设若干级别，比如编辑岗位，从新入社的编辑到高级编辑分为6级，根据编辑成长周期规定年限考核晋升级别，随着级别的晋升能级点数自然增加。这样，使每个工作人员都能把握自己晋级加薪的机会，而且公开透明。五大类人员的类比关系按照编辑、销售、高管、管理、中管类的次序，不同类别的权重以能级点数的不同加以区别，以鼓励员工从事编辑和销售工作，因为这两个类别相应的点数较高，待遇也就较好。

点薪制的推行调动了各类人员的积极性，而且分配水平与整体经营绩效挂钩，个人的分配水平自己清楚，起着鼓励员工上进的作用。我在担任社长期间一直忌讳个人承包，拒绝按选题提成的做法，主张学习出版业国际通行的按岗位拿工资的做法，以防止选题私有化和当领导的挑肥拣瘦、以权谋私的现象。实践证明这个设计和想法是正确的。点薪制的推行在出版界有较大的影响，有十多家出版社到科学出版社人力资源部来取经。

新的薪酬体系也是在总量控制的原则下进行的。因为我们原来的分配水平不高，采用增量调整的办法，所以推行起来比较顺利。

四、搭建平台

从专业学术出版社向综合性出版社发展面临的主要问题是，作为一个后进入者如何与市场上的强者竞争。我们的策略是发展有特色的板块，在此基础上集成形成规模。同时要调整业务运作平台和机制，以适应以弱争强竞争的需要，就是说要形成比竞争者更为有效率的运行机制和组织架构。

1997年，我们尝试将原科学出版社主要业务归并起来，将原来的一室、二室、三室、五室、十一室、《数学百科全书》组、基金办公室等部门集中起来，成立科学出版中心，由林鹏担任主任，李峰、彭斌任副主任，为中心制的实施积累经验。到2000年，将科学出版社编辑业务设置为五大中心、一局。这次调整，将全社25个处级部门调整成13个无行政级别的业务、行政管理部门，机构数减少近一半。按照三大系列岗位设置编辑业务部门，在中心下设立分社和选题策划机构，为编辑作为出版社的主体创设岗位平台。

在这之后，连续调整扩大各中心和分社的自主权，基本上实现了从竞争环节向竞争单元的转化，各中心独立核算，有可支配业务发展的基金和在计划内审批业务活动费用的权力。在社级对选题否决之后，中心如果坚持认为选题应当列选，可用自有基金自行决定投资。各中心掌握的基金数额是按照上一年该中心实现利润的3%~5%提成，可以累积使用。中心有用人权，对不符合中心要求的人员可退回社人力资源部。各中心主任均任科学出版社的副总编辑，行使对外组稿的决定权。总之，除了形式上没有法人资格，各中心拥有了出版社的各项经营权。这样做的目的是使各中心能够真正成为竞争单元，从而为这些业务骨干提供施展本领的舞台。

五、拔苗助长

“拔苗助长”在这里是贬义褒用，是指在特定条件下不拘一格选拔、使用人才，特别是指破除论资排辈，让年轻人有机会上舞台，给他们提供实践和锻炼的机会。

在2000年年初，科学出版社已经形成了一些新的增长点——计算机、电子电气、生命技术、高等教育、医学、考古、中小学教辅等类图书和部分大众期刊，如何让这些新的增长点尽快成为竞争单元是当务之急。首先要解决的就是确定各板块带头人的问题。这样就催生了在100多名中青年编辑中选拔出一批首席策划的任务。

2000年年初，社里公开聘用各板块首席策划，鼓励自愿报名，经分管领导推荐、竞争应聘答辩和评委投票，决定任命吕虹、马长芳、彭胜潮、鄢德平、刘俊来、马学海、陈楠、闫向东等18人为首席策划。他们的职责是负责本专业板块的选题策划、质量把关和发展规划的制定，直接承接社里下达的经营指标和任务。

任命这批首席策划还是有些阻力的，因为其中有半数是最近几年刚到出版社的编辑，资历浅，对于一些工作年限较长的编辑来说心里有失平衡。听到一些反映，说“今后我们只管发稿，抓选题是首席策划的事”；有的还说，这种做法是拔苗助长，长不了。我在各种场合做解释工作，说明这是工作需要，是培养新人的尝试，并在大会上讲：“有的同志讲，今后选题策划是首席策划的事，编辑只做文字加工发稿，这种说法不妥，有情绪。首席策划是板块的主持者，任务的承担者，规划的制定者，等等。编辑功能本身应当包括选题策划和文字加工两部分，不能说设立了首席策划其他的编辑就不组稿了。如果这个道理成立，那么科学出版社只需要一个社长，其他人就都可以回家休息了。”除了给编辑做工作外，还抓紧对新上岗的首席策划进行上岗前培训，明确其职责和任务，要求他们带好队伍。我给他们打气：“你们当中有不少青年人，社里对你们寄予厚望。现在机会给你们了，能否把握住全靠各位自身的努力了。有人说我这是拔苗助长，我就是要赌一把，看看你们这些青年人的造化。”实践证明这批首席策划除了有两个中途考核调整外，其余的人都成了科学出版社编辑业务的骨干、中层干部的中坚。

到2003年，随着岗位分类点薪制的出台，实行全员聘用制，又进行了一次首席策划的聘用，在原有的基础上通过答辩、投票表决，最后选拔出来的基本上都是中青年，他们是：鄢德平、马学海、闫向东、朱海燕、张昕、刘俊来、钟谊、吴茵杰、黄敏、曹丽英、李敏、李敬东、王风雷、田烈旭、曲衍立。原有的首席策划大部分都晋升了级别。

两轮首席策划制的实行都收到较好的效果。对青年人的培养首先是要给他们机会，在实践中磨砺成长。如果总是论资排辈，脱颖而出就只能是一句空话。

在用人问题上，用毛泽东的话说就是："政治路线确定之后，干部就是决定的因素。"领导的主要责任是出主意、用干部，可见用人之重要。

我曾多次讲过："天生我才必有用，不为我用不是才。"这句话完全是站在企业的立场上讲的。再有才干的人，不愿与企业共成长，没有服务企业的意愿，对经营者来讲就不能将其作为本企业的人才。这句话可以排除重用那些怀才不遇、对企业现状不满，而且不顾场合发表不当言论，损害企业形象、贬低企业领导的人。也明确告诉了这种人，我们是不会用你的。这是一种排除干扰的思维方式，也是用人的一种导向。

知人善任是企业经营者的基本功。如何了解一个人，判断他的能力、确定要使用的方向并非易事。我的体会：其一是经营者在用人原则上应当秉承"不分亲疏，唯才是举"，也就是说要搞"五湖四海"，不搞小圈子，更不能任人唯亲，缺乏是非标准。经营者搞小圈子危害尤甚，因为这样会严重干扰企业的导向，造成干部职工比的不是能力和贡献大小，而是投机钻营拉关系的水平，长此以往，将给企业的发展造成灾难性的伤害。其二是“听言观行，判断水平”，利用各种场合听取考察对象的发言，判断其把握问题实质的能力和思维能力，表达和说服能力，以及其理论水平等。其三是“以德为先，个别了解”，凡事把个人利益放在首位，过于计较个人得失，喜欢搬弄是非，语言刻薄不顾他人感受，对长辈和上级不恭敬的人坚决不用。其四是“洞悉长短，抑短扬长”，这里的长短主要是指能力和水平上的表现，优点突出，但不足也明显的就要分析如何扬长避短，一般采用组建班子时相互搭配，明确与当事人沟通工作中如何克服不足的措施，事先做好思想工作和安排。实践中有的干部一年面谈一到两次话，鼓励和提醒两方面都很重要。还要注意树立干部的威信，非特殊情况不要当众批评，但事后要个别沟通批评，要使其认识到自己的不足，而且不是压服的，要使其真正想通了才会有好的效果。经营者就是不断把控和调整干部的思想和情绪，使他们能卷起袖子干事。有领导的关心和支持，效果必然大为不同。

六、职称改革

中国科学院作为国家自然科学研究中心，一直实行专业技术职称的评审与聘任和待遇直接挂钩的办法，作为其下属单位的科学出版社也不例外。科学出版社的业务人员，特别是编辑系列人员一贯高度重视职称的评审，因为按相关的配套政策，职称和待遇是挂钩的，不但在职时如此，离退休后的待遇同样如此。

2000年4月，中国科学院人事工作会议做出在全院范围内停止各类专业技术职称任职资格和传统意义上的职员职级晋升，同时取消院各级各系列的专业技术职称资格评审委员会，并要求院属各单位专业职称评审委员会一并撤销。我们按照院里的要求撤销了出版社的专业任职资格评审委员会，把主要精力放到岗位设置和以聘为主上，在政策上职称不再与待遇挂钩，完全以岗位为主。这样做的好处是把岗位放在了最突出的位置，有利于经营者用人政策的一致性，克服了以往学术职称自成体系，有的甚至游离于社长的领导之外，单位成了两个中心，甚至出现“各吹各的号，各唱各的调”的情况；更有甚者，有的单位学术职称资格证书由评审委员会主任签发后，人事部门就自动变更相关待遇，结果造成两股道路的车，经常合不到一块去。推行评聘合一，以聘为主的改革就彻底解决了这一弊端。中国科学院各研究所至今仍然推行评聘合一的政策，而且不断完善，取得较好的效果。这样做，所长有较大的操作空间，可以根据学科的发展以合同制形式聘用专业技术职务，既利于业务发展，也克服了一评定终身的消极现象。

但让人纠结的是，国内的出版行业却继续推行评聘分开的制度，而且还与评奖、表彰、退休待遇都挂钩，并且还有继续强化的倾向。这就造成我们在行业里的水土不服。我们实行的首席策划制别人看不懂，在行业内他们只认正、副编审，从而造成我们有点异于同类的感觉。人力资源部和总编室也多次反映，报评奖项目没有专业技术职称很吃亏。有不少的骨干问，有没有可能恢复职称评审？为什么行业内都保留而唯独科学出版社要取消？经过几年时间后，我们研究觉得还是恢复职称评审利大于弊。我让人力资源部主任朱升堂向院人事局反映我们遇到的情况，提出要求恢复职称评审工作，理由是，其一，我们不同于研究所，不是以科研为中心，而是转制成了企业，是以生产产品为中心的，不宜用研究所的办法来一刀切；其二，行业的职称改革不但没有停止，还有所强化，我们缺失这一块，不利于争取更多的奖项和出版资源；其三，编辑的工作性质不可能完全以岗位代替学术功能，也不可能有那么多的高级岗位让几百名编辑去争取，恢复职称有利于调动编辑、销售人员的积极性。

中国科学院有民主的传统，加上朱升堂也是老人事了，各方关系都很熟悉和融洽，院人事局主动将我们的情况向人事部汇报。在征得人事部同意后，2007年10月中科院正式同意恢复中科院编辑出版专业高级职称评审委员会，正式行文公布了中国科学院高级职称评审委员会的组成名单，并将该名单报人事部备案。恢复后的中国科学院首届编辑出版专业高级职称评审委员会由27名评委组成，其中院外评委不少于1/3，由我担任主任，承担中国科学院系统出版、编辑系列职称评审工作。院人事局将高级职称评审委员会的工作交由中国科学出版集团代管，并派专人参与和指导评委会的工作。2008年召开第一次评审会议，申报者除科学出版社的人选外，还有中科院下属研究所和情报中心的期刊编辑人员，另有少量中科院系统外出版单位委托我们代评的人员。

就这样，从停止到恢复职称评审经历了七年时间。恢复评审后在业内有较大的影响，中科院的评委会放在中国科学出版集团，成为与新闻出版总署、高等教育出版社并驾齐驱的三大评审机构之一，在学术上极大地提升了科学出版社和科学出版集团的社会影响力，也得到了广大编辑、出版专业人员的拥护。在农历戊子年（2008年）春节团拜会上，当我向到会的400多位在职和离退休人员宣布，经人事部批准，恢复高级职称评审委员会的工作时，全场报以热烈的掌声，就像是加了工资奖金似的。

1999年春天，我向中科院科技政策与管理高级职称评委会申报研究员职称资格，这离我在武汉分院任副院长时申报高级工程师资格已有八年了。中科院科技政策与管理高级职称评委会是有较高权威性的，中科院政策研究所所长任评委会主任，院党组副书记郭传杰、副秘书长王玉民、曹效业都是评委，还有来自国务院政策研究室和大学的专家。事先了解到，这个评委会的通过率不高，上海分院副院长在评审中就没有通过，我还是比较紧张，怕通不过面子上难看。我申报报告的题目是“科技政策与科研出版”。我把报告做成幻灯片，视觉效果不错。有两个评委提了些有关出版方面的问题，我都做了较好的回答。评委们也没有怎么为难我，结果算是答辩通过了。当时是出版社办公室主任韩立军两口子陪我到院政策研究所参加答辩的。据他们事后讲，他们在门口旁听，紧张得透不过气来。我是中科院停止高级职称评审之前通过的研究员，如果放在2000年以后，可能困难会更多些。我总不能自己聘自己吧？更何况我觉得科技政策与管理的研究员比正编审更加适合我的情况，毕竟这与我在分院和科学出版社所从事的工作更加对口些。

2009年我办理退休手续后按研究员的职称拿退休金。我也庆幸自己在任职期间，将为科学出版社的发展做出贡献的骨干基本上都解决了正高级职称，没有留下什么遗憾和后遗症。所以说，职称改革应当顺势而为，抓住机遇、实事求是是最重要的。

七、尊重人才

我是个爱才的人，遇到有才干的人我愿意抱着欣赏的心态与他们交流，倾听他们的意见，从中发现闪光点用来丰富自己。我在听报告和领导讲话时，很自然地把自己摆进去——如果是我表述这个问题，会有什么差距和不同，从中汲取营养。这可能是因为我29岁担任副厂长，40岁担任分院秘书长，较早地从事领导工作，为了不断提高自己各方面素质而养成了这个思维习惯。在出版社领导班子换届时，考核组跟我交换意见时说，群众反映我在作风上搞一言堂，听不得不同的意见。退休后，我到人大办公厅去看望路院长，他也说我是强势的领导。对此，我觉得有点冤枉。我曾向考核组组长何岩讲，其实我是能听取别人意见的人，我在分院工作十多年，换个环境到出版社，一切都是生疏的，我不听取他人的意见如何开展工作？出版社超常规发展如果都是我一言堂，我可没有这么高的水平。

人和人在人格上都是平等的。作为领导要以平等的心态去对待下属和副职，倾听别人的意见，尊重别人的见解，哪怕是作为社长已经做了决策，如果明显感到有错误就要敢于修正。这也是我经常提倡的，要服从真理，敢于修正错误。但要做到这点也是很不容易的，往往出于害怕个人威信受损的考虑而不愿否定自己。上海分公司（上海办事处）编辑力量缺乏，我提议派社里的编辑到上海办事处去担任总经理，原总经理改任副职。这完全是从工作出发，没有任何个人利害关系在里面。但是，新任总经理到位后花钱大手大脚，工作也没有打开局面，而且与原来的管理层关系搞得很僵。有社领导出差回来向我反映情况后，我请向安全副社长专程到上海找他谈话，指出问题所在后，仍然没有什么效果。年度工作会期间我主动找原负责人了解情况，确认所反映的问题属实。工作会之后，在办公会议上当即决定将该总经理调回出版社，重新任命上海分公司的班子。后来该同志要调离出版社，要求出具他在上海办事处工作时是处级干部的说明。按理说出版社作为企业已经取消了行政级别，但从习惯上分支机构负责人在事业单位应当是处级，我便成人之美出具了有关说明。尊重人才，倾听他们的意见，向他们学习，在人格上平等相待，服从真理，敢于修正、否定自己是尊重人才的具体表现。

1999年社工作会上我曾就领导干部的人才意识提出要求，希望各级

领导干部能够有：

• 识才之眼——实质上是伯乐识马，要独具慧眼发现和识别人才；

• 荐才之心——能够积极推荐和宣传人才是要没有任何私心才能做到；

• 用才之举——要敢于打破陈规，大胆给予机会；

• 护才之胆——指爱护人才的胆略，在人才碰到困难或者受到不公正待遇时能挺身而出去帮助和呵护他们。

只有加强这四个方面的意识，才能保证引进、培养的人才“引得准，长得快，留得住，用得好”。现在看来，这也是自己实践中对人才观的体会和概括。

第十五章

企业文化与党的建设

企业文化是经过一段时间积累形成的一个企业共同的理想、基本价值观、工作作风、思维习惯和行为规范的总称。它包括文化理念、价值观念、企业精神、道德规范、行为准则、历史传统、企业制度等。简单地讲，企业文化就是一个企业共同的价值观。企业文化是为企业总体发展目标服务的，是用理念和文化兴办、管理企业，规范企业的。企业文化在不同的历史阶段应当有不同的重心。随着企业管理和技术的创新，企业文化也要做相应的创新。企业文化要根植于实践，不能脱离实际。企业文化的建设应紧扣企业的使命、宗旨，持之以恒地进行下去。

有人说企业文化就是企业老板（经营者）的文化。这种看法有合理的成分，如通常所说的“有什么样的领导，就有什么样的企业”就是这个意思。但仅此是远远不够的，还要继承传统观念中的闪光点，还要就现实存在的阻碍新的文化建设的障碍和倾向提出有针对性的、创新性的内容。也就是要把理想与现实相结合，这样才会有较强的可操作性。

经营者是企业文化的倡导者、设计者、宣传者和实践者。党委是企业文化建设的领导者，党委的日常工作要把企业文化建设、党的组织建

设、发挥党员先锋模范作用和党支部的战斗堡垒作用紧密结合起来，把企业共同价值观和行为规范的养成与党员先进性的培育紧密结合起来。企业文化的有关表述应当言简意赅，好识、好记、好传播、好用，最好是朗朗上口，员工能张口就来。

一、把文化建设列入年度工作要点

1997年12月，科学出版社党委换届，由我兼任新一届党委书记，直到2009年7月离任退休，一直是社长、书记一肩挑。社党委的日常工作由专职副书记主持，我的主要精力放在经营管理上。先期由张良吉任副书记。到1999年12月第七届领导班子期满换届后，由刘培文任副书记、副社长，主持党委日常工作。

从2000年开始，我们将企业文化建设列为年度工作要点，与全社的经营改革工作部署同要求、同总结。

在2000年社工作会议上，我提出要加强党的建设和精神文明建设，营造有本企业特色的企业文化，要采取以下几项措施：

1. 加强党支部书记在经营管理部门中的作用，制定制度化的决策程序，使支部书记参与部门的决策。有条件的单位可设专职支部书记，从而改变支部书记业余化，与经营中心脱节的状况。并且明确党支部书记实行岗位津贴，使支部书记有职有权有酬劳。

2. 建立职工代表大会年度考评法人的机制。职工代表大会和年度工作会议的代表在每年社内召开的两会期间，以无记名投票方式对企业法人代表的政治理论水平、勤政廉政、决策管理水平、民主作风和群众路线等方面进行评分制的考评，并以考评结果为依据，由职工代表大会常设主席团决定对法人代表做出奖励或惩处决定。

3. 要在社党委的统一领导下，加强工、青、团、妇和职工代表的作用，明确经费预算，开展围绕社中心工作的活动。

4. 培训中层干部和党支部书记，没有经过培训者不得上岗。

这几项措施调动了基层党支部书记的积极性，同时也加大了支部书记的责任，对加强党员和群众的思想政治工作，协调领导间和谐共事、共谋发展，起到了较好的促进和保证作用，从而保证了各部门中心工作的顺利进行。在党委办公室的领导下，工会、共青团、职代会等组织也空前活跃，围绕出版社的中心工作开展有特色的活动，既活跃了气氛，又增强了凝聚力。人力资源部组织上岗培训，安排社领导授课，直接与学员交流，也收到了良好的效果。

通过职代会考评法人代表制度的推行，引起全社员工的广泛关注。曾经有人向我反映，科学出版社在历史上也曾有过职代会考评社领导的先例，结果是意见很多，有的甚至给领导打了零分，搞得社长下不了台。之后历任社长再也没有采用这种直接的民主监督的形式了。我也考虑到可能会出现这种窘况，但我坚信，只要一心一意为单位发展和为群众谋利益，一定会有个公正的评价的。如果真是出现那种情况，说明我的工作没有做好，下台也是活该。从2000年起，每年考评都在进行，考评结果由职代会向我反馈，成为对我工作督促和改进的一种动力机制。

2001年12月下旬，在科学出版社职代会期间，首次由与会职工代表139人采取无记名投票的形式，对社领导班子成员进行测评，评价等级分为优秀、良好、合格、不合格四档，结果领导班子五人均评为优秀。这无疑是对领导班子一个很大的鼓舞。

二、“科学人”精神的内涵

1995年12月15日，在召开新一届（第七届）社领导班子任命大会时，我们提出了**“团结、开拓、务实、高效”**的社风，把它醒目地挂在主席台的背景幕墙上。

这个社风是针对当时的状况提出的，因为正值出版社改革初期，大家的认识不一致，思想不够统一，我提出要少一点争论，多一点实干，要讲团结，所以把“团结”放在首位；由于科学出版社改革滞后，在经营和经济上遇到了困难，所以必须加强改革创新，这就要求不怕困难，解放思想，“开拓”新局面；“务实”是要求切忌空谈和坐而论道，坚持从实际出发，从自身出发；“高效”是要求有较快的发展速度，有效推进改革的各项工作。“团结、开拓、务实、高效”的社风是就全社宏观而言，目的是形成积极向上的风气，形成万众一心，开拓创新，脚踏实地，高效工作的精神风貌和风气。

经过一段时间的思考，在我社已经形成“团结、开拓、务实、高效”社风的基础上，我在2001年工作会议报告中进一步提出**“敬业、创新、奉献、忍韧”**的**“科学人”**精神；**“传播科学，创造未来”**的企业使命宗旨；全体员工要增强四个意识——战略意识、创新意识、危机意识和奉献意识。

企业要生产一流的产品，创造一流的效益，必然要有一流的员工队伍，要求每个员工都具备我们提倡的企业价值观。“科学人”的价值观，是从企业层面对员工提出的要求，它适用于企业的每一个人，也是将个人的荣辱和企业的生存发展有机统一起来，真正成为命运的共同体。其具体内容是：

敬业爱社，团结合作；

学习思考，进取开拓；

真诚待人，光明磊落；

市场竞争，有勇有谋；

社荣我荣，社败我落。

针对当时的状况，我提出五个“反对”、五个“树立”：反对极端个人主义，树立社荣我荣、社衰我败的集体荣誉观；反对无原则的本位主义，树立全社一盘棋的全局观；反对小团体主义，树立光明磊落、有原则的是非观；反对故步自封、不思进取，树立不断进取的人生观；反对脱离实际，眼高手低，树立只有全身心的投入才会有回报的进取观。并把这些内容提交职工代表大会讨论。

之所以把“科学人”的精神归纳成这几个方面是基于以下的考虑。

这里“科学人”是一个集合概念，但更多的还是指员工个人，“科学人”精神就是要求每个员工应当努力具有的精神风貌，也是使其成为“科学人”的基本标准和要求。实际上倡导的是敬业爱社精神、开拓创新精神、乐于奉献精神、坚忍不拔精神，特别是忍韧精神。在我们面临困难和挫折的时候能迎着困难上，不怕失败，韧性十足，也就没有克服不了的困难，在当时我们要特别提倡这种精神。

使命宗旨本属整体战略重要的组成部分，但在塑造“科学人”核心价值观和“科学人”精神中，它又是最核心的内容，因为它为企业员工回答了“我们在干什么？我们的目标是什么？我们的责任是什么”的问题。**“传播科学，创造未来”**就比较好地概括和浓缩了这些问题的答案。“传播科学”在这里是指科学出版社以传播科技信息作为企业经营发展的哲学定位，是指用归纳整理、传播转移、普及提高三个基本环节促进传播和转化。“创造未来”是指我们的目标和社会责任，科技创新知识传播的目的是推动经济发展、社会进步和全民族科技素质的提高，不断发展的经济必将推动人类社会进步，使人们生活得更加美好。这是我们共同追求的美好的未来。

企业文化建设是思想理念层面上的思维活动，目的是要形成共同的思想价值体系，最终形成员工对企业的信仰。如何才能有效地把思维认识和行为、行动统一协调起来，还需要一些硬的要求，那就是与之配套的相关制度建设要同步进行，要把制度的硬约束和理念思想的软约束结合起来才能达到目的。

我们专门拟定了一个《职工行为规范》手册，对职工在经营活动各个环节中的个人行为提出规范性的要求，对损害出版社利益的违纪违规行为都有相关处理原则，甚至在员工之间发生冲突时对责任的区分都有相关的办法。经过反复征求意见后颁布实施，同员工的价值取向相配套，起到了较好的作用。以往那些思想混乱、小道消息盛行、扯皮拉筋的现象没有了，那些着装太随便、穿着拖鞋上班的现象也不见了踪影。办公环境的优化美化和员工的精神风貌发生了很大的变化，呈现了与科学出版社文化氛围相统一的面貌，人人都以做“科学人”为荣，以为出版社做贡献为荣。

三、党建工作与企业文化建设融为一体

基层党委工作的主要任务是党要管党，抓好党的组织建设、思想建设和制度建设。衡量党委工作做得好不好关键是看党委的核心领导作用、支部的战斗堡垒作用、党员的模范带头作用发挥得好不好。

到2004年，科学出版社已有党员375名，其中在职党员218名，占在

职职工总人数的50%以上。72%的党员是本科以上学历，30岁以下的年轻党员有150人，而且有相当一部分年轻党员已经在基层领导岗位上。党员的比例大、学历高，而且骨干多的特点，决定了科学出版社有很强的政治优势。这种政治优势能否转化为市场竞争优势，党的建设工作能否与企业文化建设有机结合起来，能否把树立企业的核心价值观和对员工行为的规范与新时期对党员提出的要求统一起来，是出版社党委需要长期面对和不断解决的大问题。

经过1999年三个多月的“讲学习，讲政治，讲正气”的“三讲”教育活动，中国科学院派出的巡视组组织党员对领导班子进行民主测评。测评结果是党政领导班子成员的优秀率达到98%。2005年3月，中国科学院直接派工作组指导开展为期四个月的“保持共产党员先进性教育活动”，6月30日总结大会后结束。“三讲”教育活动重点是党政领导班子成员，先进性教育活动不但包括领导班子成员，还包括中层干部和党员干部。我们首先发动党内外群众提意见，进行分析归纳，整理出主要问题，共征集到600条意见和建议，涉及七个方面。然后反馈到个人，对照检查，以书面形式形成对照检查报告，在民主生活会和支部委员会上做对照检查，并做背靠背的民主评议，评议未通过者必须重新来过，直到通过为止。

我的感觉是，先进性教育活动抓得比较扎实，针对性强，发动群众比较充分，涉及面也较大，全社除社领导班子5人参加评议外，还有处级干部12人，支部书记15人，普通党员代表23人，共有59人参加民主评议。评议结果显示，总体满意率达到93.5%，上报到中国科学院督导组后，他们认为我们的满意率是院里少有的高指标。

这两次集中的党性教育活动收获还是很大的。我们理清了充分发挥

科学出版社的政治优势，并把这种政治优势转化为市场优势的思路；明确了新时期共产党员的标准和优秀共产党员的标准；加强了领导班子和中层党员领导干部易于松懈的基本理论的学习，提高了对各项政策的执行能力；明确了新的历史时期党员领导干部的标准。

在庆祝中国共产党成立86周年的大会上，结合先进性教育活动的成果和科学出版社的实际情况，我提出新时期科学出版社党员的先进性应当充分体现在以下几个方面。

（一）坚定的政治信念

这是每一个共产党员的神圣使命，每个党员在入党宣誓中，在你立志投身社会主义建设、为共产主义理想奋斗终生时，就必须要有这个坚定的信念。这个坚定的信念就是按党章的要求，把马克思主义、列宁主

作者在科学出版社党委庆祝中国共产党成立86周年大会上讲话（2007年）

义、毛泽东思想、邓小平理论、“三个代表”重要思想和科学发展观，作为我们的指导思想，这是对全体党员的普遍要求，也是对科学出版社广大员工的普遍要求，任何时候都不能动摇。

执政党的政治理念就是我们每个共产党员的政治理念。与党中央保持高度一致，在现阶段，为了全面实现小康社会，就是我们每个党员的行动方向，因此我们现在的一切工作和行为都是为了推进全面建设小康社会的目标，以及在21世纪中叶基本实现现代化，建设成为富强、民主、文明的社会主义国家。

具体到出版人，就是要坚持党的正确的出版方向，坚持为人民服务、为社会主义服务、为全党工作大局服务，把握好出版导向，要为建设小康社会，要为建设富强、民主、文明的社会主义社会，为中华民族的伟大复兴，搞好出版工作，因此必须把握好马克思主义新闻出版观。通过努力，把中国科学出版集团建设成为中国优秀科技成果的发布中心和国外优秀科技成果的引进中心，促进我国科技的发展和社会的进步。

（二）优良的传统作风

毛泽东同志在1945年提出了中国共产党的三大作风，即理论与实践相结合、密切联系群众、批评与自我批评。我们社党委、每一个党支部、每一名党员，必须保持党的优良传统和作风，任何时候都不能背离党的三大作风。我们倡导：

1. 解放思想，实事求是的工作作风。随着出版业的发展，当传统的纸介质出版受到非常大的冲击时，我们必须考虑创新和发展。为此，2007年年初社里成立了数字化出版中心。我们每一个同志所在的部门和所从事的工作，同样也面临着各方面的变化，这就要求我们每一个党员和支部都要解放思想，实事求是，在各自的岗位上围绕总体战略目标大胆创新。

2. 艰苦朴素，密切联系群众的工作作风。艰苦朴素是党的优良传统之一。在科学出版社各级党组织中，在科学出版社的发展过程中，尤其是在改制过程中，我们仍然需要提倡艰苦朴素、密切联系群众的工作作风。2007年，社党委广泛征求大家意见，共收集了61条，其中有些意见就是针对社领导班子在艰苦朴素、密切联系群众方面的，因此在当年民主生活会上，开展了批评与自我批评，并要求社领导和助理改进工作作风，深入基层和联系群众。

3. 艰苦奋斗的工作作风。大家要继续发扬艰苦奋斗的精神，广泛团结一切可以团结的力量，除了我们自身的模范作用以外，还要带领广大群众团结在党中央周围，为实现全面建设小康社会和建设一个富强、民主，文明的社会主义强国的伟大目标而努力。

（三）严格的组织纪律

民主集中制是党的组织原则，要求党员个人服从党组织，少数服从多数，下级组织服从上级组织，全党各个组织和全体党员服从党的代表大会和中央委员会。

严格的组织纪律是民主革命时期力量的体现，也是实现中华民族复兴的要求。

具体到我社，体现在两个方面，即严密的组织、严格的制度。严密的组织就是对党组织的工作、党建工作、党委工作、支部工作应该按照党中央的有关规范和条例严格执行。严格的制度，就是在我社管理中要做到全社一盘棋，做到令行禁止，形成强有力的制度。我们在日常工作中，往往强调部门的利益，有些同志把个人的利益放在首位，把个人利益建筑在单位和部门利益之上，缺乏全局观念，强调自己的特殊性，这样在执行党的决议和执行上级指令方面就会偏离方向。

在新的历史时期，科学出版社党的工作要加强严格的组织纪律建设和制度建设。

（四）优秀的业务能力

以往我们在发展党员时比较注重思想素质要求，而对业务能力方面要求不够。在新的时期，衡量一名党员的标准要与时俱进，要具备优秀的业务能力。我们每年出版图书6 000多种，期刊200多种，社里党员占到50%以上，如果不具备非常强的业务能力，怎么能把握方向，保持事业不断发展？一名优秀的党员一定要具有优秀的业务能力。这是时代的要求，也是我们事业发展的要求。

（五）创新进取的精神

要进取就要有创新精神和吃苦精神。我们每一名共产党员，都要吃苦耐劳，艰苦奋斗，在岗位上充分发挥党员的先锋模范作用，发扬创新进取的精神，为科学出版社改革发展建功立业。

（六）团结协作的典范

工作中能够团结周围的同志，团结一切可以团结的力量，是每一名共产党员应该具备的，因此每个党员都要做团结协作的典范。

要具备以上六条党员的标准，就要求全体党员加强学习，努力实践，严格要求，总结检查。结合党的要求，体现时代特征，不断推进改革发展，共同把科学出版社、中国科学出版集团建设成为中国知名品牌、中国科技出版的旗舰。

在讨论优秀共产党员标准时，有的同志提到优秀共产党员和先进工作者哪个标准更高？这个问题很难说清楚。应当讲两个标准都很高，只不过侧重点有所不同。优秀共产党员首先是不为个人争名利，以团结群众、凝聚群众形成合力为指标。先进工作者是以工作业绩突出为主要导向。先进工作者不一定能成为优秀共产党员，而优秀共产党员成为先进工作者的可能性更大。

在“三讲”和先进性教育活动中，党委始终把建设有特色的科学出版社企业文化和“科学人”的价值观一起来抓，形成了员工、党员、干部各类不同人员的标准和规范性要求，这些要求和规范是与科学出版社发展的历史、现状和改革发展的趋势协调一致的；始终把企业文化建设与党委日常工作扭在一起，做到思想政治工作与企业文化建设融为一体，党支部和党员先锋模范作用发挥与文化建设融为一体，经营管理工作与企业文化建设融为一体，考核表彰先进与企业文化建设融为一体，园区建设、改善职工工作生活环境与企业文化建设融为一体，培训再教育工作与企业文化建设融为一体。创办《科学人》内部期刊，由主抓企业文化建设的党委副书记担任主编，相关部门的负责人担任编委，发挥青年骨干作用，反映“科学人”在各项实践活动中的精神风貌和先进人物的典型事迹，每月一期，内部发行，成为宣传企业文化的一个重要的阵地。

四、体制创新与文化创新的适应性

体制创新，从事业单位转制成为企业并进一步组建出版集团，都会不断地促进企业文化建设相应的发展、充实和完善，因此，企业文化建设是一个动态的过程。我们原有的企业文化是事业单位企业化管理体制下，企业处于线性快速增长时期形成的，提倡奉献、拼搏精神是非常必要和有效的，但是随着体制机制的创新，企业的发展目标和战略方向也会发生变化，企业文化就需要进行相应调整。原有的企业文化中以人为本的理念还不够突出，真正的社会责任与“科学人”精神和每个员工的发展结合得还不够紧密，鼓励创新的政策有待加强，适应创新发展的机制有待建立。关于体制创新和文化创新的适应性，以及企业创新文化重塑的问题，我曾做了如下几点思考。

1. 党的十七大提出建立创新型的国家，主体就是进一步解放思想。我们中华民族的核心目标就是改革创新。时代要求科学出版社成为创新型的企业。

2. 以往企业文化的形成是以个人的精神道德、拼搏奉献为主线，虽然也提到创新的内容，但没有成为主线。因此，有必要重新审视塑造以创新为主线的企业文化，科学的态度是继承和发扬的关系，对原有文化的精髓予以继承，毕竟员工的拼搏奉献精神是创新文化的基础，脱离这个基础的创新文化也只能说是无源之水、无本之木。

3. 鼓励创新思维，要从已有的惯性思维中解放出来，就像爱因斯坦所讲的：“想象比知识更重要。”想象也是一种财富，首先要敢于想象。要把创新的思维付诸实践，就需要用相应的制度来营造一个创新的氛围，要允许探索，能容忍失败。

4. 创新文化一定是以人为本。人是创新的主体，营造以人为本的创新机制、制度、评价体系和奖励机制是文化建设的重点。本着先实践后归纳，形成共识再来指导实践，遵循辩证唯物主义认识论的发展规律。

5. 联系实际，把现实状况的改变作为阶段目标，把企业发展战略视为长远目标，应该把两者有机统一起来，做到既有较强的现实针对性，又有可追求的企业愿景。

6. 企业文化创新植根于企业创新的实践，先有实践后有文化。但如果企业文化建设思路对头，方法得当，也可先于实践提炼、归纳出文化理念，反过来指导实践，这样可以取得事半功倍的效果。

7. 企业创新文化建设的责任人是经营者，别人是不可替代的。经营者的责任心和素质是决定企业创新文化建设水平的关键。

从2007年完成转制后，我一直在思考科学出版社创新文化的建设问题，在2007年和2008年工作会议上都做了专门的论述。2009年退休，企业文化升级完善工作没有能够完成，只好留给继任者了。“永恒的事业，有限的生命”，这也是没有办法的事。

第十六章

领导班子建设与管理

从1995年12月到2009年7月，历时13年又7个月，科学出版社领导班子经历了第七、八、九三届和转制后有限责任公司第一届董事会，共四届领导班子。

一、历届领导班子概况

（一）第七届社领导班子（1995年12月5日—1999年12月3日）

第七届领导班子由卢盛魁任党委书记，侯建勤任总编辑，董芳明、丁乃刚、向安全任副社长，秦人华兼任副社长，吴瑰琦任副总编辑，由我担任常务副社长、法人代表。1997年4月届中考核时对班子做了调整，卢盛魁退休，党委书记由侯建勤兼任，中国科学院人事局张良吉调任党委副书记，我担任社长。当年12月，社党委换届，我当选党委书记。

秦人华在科学出版社工作一年多时间，在主抓计算机图书业务方面做了不少工作。我多次要求她把关系转到出版社来，她都婉言谢绝了，最终还是不太适应科学出版社的工作环境回到希望电脑公司去了。张良

吉原是院人事局干部处处长，我在武汉分院工作时我们就认识。院人事局就张良吉调科学出版社一事征求我的意见，我欣然同意了。张良吉长期在干部处处长的岗位工作，对院和各分院的情况都比较熟悉，可以为出版社加强与院机关和各分院的关系起作用。

第七届班子的任期目标是：年产值在原6 000万元的基础上增长到1亿元，销售收入实现翻一番。

实际上，到班子任期结束，第七届领导班子交出的成绩是：年产值从6 000万元增长到2.5亿元，年销售收入从3 400万元增长到1.27亿元，年利润从259万元增长到2 300万元，资产总额从6 200万元增长到1.4亿元。实现了年产值、年销售码洋、年销售收入、资产总额四项指标过亿元。在中央级出版社的排位从1995年的第25位上升到1998年的第7位。

（二）第八届领导班子（1999年12月3日—2002年12月27日）

第八届社领导班子在上一届的基础上做了一些调整，由我任社长、党委书记，吴瑰琦任总编辑，刘培文任党委副书记、副社长，向安全任副社长，林鹏任副总编辑。侯建勤、董芳明、丁乃刚退休。张良吉调中国科学院古脊椎与古人类研究所担任党委书记。调整后，班子的年龄结构和专业结构都得到了改善和加强。

本届班子的任期目标是：年产值由1999年的2.5亿元增长到4.5亿元，争取达到5亿元；各项经营指标的年增长速度争取保持在20%左右；中国科学出版集团的年产值达到6亿~8亿元；科学出版社的货币积累要达到5 000万元；在国有资产保值增值的前提下，职工收入达到国内同行业中上等水平。努力实现企业制度、增长方式、竞争单元三个转化。

到2001年年底社领导班子做届中述职报告时，年产值已经达到7.1亿元，销售收入已经从1999年的1.27亿元增长到2.84亿元，资产总额从届初的1.4亿元增长到3.2亿元，职工人均年收入从届初的3.12万元增长到4.2万元。两年共向国家缴纳税费7 000万元，出版社的净资产几近翻了一番。科学出版社的综合竞争能力已排在全国科技类出版社的首位。

（三）第九届社领导班子（2002年12月27日—2005年3月16日）

第九届社领导班子由我任社长，向安全任总编辑，刘培文、张小凌任副社长，林鹏任副总编辑，吴瑰琦改任正局级巡视员。2004年4月，出版社党委换届，由我继任党委书记，刘培文继任党委副书记。这届班子调整基本上把党、政班子长期不同步的问题解决了。另外新增加张小凌为副社长。

按每届任期四年计算，第九届任期应到2006年年底届满。由于转制过程中，中科院人事局没有按照届中考核届满换届的程序进行，转制后干部的任免和管理由事业单位时的院人事局主管划转到了院企业党组主管。

2005年3月，中国科学出版集团完成转制，组成了第一届董事会并得到中科院企业党组的任命，第九届社领导班子任期结束。到2007年科学出版社完成转制组建转制后新的班子止，在这两年时间集团和出版社是两块牌子一套班子在运转。

第九届社领导班子的任期目标是：坚持解放思想、实事求是、与时俱进的思想路线，继续推进三个转化，重点抓住制度、机制、管理创新，实现与国际基本接轨。主要经营指标是：要保持每年20%左右的增长速度，产值的年增幅要不低于1亿元，在建社50周年时产值接近10亿元，本届班子任期结束时达到12亿元；国有资产要同步增长，职工收入水平要同步提高，在全国出版业的排位要从现在的前十位争取进入前五位。

（四）集团公司和科学出版社有限公司领导班子（2005年3月6日—2009年7月17日）

2005年6月，中国科学出版集团有限责任公司（2011年7月更名为中国科技出版传媒集团有限责任公司）完成工商注册。集团公司第一届董事会组成是：董事长汪继祥，董事曹效业（时任中科院副秘书长）、向安全、胡再春、林鹏；第一届党组成员是：汪继祥、邓麦村、曹效业、向安全、林鹏。

2007年4月11日，科学出版社有限责任公司（2011年7月更名为中国科技出版传媒股份有限公司）完成工商注册，正式成为企业。从1954年8月1日龙门书局与中国科学院编译局公私合营组建科学出版社，到2007年4月11日，历经52年8个月零10天，科学出版社完成从事业到企业的蜕变，也是历史性的回归。

2007年8月23日科学出版社有限责任公司领导班子的组成是：我任董事长兼党委书记，向安全任总编辑，林鹏任总经理，刘培文任监事会主席、党委副书记，彭斌和张小凌任副总经理。2009年增补石强为财务总监。

到2009年年底，中国科学出版集团的产值已达14.53亿元，销售收入4.77亿元，在途实洋3.5亿元，全年出版图书8 000多种。在全国出版社总排名中位居第五；在全国科技类出版社中排名第一。实现了第九届任期之初设定的目标——进入全国排名前五位。

在此期间，科学出版社先后获得“全国图书版权贸易先进单位”

“全国文化体制改革优秀企业”“国家文化出口重点企业”和“北京市版权贸易先进单位”等荣誉。

二、对领导班子建设的几点认识

我在长达14年、历经事业单位体制和现代企业制度、先后四届领导班子的建设中，形成对领导班子建设的几点认识。

1. 领导班子是搞好单位的六要素——班子、战略、机制、人才、文化、技术之首，是其他五个要素形成的前提，没有一个富有战斗力的、优秀的领导班子，其他几个要素就无从谈起。通俗的说法是：“火车跑得快，全靠车头带。”

2. 班长的素质、水平、能力、品德、作风在领导班子建设中起决定性的作用。作为班长，只有不断提高自身这五个方面要求的责任意识，才具有驾驭全局的能力。

3. 共同的理念、共同的目标是团结的基础。所谓“志不同则道不合”，就是理念不同，价值观不一致，团结就会有问题。共同的理念要求党性原则大于个性。能自觉以党章要求党员领导干部的标准要求自己，在个性与党性有冲突时要自觉服从于党性。坚持出版社利益最高的原则，这是就企业领导的责任而言。社领导在思考问题、做出决断时，都要把出版社的利益放在首位。一个领导班子有没有这种意识，差别是很大的。要服从真理，敢于修正错误。真理有个认识过程，有时真理会在少数人的手里。领导在决策之后发现偏差，能否自我否定、自觉调整，保证按正确的轨道发展，是衡量领导干部是否能坚持实事求是的思想路线的重要方面。

4. 民主集中制是决策的基本制度。不同的领导体制会有与之相适应的决策制度。在事业单位体制下，中国科学院一直实行的是“所长负责制”的决策制度，经过规定的民主程序后由所长最终决策。在现代企业治理结构中实行“三会一层”的决策制度。无论哪种决策制度，其核心还是“民主集中”，但民主要充分，不走过场，更不是形式，民主是集思广益的渠道，是形成正确决策的基础，是党的实事求是思想路线和群众路线的具体实践。集中是归纳提出正确的意见，形成决策，并不是主要领导的个人意见。集中意见形成后，要对不同意见的利弊做出公开分析和说服，从而使不同意见持有者能统一到集中意见上来，避免造成心理疙瘩。

5. 学习型领导班子是创新的动力。建立学习型领导班子要通过制度上的安排，培养个人良好的学习习惯，使之变成自觉的需求。通过进修、培训、专题研读、市场调查、专题研讨、理论联系实际，在实践中总结提高认识，反过来指导实践。保持对新鲜事物的敏感度，提升逻辑思维能力（重点是抽象能力、洞察能力和决策能力）、组织能力（主要是说服能力、议价能力和亲和力）、执行能力（大局意识、责任意识、服从意识）和创造性地实现目标的能力。

6. 自觉接受监督是廉政为民的必然要求。领导干部必须自觉接受上级监督、党内监督、群众监督，没有监督的权力必然会出问题。要对经营过程中的敏感环节或岗位，制定有针对性的预防制度。

三、建立科学、民主、透明的决策机制

决策是领导班子的重要职能。建立科学、民主、透明的决策机制是领导班子建设的核心。在我担任主要领导的14年里，经历了三种不同的领导体制，即社长负责制、过渡时期（指集团转制完成到出版社转制完

成之间的两年时间）以及转制后按董事会章程和公司法建立的“三会一层”的领导体制。在不同的领导体制下，决策制度、决策规则、决策程序和决策机构是不同的。

从1995年12月到2005年3月，第七、八、九届领导班子任职的十年是社长负责制的领导体制。这个阶段的最高决策机构是社长办公会。虽然社里的党、政两套领导班子基本上是一体的，但党委会是单独召开的，主要研究党的工作，比如共产党员先进性教育、“三讲”教育活动，党内民主生活会，支部的调整，发展新党员，以及精神文明建设、企业文化建设和有关制度建设等。社长办公会主要就出版社改革、经营大政方针和重大事项，如机构设置、调整，干部任免、投融资等做出决策。经过实践，逐步形成了出版社层面上的以下七种会议形式。

1. 社长办公会——讨论决策重大事项，是出版社最高决策机构。

2. 党委会——讨论决策党委工作的重要事项。

3. 年度工作会议——总结上年度工作，部署来年工作重点，确定年度经营目标，部署重大调整、改革措施和战略举措。

4. 年度职工代表大会——与年度工作会议同步召开，分开讨论。讨论收集到的职工的意见，监督社财务开支，参加对社领导干部的年度考评。

5. 中期战略研讨会——检查半年工作进展情况，检讨战略管理存在的问题，专题调研改革措施，交流调研结果和建议，供社长办公会决策。

6. 周例会——每周周一上午上班后的碰头会，各部门主要负责人报告一周来的重大事项和碰到的难点问题，在例会上协调短期工作中出现的问题，当场做出决定，保证工作能顺利推进。

7. 春节团拜会——春节前夕组织在职职工和离退休员工春节团拜，发表新年贺词，简单报告全年工作亮点，鼓舞士气，凝聚人气。在京各部门文艺会演，弘扬企业文化，自娱自乐，并进行抽奖娱乐活动。

除了每年的春节团拜会外，其他的工作性会议都有相关的制度规定，并且根据情况不断完善和修订。为了保证民主决策，每位分管领导在社长办公会之前可以提出分管工作需要讨论和决策的事项。讨论决策中，如果意见不统一，不急于下结论，待会后继续调研，统一认识。不轻易使用少数服从多数的决断方式，因为没有那么多火烧眉毛的急事。公开断然否决少数人的意见，有时会挫伤他们的积极性；会后沟通，多谈几次，后遗症就会少得多。办公会议的记录要完整。有时候会议记录不完整，会模糊个人独断和集体研究的界线，没有问题则罢，有问题特别是上级督查往往会看这一条。因此，办公会议纪要是要当作机要文档保存的。

每次办公会的主持人要在最后归纳做出结论，并记录在案，由办公室形成纪要，经主持人签字后发给与会人员。办公室负责决定事项的催办、督办，并收集反馈信息，以保证决议的执行和实效性。

四、目标分解，责任到人

企业以经营为中心，经营工作是各项工作的主线。经营目标应当包括两类内容——经营指标和保证目标实现的管理措施。经营目标的制定是由上而下、由下而上反复沟通和协商的结果。其具体的制定和落实过程是：

首先由经营管理部门拿出初步方案，经社领导沟通形成初步想法；再由各分管领导在所分管的有关部门内进行测算、分解，拿出分管各部门经营指标的汇总意见；再经综合部门平衡测算，形成经营指标体系；再反馈到分管领导，往下征求各部门的意见。几个回合下来，总体经营指标体系就形成了，各部门的经营指标明确了，分管领导对自己所分管的各部门的目标也清晰了。

在这个基础上，由社长与各分管领导签订年度目标责任书。通过这种形式把经营目标分解到班子每个成员身上。

实践证明，有没有明确的经营目标责任效果就是不一样。有明确的书面责任，当然压力会更大些。

现在想起来，之所以能推行目标责任制，而且还能取得较好的成效，首先是班子成员觉悟高、素质好，并没有把领导岗位当个官在做，而是要承担领导责任和应尽的义务；其次恐怕是因为我年长、工作经历也相对长些，大家比较尊重我的安排。事实上，各分管领导在完成经营指标中的确是竭尽全力。比如分管营销工作的副社长张小凌，为完成回款任务，常年在外奔波，有时躲着不敢见我，怕我问他回款情况。有的分管领导还带病坚持工作。这些都使我很感动。在我内心也是清楚的，若预定的经营目标到期真的实现不了，责任绝对不会全由分管领导承担，我应当负主要责任，只要分管领导尽力就好。

当然，对每位班子成员工作评价和考核还是要做的，目标责任完成情况是考核的主要内容。

五、民主监督，勤政廉政

一般情况下，一个领导要面临四个方面的监督，即党内监督、群众监督、制度监督和审计监督。

在党内监督方面，两次集中的党性教育活动，对领导干部进行民主

测评和对照检查，是把个人各方面展现给党内和干部群众，背靠背地征求意见；党内民主生活会开展批评与自我批评，而且是在上级党委派出督导员全程参加的情况下进行的；党委制定的领导干部廉政建设若干规定，组织领导班子成员集体学习，对照检查，警钟长鸣，“违纪违规是根高压线，谁摸谁触电。”

在群众监督方面，历经党、政领导班子换届和届中考核九次，每次都由上级人事和党委组织部门在院领导的主持下对现任班子成员进行考核评价和民主测评，把征求的群众意见集中反馈。这种测评考核也是背靠背进行的，对班子整体也好，个人也好，都有说法各异的评价，也是一种很好的监督。

群众向上级部门反映对班子及个人意见的渠道不仅在班子换届考核时才畅通，平时也会有各种意见向上级部门反映，上级党组织和审计部门也会组织专项调查和审核。我在任期间，中科院纪检监察审计局也曾根据群众反映的情况，组织人员到出版社核查。特别是因改革调整而与一部分人的利益发生冲突时，这方面的反映会更加集中。有人反映，我用公款装修了家里的房子，用公款在家里装了传真机，用公款打高尔夫球，院里派人来调查，连用了多少吨沙和水泥都弄清楚了。幸好我把装修房子时所有的发票都理清了，交由调查组审查。打高尔夫球我压根就不会，也没有兴趣。佐藤社长是个高尔夫球迷，他曾承诺把他淘汰的行头给我，我也没有要，因为我的确没有这个爱好。我充分理解调查组的同志，因为他们也是在履行自己的职责。

制度的警示与约束也是一种监督形式。自1997年起，我们实行职代会对社领导班子年度表现的民主测评制度，直到我退休，历经十年。测评的内容包括五个方面——开拓创新能力、经营管理能力、政策理论水平、勤政廉政和民主作风，每个方面都按优秀、良好、中等、差等四个等级打分。图2和图3分别为公司领导班子和我本人六年民主测评结果对比。

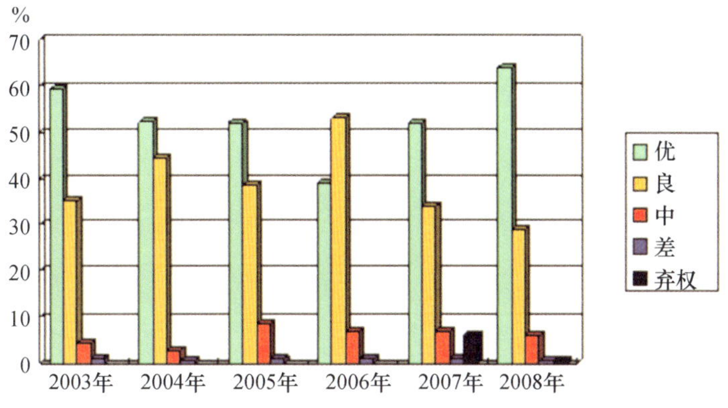

图2　公司领导班子整体民主测评结果对比

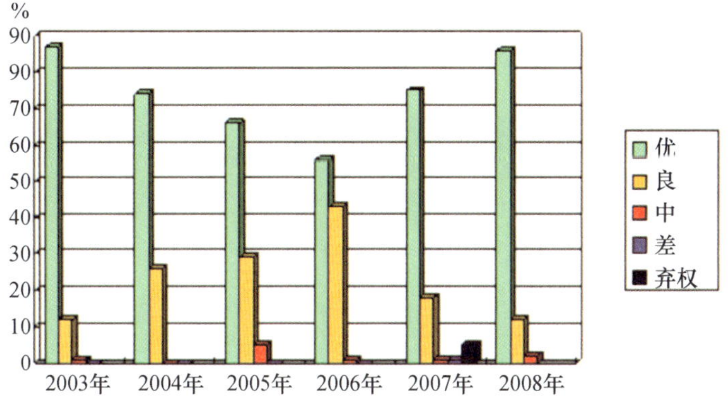

图3　汪继祥民主测评结果对比

其中，2006年测评结果为“良”的指标最高，原因在于受龙门书局亏损拖累，该年整体经营业绩下滑。对此，干部和职代会代表也是心中有数的。

每年民主测评的结果都要报院人事局，同时结合班子各位成员年终对各项考核目标的完成情况，确定班子成员个人奖金的分配数。当然，事先要和主要的领导（副社长、总编辑、副书记，以及转制后的总经理）沟通商议形成意见，最后由我决定奖金的分配额度。我曾说过：

“不管分配的领导就不是好领导。”因为分配本身就是对成员的一种激励措施和调控手段。

还有一点体会是，要依靠专业人士做专业的把关，避免失误和犯错误。重大合同签署之前，要经过律师审核；在出版社设立法务部以后，要经过法务部的审核。我们是最早建立法务部的出版社之一，引进专职律师把关，把合同风险和事后可能发生纠纷的损失降低到可控的程度。财务机构也是重要的关口，有些事情如果既不符合财务制度又不能变通解决，就不去碰。尊重财务部门的意见，可以规避不必要的风险。2006年股市好的时候，有人建议我投入一笔钱可以一年翻番，我找财务人员商量，他们不同意，说这方面的教训太多了，赚了是公家的，赔了个人要承担法律责任。我便放弃了这个想法。事后得知的确当时投入几千万一年内可翻番，但即使真的赚了又能怎么样呢？可能不会得到表扬，反而会被查处。

为了调动干部们的积极性，我还在每年的预算中设立50万~60万元的社长奖励基金，用于奖励班子成员和中层骨干中的突出贡献者。同时还用补助和借债的办法支持成长中的部门，使该部门的员工不会因当年业绩不佳而影响个人收入。到第二年制定经营目标时，适当降低他们的增长幅度，支持他们把工作做好。这对稳定这些部门职工的情绪起到了一定的作用。

六、坦诚相待，信赖支持

班子成员之间要坦诚相待。实际上领导班子实行的是集体领导的体制，班长和成员之间不是上下级的关系。副职是集体领导的成员，他们可以代行部分经营者的权力和责任，是推进各项工作的伙伴，只不过是分工不同、职责不同而已。因此，要把领导班子成员看成是单位生产力和竞争力的重要组成，要尊重他们，爱护他们，要坦诚相待，信赖支持他们的工作。在实践中努力做到以下五个方面。

（一）尊重职权，责权到位

既然是整体，领导班子的成员就应当有相应的职权，这种职权是在分工的责任范围内进行工作的权力。班子成员在自己分管范围内的工作应当有相对的独立性。一把手不能什么事都亲自管，事无巨细都抓在自己手里，这样做的后果是不但事情做不好，还会伤害分管领导的积极性。所谓有些责任和权力具有相对独立性，是指在分工范围内，业务工作和人事安排应当以分管领导的意见为主，除非有明显的错误需要及时予以纠正，一般不要轻易否定他们的决定。原则上尊重分管领导对所分管业务干部的使用建议，按照标准和程序考核聘用，因为在他们的工作范围内也存在管人管事一致性的问题，否则他们的工作就无法推动。在计划内的财物审批权，经社长明确授权范围，由分管领导审批，事后监控。超出授权范围和处理不当的事情，作为主要责任人的我会及时对他们加以提醒或与他们交换意见。总之，要使班子各位成员都觉得自己有职有权去推动工作。

（二）不听谗言，坚持信任

任何时候都会有不同的意见和声音。在有人向我反映某某领导的不当不妥时，我会认真地听，但不急于表态，经常跟他们说的一句话就是：“某某领导可从来没有说过你工作上和其他方面的问题。”并且正面做工作，说些要他们支持领导的工作之类的话。班子成员之间不允许背后议论其他成员的不是，不允许说过头话。我也从不在成员之间议论个人的事情和表现。只有在班子建设和民主生活会开展批评和自我批评时，才与主要负责人评论成员的优缺点，但也不允许对外扩散。这样做的目的是希望能有效防止个别人钻空子，也是班子搞好团结、建立相互信赖的基础。这样做不是说不一分为二地看待成员，对于班子每位成员的优缺点和秉性、性格特点，我还是心中有数的。在个别交流时适当指出问题所在和解决的方法，这种方式往往效果不错。

（三）考核到位，奖惩兑现

维护一个团队当然要讲规矩，赏罚要分明。每年年终总结、考核后都会与成员分别谈一次话，对他们的成绩予以充分的肯定，不足的地方也明确指出来。在分工、奖金分配、对外担任学术职务和评奖等方面，对有贡献的成员予以倾斜，在拟定后备干部的培养上做出计划和安排。对班子成员存在的突出问题，也会在党内民主生活会上采取大家帮助，促进个人提高认识，指出改正的方向，也收到了较好的效果。适时调整分工，加强经营中的薄弱环节，扩大干部的工作跨度，增强把握全局的实践和能力，也是一种有效的措施。对不适合分管工作或打不开局面的成员适当调整，找到最适合发挥他们潜力的分工领域。

（四）严格要求，鼓励创新

在价值观上，要求加强党性修养，自觉坚持出版社利益最高原则，做到志同道合；在理论素养上，要求不断通过学习提高理论水平，要求制定自己的阅读计划，有目的、有针对地提高理论素养；要求干部在改革中喊破嗓子不如做出样子，要身先士卒，轻名利，重奉献。

鼓励班子成员在自己分管领域创新组织形式、工作方法和市场策略，允许提出个性化的创新建议，然后寻求同现有的体制、机制接轨。鼓励向先进单位、其他兄弟单位和民营图书公司学习更加贴近市场的理念和工作方式、方法，对他们的创新点及时发现、甄别、归纳，移植到自己的工作当中去。善于学习的人才会进步得快，对新情况和新举措较为敏感的人，往往创新的主意也多些。

（五）关心需求，促进成长

要关心班子成员的个人需求。人的需求是多层面的，最主要的是事业进步的需求。有的虽然不明讲，但内心的萌动是显而易见的。对这种需求首先要正视，不可视而不见，否则有些事情就看不清楚了。但也要适当控制，对脱离实际的需求要加以调整和抑制。要提醒他们正确看待自己，正确判断形势，脱离实际往往会适得其反。同时，也要创造条件，拓展他们个人发展的舞台。要把个人的发展与整体改革、体制机制创新结合起来，才会有更多的机会，抓住更多的发展机遇。

对个人生活和家庭、健康问题要放在适当的位置给予关心，并在政策允许的范围内予以解决，给他们以有人关心和爱护的感觉，这种感觉应当就像家庭的感觉。

上面这五个方面都是我在工作中力求做到的，但遗憾的是，有些工作并没有做到位。老总编辑吴瑰琦是个出版编辑方面的专家，在科学出版社年出书8 000多种的情况下，能够把住编辑、校对质量关实属不易，他的贡献是无人可比拟的。然而他长期单身，住单位宿舍，生活无人照理，这对他的健康有很大的影响。很想帮助他解决这一困难，无奈机缘不合，成为老大难，至今想来还是感到很遗憾。

第十七章

履责全国政协委员

2002年11月25日，中国科学院党组副书记、出版委主任郭传杰带队到科学出版社对第八届社领导班子做换届考核。这时我离60周岁的退休年龄还有两年零两个月。按照中科院的规定，一是任期服从年龄，二是离60周岁不到一届任期（四年）将不再继续担任领导实职，对这两种可能我都有思想准备。如果是任期服从年龄，我还有两年的工作时间，我的任务和精力可能要放在如何选拔接班人的问题上；如果院党组现在就考虑新的社长人选，我应当立即着手向院党组提出我作为两任社长和现任党委书记关于组建新一届社领导班子的建议。本来我可以向院考核组直接谈这个问题，但有点张不开口——还在考核中就谈自己的去留问题，会不会引起他人的猜疑？所以，也就没有向考核组谈自己的想法。

但是，年龄是明摆着的问题，我不说院党组也会考虑这个问题的。我还是写了一封信给郭传杰副书记，并转呈路院长。信的主要内容是出版社的改革还有许多工作要做，鉴于年龄的关系，请院党组能明确按哪种方式来调整科学出版社的领导班子。无论院里采用哪种方式，我都服从组织安排，努力做好工作，站好最后一班岗。我觉得这样处理没有什么不妥，没有违反组织原则的地方。这封信并没有得到回复，也不可能得到回复。等到院党组任命科学出版社第九届领导班子的时候，一切就都明了了。

2003年1月16日，郭传杰副书记到社里宣布第九届社领导班子组成，我继任社长，任期四年，到2007年1月届满。传杰副书记向我通气说，院里决定推荐我担任全国政协委员。

1月26日，政协第九届全国委员会常务委员会第20次会议通过了中国人民政治协商会议第十届全国委员会委员名单，并发表公告。看到公告后得知，第十届全国政协委员会由2 238名委员组成，我归属于新闻出版界。这个界别的全国政协委员共有49人，新闻出版署原署长于友先、原副署长桂晓风、版权局原局长沈仁干，中宣部原副部长龚心瀚、原秘书长高明光等老领导都是这个界别的，还有许多知名的公众人物如杨澜、赵忠祥、李瑞英、爱泼斯坦，以及国务院新闻办公室的赵启正，新华社总编辑，经济日报社总编辑、副总编辑等。其中，经济日报社副总编辑罗开富是我在中央党校进修时的同班同学。

我被中国科学院推荐成为全国政协委员，是院党组对我的信任和对我工作的认可。之前我没有想到自己会当选全国政协委员，也不知道担任全国政协委员期间中组部有不办理退休手续而视同在职的规定。看来有不少领导在退休前后在全国政协担任委员或其他职务是一种过渡性安排，这也是情理之中的事。我不知道院里的这种安排是否有这种因素的考虑，但第九届领导班子的任期是四年，我可以放心大胆继续推进科学出版社的改革和发展工作，不会因年龄关系而受影响了。

一、参加全国政协参政议政活动

全国政协委员主要的参政议政活动集中在每年春节后召开的“两会”期间。一般情况下，全国政协会议先于全国人民代表大会召开一两天。“两会”期间，各种媒体都聚焦“两会”的有关新闻，委员和代表特别是知名度高的委员和代表是记者争相采访的对象。新闻出版界的媒体也争相采访报道这个界别的委员和代表，就新闻出版、文化体制改革等内容做采访报道，一时间仿佛大家都成了明星。

在我当选当年，《全国政协报》约我做了一次采访，写成“在锐意改革中奋进的科学出版社——访第十届全国政协委员、科学出版社社长汪继祥”的文章在该报发表。当采访结束时，记者问：“你作为新一届全国政协委员，怎样行使参政、议政和民主监督的权力？”我回答说：“作为新委员，还有许多地方要学习和熟悉，我准备多看多思考，尽力提出自己本专业内的改革建议。总之，要多帮忙，少添乱。”

“两会”期间列席了人代会，听取总理所做的政府工作报告、最高人民法院院长和最高人民检察院检察长所做的工作报告，并分组、分界别讨论，提出修改意见和建议，由会议秘书处整理后提供给报告者做修改时参考。“两会”上的大会发言应当说是一个亮点。全国“两会”代表加起来也就5 000多人，聚集了各个行业的精英，大会发言水平都很高，很有说服力，对政府的工作提出很多真知灼见。政协也有自己独立的会议——政协工作报告、提案工作报告，以及大会发言交流等，更多的则是各界别的小组讨论会。

2004年3月12日，全国政协十届二次会议审议通过对政协章程的修订案。这是政协章程的第五次修订，重点是把马克思主义、毛泽东思想、邓小平理论和“三个代表”重要思想确立为全国政协的指导思想，明确要高举团结、民主的大旗，实现政治协商、民主监督和参政议政三大职能。全国政协的定位是：中国人民政治协商会议是中国人民爱国统一战线的组织，是中国共产党领导的多党合作和政治协商的重要机构，是我国政治生活中发扬社会主义民主的重要形式。在老章程里，政协仅定位于统一战线组织。全国政协十届二次会议对全国政协章程修订后，政协作为国家政治体制的组成部分，既是统一战线机构，又是政治协商、民主监督和参政议政的机构。高举团结、民主的旗帜，团结一切可以团结的力量，为中华民族伟大复兴做出应有的贡献。为了更好地贯彻修订后的新章程，政协常委会做出培训政协委员的计划。我作为新委员参加了在北戴河全国政协培训中心举办的政协委员培训班。

二、与常委座谈，与部长对话

在担任政协委员的五年中，有三次中央政治局常委到新闻出版界听取委员们的意见并座谈。分别是中央政法委书记罗干、中央纪律检查委员会书记吴官正和分管宣传文化工作的政治局常委李长春。

常委到“两会”听取意见是惯例，但就各个界别来说并不是每年“两会”都轮得到。在常委的座谈会前都做了周密的安排，各位委员的发言稿要准备好，并经各界别组长看过。发言的顺序和所坐的位置也都事先做了安排。

但与吴官正的座谈就比较轻松。他不时地插话，最后讲话时也不用稿子，给大家留下深刻的印象。在谈到反腐败的问题时，针对有些高官、高管携款外逃，吴官正讲：“你们不要以为中纪委是吃干饭的，我们心中有数，正在创造条件与所在国政府联系，采取必要的措施。不会让他们一走了之的。”引起大家“哄”地一笑。

不知什么原因，界别小组讨论时，有人提出时任教育部部长周济在“两会”所做报告中有些提法不妥当，要求周济来与新闻出版界委员座谈对话。没想到周济部长真的来了。由此可见，政协委员的要求还是会引起重视的。因为小组讨论会上委员们的发言会编辑成简报分发到有关领导和部门，再有新闻媒体还随着界别小组的讨论及时报道，因而大家都比较谨慎。

周济部长在任湖北省科技厅厅长时，我们合编过一部书——《科技创新院士谈》，以访谈的形式介绍院士们在科技创新中的心得体会。以后他调任中共武汉市委书记，再到教育部部长，就没有什么联系了。这次与周部长座谈，我争取到发言机会，主要是建议教育部重视推进其所属的高等教育出版社和人民教育出版社在文化体制改革和转制成企业的进程中起到带头作用。这两个出版社在国内是规模最大、水平最高的教育类出版社，它们的改革动向有很强的示范作用。反过来，如果它们改革滞后，会让人们产生很多的困惑。所以我建议周部长重视这件事。

周济部长答复我们说，教育部一定按中央文化体制改革的部署，稳妥推进教育部系统出版社转制和改制工作。在场有两个分别来自高等教育出版社和人民教育出版社的委员，他们在座谈会后对我讲：“这个问题还是你提比较合适。”会上的气氛还是比较平和的，并没有刺激性的质询。但是我感觉得到，周济部长还是有压力的，毕竟是专门邀请他到一个界别来座谈。事后我也想，有人说政协委员是“三手”——见面握手，听报告拍手，表决举手，其实并不尽然。在参政议政方面还是会有所作为的，只不过还放不开，还不习惯用这种实际上是质询的方式去参政议政。

三、跨界别的考察与调研活动

全国政协每年都会有考察和调研项目，一般是由政协副主席领衔组成20~30人的跨界别调研和考察团。每个委员都可以自己选择要参与的项目，由政协办公厅汇总后组织实施。

我先后参加了“湖南省文化市场”专题调研、“贵州乡村公路建设考察”和“云南西双版纳旅游资源考察”三个专项活动。

2003年秋季，由政协副主席李蒙为团长的全国政协文化市场考察团组成，参加的委员有20多人，加上工作人员共有30余人。考察团成员有国务院原副秘书长、文化部原副部长、中国社科院马列主义研究所所长、作家和少数民族代表。新闻出版署原署长于友先和80多岁高龄的国际友人沙博理也参加了这次考察活动。

根据日程安排我们首先到长沙，由省政府领导介绍湖南文化产业和文化市场发展情况。委员们感兴趣的是湖南长沙每晚文化大排档的演出活动、湖南民营资本投入动画漫画的制作情况和湖南文化旅游资源。李蒙副主席要求委员们集中精力搞好调研考察，最后要给湖南省的文化产业和文化市场发展提出有分量的建议，发挥全国政协委员智力密集的优势。

按照行程安排，白天参加动漫企业考察，召集湖南东方卡通公司等八家较大的民营动漫制作公司的老板座谈，听取他们对发展动漫产业的意见和需要解决的问题。当时湖南动漫产业的产值已经占到全国的70%，原创人员有2 000多人，从业人员达2万多人，仅“蓝猫”系列衍生产品就达到6 000多种，在国内起着引领行业发展的作用。民营企业投资者反映最多的，是希望得到政府政策上的支持，涉及贷款、减免税收，以及建立基地所需土地等方面。

晚上组织考察团到长沙市几个大的演出市场观看节目。长沙大排档式的民间演出起步早，规模大，观看演出的人也多，市场化程度高。演出火爆，有时甚至一票难求。票价分等级，从十多元到上百元的都有。有知名的外地演员来客串演出的，更多的是本地演员演出的综合性节目，深受观众的喜爱。由于名声在外，凡到长沙出差的人都会被请到演出市场招待一番，形成了长沙的一个文化“名片”。说实在的，长沙人的收入并不高，花几十、上百元去看演出，乐此不疲的原因，不能不说是湖南人的文化底蕴和一种生活态度。

在长沙待了两天，我们启程去湘西土家族苗族自治州。几十人的车队一路颠簸驶向自治州首府吉首市。湘西位于云贵高原东侧、湖南省西北部的武陵山区，与湖北、贵州、重庆接壤。武陵山脉蜿蜒于境内，海拔高度在200~800米之间，河溪纵横其间，属于亚热带季风湿润气候。夏季多雨，气候凉爽。冬季降水较少，寒冷干燥，因而四季分明。在这方圆15 000多平方公里的山区，居住着汉、土家、苗、回、侗、白等30多个民族，人口280多万。土家、苗等少数民族占70%以上。我们的车队在崇山峻岭间蜿蜒前行，星星点点的村落镶嵌在山脚溪流之畔。我脑子里不时浮现电影《湘西剿匪记》和《乌龙山剿匪记》中崇山峻岭的镜头。

经过五个多小时的行程，终于到了吉首。下午吉首市政府的领导举行情况介绍会。参加会议的有退休的老领导和现任领导，还有政府部门的负责人。在介绍完情况后，市贫协原主席的发言令我至今记忆犹新。他讲：“湘西地区受自然条件所限，经济一直欠发达。解放初期土地改革没有使老百姓富起来，改革开放也没有使老百姓富起来。现在推进文化产业发展是不是可以促进湘西发展使老百姓富起来呢？我看是有希望的，因为我们有独特的少数民族文化和民俗，历史上形成的土司城遗址还在，民间个人也办起了不少博物馆。建议各位委员都走走看看，帮我们出出主意。”这位老干部的讲话博得委员们的掌声。湘西具有少数民族特色的文化遗产、独特的地理风貌，已经显示出较强的市场竞争力。湘西凤凰古城的开发已见端倪，新一轮文化产业的发展真有希望成为湘西自治州新的产业支柱。

接下来我们花了两天时间参观土司城和民间民俗博物馆。这种由当地民众完全靠自筹资金办起来的少数民族民俗博物馆委员们大都没有见过，所收集的藏品从生产用具、生活用品到红白喜事的风俗和用品都有，还有一些老的照片，实属难得。最令人称奇的是，我们还参观了一个由私人办的“土匪博物馆”。

由于处于四省（直辖市）交界之地，又到处是崇山峻岭，湘西长期以来一直是少数民族的栖息之地，历史上匪患盛行，有800多年的历史。据说新中国成立前湘西的土匪在其总人口中占了一半，甚至出现了“土匪鸭”的菜名。应当讲这也是文化的一部分，“凡是存在的

2003年秋季第十届全国政协委员在湘西考察（从左到右依次为金曼、沙博理、汪继祥、艾青春）

都是合理的”。有兴趣的委员到土匪博物馆进去转了转，也没有多少内容，只有当地几名土匪的画像和据说是他们用过的物品。不过这土匪博物馆的名字还是很抓眼球的。在返回途中，有人讲，抗美援朝的时候，湘西有一万多名土匪“杆子”被改编成志愿军，开赴朝鲜战场，其中有不少人成为战斗英雄。

考察团回到长沙后，在李蒙副主席的主持下我们进行了总结，并确定了与省里交换意见的几个发言人。我被指定谈动漫制作与图书市场同步推进和互动问题。实际上，动漫的另一种传播形式——纸介质的产品也是一个重要的渠道，那些能在电视上播放的动漫节目往往是出版社的优质出版资源。其他委员都从各个层面提出了相关的建议。湖南省政府的领导都给予了肯定，表示全国政协考察团的意见将会对湖南文化市场发展起到推动作用。其实，湖南的出版工作做得很好，历次书展都打出“湖南人爱吃辣椒会出书”的标语做形象宣传，给人留下深刻的印象。

这次考察既主题鲜明，又能深入实际，比较好地完成了考察任务，这是与李蒙副主席实事求是和认真负责的领导作风分不开的。

四、荣获优秀提案奖

政协委员参政议政的主要形式就是向国家政府部门提出意见和建议的提案。每年“两会”都是集中提出各种提案的时间。提案可以个人名义单独提出，也可以联合署名提出，不限范围，没有固定的格式要求，但字数不得超过2 000字。政协委员都很重视提案工作，因为它既是责任又是权利的体现，也是一种荣耀。

在五年的政协委员履职期间，我以个人名义完成五份提案，与其他委员联合署名的提案就更多了，因为有委员习惯在提案完成起草后征求多名委员的同意联合署名。我自己单独完成的五件提案是：

（1）《关于组建国家级专业出版集团的建议》——2004年十届二次会议提案；

（2）《关于整合文物、考古出版力量，保护弘扬民族文化的建议》——2005年十届三次会议提案；

（3）《关于推动中央级出版社出版体制改革的建议》——2006年十届四次会议提案；

（4）《关于深化出版管理体制改革的建议》——2007年十届五次会议提案；

（5）《关于建立中国出版物"走出去"长效机制的建议》——2007年十届五次会议提案。

其中，2005年《关于整合文物、考古出版力量，保护弘扬民族文化的建议》这一提案是由我起草，与中国文物出版社社长苏士澍委员联名提出的。苏士澍是著名的书法家，后任第十一届全国政协常委。

我所提交的提案都和当时文化体制改革的进程以及改革中出现的热点和难点问题相关联。比如组建国家级专业出版集团，一直都是我们在文化体制改革中期盼和追求的，但终因体制上的原因，没有能够成为现实。提出推动中央级出版社体制改革的提案，也是针对当时中央各部委所属的出版社整体上转制工作相对滞后，而这一块又是中国出版业的重要力量，有的出版社还觉得没有什么必要一定要转制成企业，他们认为现在的生产关系符合现在出版社的生产力水平，没有必要去改动。而当时科学出版社作为国家文化体制改革的试点单位，有点单兵独进的孤独感。

《关于深化出版管理体制改革的建议》这一提案所涉问题有点大，但却是一个最根本的问题。现行的出版管理体制即主管、主办体制，形

成于计划经济体制中，是把文化安全放在各项因素的首位。转制后仍然实行这种体制，实际上是把出版企业作为政府部门的附属物。在这种管理体制下，各种出版企业的生产要素是不可能按市场规律进行流动和重组的。因此，已形成的集团都是政府推动的行政组合，市场这只手不能发挥主导作用。其结果是，要真正培育新的市场竞争主体的规划只能是一个美好的愿望。至今我仍然是这个看法，原有的出版管理体制必须突破，要使政府主导和市场推动这两只手都发挥作用，最终按市场规则发展，才有中央级出版社的美好前景。

《关于建立中国出版物“走出去”长效机制的建议》这一提案，是在当时文化体制改革中，国家大力倡导中国文化“走出去”的形势下提出的。政府把“走出去”作为一种文化战略提出，并且实施了“走出去”工程。在政府推动、企业主导、政策扶持的情况下，中国出版物“走出去”成绩明显。科学出版社2005年输出版权仅五项，到2006年、2007年猛增到每年输出版权200多项。我当时担心的是出版物“走出去”出现大起大落，所以提出从国家层面上建立一套“走出去”的保障机制，以实现中华民族文化“走出去”的战略，提升国家软实力。可能是这个提案的政策指向相对集中，而且也符合国家的战略方向，这份提案被评为第十届全国政协优秀提案。

在第十届全国政协委员履职期间，共收到提案23 081件，经审查立案的有21 843件。在第十届全国政协委员履职结束后，从这21 843件提案中共评出262项优秀提案，获奖率为1.19%，可以说是百里挑一吧。

2007年11月22日，在全国政协礼堂举行了“全国政协第十届优秀提案和先进承办单位表彰大会”，我获得优秀提案证书和一个电子相册的奖品。会后，全国政协主席贾庆林与获奖者和受表彰单位代表合影留念。

荣誉证书

汪继祥委员在政协第十届全国委员会第五次会议上提出的关于建立中国出版物走出去的长效机制的提案被评为优秀提案。

特予表彰

二〇〇七年十一月

第十届全国政协委员优秀提案荣誉证书

关于建立中国出版物“走出去”长效机制的提案

2007年全国政协十届五次会议政协委员提案

2006年在政府推动下，首次实现版权输出大于引进的可喜现象。但是我国版权输出的积累还不够，真正形成版权输出强国还有很长的路要走，引进大于输出的格局还没有发生本质的变化；另一方面，西方发达国家的版权产业已经形成规模，西方文化通过版权贸易形式不断向发展中国家渗透。具体体现在：

1. 版权产业作为世界上最大的产业之一，是西方国家文化侵略的重要手段

有关资料显示，美国版权业早在1992年就达到3 250亿美元，占美国国民生产总值的5.6％，版权产品的出口和对外转让收入达390亿美元；近年还有更大的发展。这也是美国推行文化输出带来的必然结果。其他一些西方发达国家在文化产业以及文化输出方面也都相当重视。这必然给发展中国家的文化安全带来不良影响。

2. 近年来我国的版权贸易逆差较大

在我国出版业走向世界的进程中，版权贸易一直是最主要的方面，就全国范围而言，近年来一直处于失衡的状态。根据国家版权局统计数据，2003年，我国图书版权贸易总数量为13 327种，其中引进12 516种，占总数的93.91%；输出811种，占总数的6.09%。2003年引进比输出多11 705种，而2002年这一差距是8 938种。2004年图书版权引进为11 746种，图书版权输出为1 314种。2005年图书版权引进为9 382种，图书版权输出为1 434种。

虽然在2006年我国图书版权输出略大于引进，但是就整体而言引进大于输出的局面并没有发生根本变化。

造成目前版权逆差的主要原因是多方面的。

从宏观方面看，出版单位基本上停留在计划体制下、属事业单位、部门所有，“走出去”的动力不足，政府的扶持政策还不够优惠。

从微观层面看，其一，出版单位的自身实力还无法和国际大出版集团相比，在国际出版市场上还无法与其抗衡。其二，发展靠自身滚动发展，由于资本的限制，不可能通过资本并购，迅速发展壮大。其三，出版物的国际化程度较低，产品目标市场集聚在本土，英文图书品种较少。其四，国内出版社没有明显的国际性品牌，管理理念、技术手段相对落后，国际化人才缺乏。其五，国内市场仍有很大的发展空间和吸引力，盈利模式还是以图书为主，图书以教材教辅为主。其六，语言问题也是出版物走出去的瓶颈之一，国内高质量的原创产品不足。

为了加强文化输出，增强我国的软实力，扭转图书版权贸易的不良状况，我们必须建立中国图书“走出去”的长效机制，以克服目前我国出版业存在的规模小、实力弱、语言障碍、出版物国际化程度低等问题。为此，我提出以下四点建议。

1. 实施政企分开，培育“走出去”主体

我国的出版企业基本上是停留在计划体制下、部门所有，走出去的动力不足；逐步打破出版单位部门所有，鼓励国内传统业务相关的出版企业购并重组，可以增强自身实力与“走出去”的动力，培育“走出去”的主体。要实现出版要素重组关键在于对现行的出版体制深化改革，实行政企分开，才有可能形成一批有实力的战略投资者。

2. 鼓励我国出版行业跨国经营

制定相关宏观政策，支持出版集团实行跨国经营，在世界建立自己的出版机构和办事机构，在条件成熟的情况下，通过资本运作，购并国外其他出版社，最大限度地占领国外市场和资源。目的是通过这些机构实现我们文化输出的发展战略。

3. 建立国家级的出版翻译基金

出版业是一个内容产业，语言可能成为出版业国际化的最大障碍。因此，建立国家级的出版翻译基金和优惠的税收政策，是中国图书走出去的必要资金保证。其主要资助有能力进入欧美等发达国家主流出版物市场的英文版图书，扩大国内英文出版物的规模。

4. 建立国家级版权输出基地

政府统一规划并制定相关政策，比如书号和刊号资源、翻译经费、税收政策等，扶持与奖励在图书版权输出方面贡献突出的出版企业。重点支持有能力的出版社、出版集团开拓国际市场，形成国家级的分类别的版权输出基地。

2008年年底，中国出版集团在香山举行“香山论坛”，我应邀参加并发言。会间休息时，中国出版集团总裁聂震宁问我是哪年哪月出生，我回答说是1945年2月4日。聂总讲：“你赶紧核实一下，因为下一届政协委员有年龄限制了，1945年3月30日以后出生的可以留任。”我的确是2月4日出生，这没有办法。之后，我打听到院党组仍然将我作为出版专家上报到全国政协，但终因年龄的限制没有继任第十一届政协委员。这也难怪，全国有那么多的优秀人物，我能有幸任一届委员已经很不错了，只不过有点小小的遗憾。在此，感谢中国科学院党组的信任，感谢全国政协给我人生这次机会。我在五年任期内认认真真地履行了政协委员的职责，也是问心无愧的了。

第十八章

“科学”是这样炼成的

一、四项第一奠定领先地位

2009年是科学出版社建社55周年。从我1993年11月24日提着行李到科学出版社报到之日算起，我参加过她的40周年、45周年、50周年、55周年四次大的社庆大会，正是“年年岁岁花相似，岁岁年年人不同”。

2009年也是科学出版社转制完成后的第三个年头。科学出版社作为一事业法人实体转制成科学出版社有限责任公司，原事业单位因注销而成为历史，所留下的是“科学出版社”这个含金量至高的品牌。正是“千磨万击还坚劲，任尔东南西北风”。

2009年是科学出版社经营业绩创历史新高的一年，总产值达到14.4亿元，净利润达到1.4亿元，已是连续三年利润过亿元，说明科学出版社的经营进入另一轮快速的、以质量效益为中心的增长周期，“宝剑锋从磨砺出，梅花香自苦寒来”。

2009年也是我退出领导岗位的一年。2009年7月，转制后集团和科学出版社调整领导班子，我卸下了任期13年8个月零24天的领导职务。从

48岁到科学出版社，历经16年有余，我自认为是兢兢业业做事，踏踏实实做人，把最智慧的年华奉献给了科学出版事业。正是“老牛已知夕阳晚，不用扬鞭自奋蹄”。

纵观担任科学出版社法人代表这13年零8个月所经过的历程，有成功的欣喜，有挫折的痛苦，也有困惑不解的疑惑。这段历史的全过程从以下这四张表格可反映不同阶段的经营状况和全过程（见表2~5）。

表2　科学出版社1995—2009年财务数据表

单位：万元

年份＼项目		货币资金	资产总额	净资产	销售收入	利润总额	净利润
1995		562	6249	2134	3385	259	212
1996		643	6897	2576	5476	425	394
1997		1341	9921	4590	7076	1060	850
1998		2280	11813	5889	11009	1617	1193
1999		3323	14061	7572	12664	2285	1729
2000		3471	19824	8685	14077	2802	2003
2001		5573	23085	11469	21146	4643	3277
2002		9506	31847	16603	28441	7190	4962
2003		9102	33719	22302	31377	8217	5518
2004	实际	13961	50921	27266	51186	5840	3369
	剔除改制因素前					8411	5092
2005		15702	59197	32533	50105	8431	5085
2006		20914	66173	42326	49373	9568	5538
2007	实际	25434	72067	44862	58079	8366	4458
	剔除改制因素前					11622	7715
2008		39234	92925	59207	76580	13551	13245
2009		48716	98658	67997	88324	14475	14239

注：1. 2004年以前没有合并报表。

2. 2004年利润总额下降较大的主要原因是清产核资调整账目，并向税务局申请了存货损失税前扣除。

表3　2005—2009年各类图书经营汇总表

年份	类型	产值	当期销售	新书品种	重印书品种
2005	S	10657	4526	521	189
	T	12272	1416	784	508
	M	6564	3424	223	320
	E1	10077	4836	378	751
	E2	51128	15171	607	1916
	E合计	61205	20007	985	2667
	总计	90698	29373	2513	3684
2006	S	12027	5566	564	272
	T	15435	6341	721	757
	M	8101	3664	208	406
	E1	9603	5433	325	785
	E2	52969	12574	572	2277
	E合计	62572	18006	897	3062
	总计	98136	33577	2390	4497
2007	S	17725	7030	772	241
	T	19634	8318	775	898
	M	10205	4203	239	481
	E1	11153	6100	398	876
	E2	44716	10591	264	2085
	E合计	55869	16691	662	2961
	总计	103432	36243	2448	4581
2008	S	20709	7878	835	254
	T	26690	11226	794	835
	M	11776	5305	385	391
	E1	13343	6665	487	916
	E2	52462	13190	353	2077
	E合计	65805	19855	840	2993
	总计	124981	44264	2854	4473

续表

年份	类型	产值	当期销售	新书品种	重印书品种
2009	S	23337	8519	1108	198
	T	25500	12275	983	840
	M	10309	5660	297	354
	E1	13998	7357	563	868
	E2	72210	13889	432	2758
	E合计	86208	21246	995	3626
	总计	145354	47700	3383	5018

注：S为科学类图书；T为技术类图书；M为医学类图书；E1主要为大学、研究生、中职等教育教材；E2主要为中小学教材教辅。

从以上两张表可以看出，我在任期间主要做了一件事——把科学出版社从1995年年出版图书500种，产值6 400万元，以出版学术专著为主的出版社，发展成为年出版图书8 000多种，产值14.4亿元，净利润1.4亿元，由科学、技术、医学、教育和260种学术期刊构成的综合性出版社。

2006年，经中宣部改革办副主任高书生安排，我们向中宣部分管改革办的副部长欧阳坚汇报集团转制工作情况和发展设想，参加汇报的还有向安全和彭斌。欧阳副部长认真听完我的汇报后指出："中国科学出版集团有限责任公司率先完成转制，为中央部委所属出版社转制创出一条路，起到了很好的典型示范作用。今后发展要充分发挥体制创新的优势，聚集更多的出版资源，促进中国出版产业进行市场经济体制下的进一步整合，做强做大，成为中国科技出版的旗舰。中宣部和改革办会尽全力促进和帮助实现这一目标。"欧阳副部长思维敏锐，有很强的前瞻性，他为中国科学出版集团和科学出版社的改制和发展提出了宏伟的奋斗目标。

实际上，通过这十几年的改革创新、快速发展，我们经过创造性地发扬科学出版社的优势和特色，为实现成为中国科技出版旗舰的目标打下了坚实的基础。

1996年，我们的起点是：产值规模在中央部委级160余家出版社中排在第25位。到1999年第七届社领导班子换届考核时，路甬祥院长听到我在述职报告中讲科学出版社已从第25位上升到第七位。路院长讲：“科学出版社在中央级科技类出版社的排序通过几年的努力赶到第七位，我们国家的经济总量正好在世界的排序也赶到了第七位。我们跟美国相比，国民生产总值只是人家的1/8~1/7。科学出版社跟中央级出版社第一位比怎么样？我们为什么只能在中央科技类出版社中排序？为什么不能在全国出版社序列排序？我估计，在全国出版社排序的话还要往后排十几、二十几位。试问科学出版社，应该把我们的未来定位在什么方向？是成为国际上或者先是中国的以科技为主的综合性出版社，还是定位在小的、有特色的出版社？我想应当是前者。”

路院长的讲话给我很大的触动。是自己视野不开阔，只盯着中央部委级科技社做比较，更缺少勇气拿到全国出版社中去排序定位。只因为当时的体量实在太小了。事实上，路院长分析得完全正确。根据《出版广角》杂志2001年第10—11期发表的“中国图书出版资源数据库”课题组对“九五”（1995—2000）期间全国出版社竞争力的评价报告，科学出版社的竞争力在全国560家出版社中排在第25位。前三位依次是高等教育出版社、江苏教育出版社、中国地图出版社。我自己估计科学出版社应该在第27位左右，在全国147家科技类出版社中我们应该排在第五或第六位。为什么在科技类排序中上升1~2位呢？原因是那个述职报告中引用的是1998年的数据，而《出版广角》引用的是2000年的数据。在这两年，我们每年都增长了30%，所以排名肯定会有变化。

到2000年年初，我们提出在2010年以前，要把科学出版社建设成为高水平、国际化、综合性的大型出版社，经过十年的努力，进入中国出版界前十强。这个目标的调整也是按照路院长心目中的科学出版社未来几年应达到的目标设定的。

根据《中国图书商报》发布的调查结果，2004—2006年和2008—2009年，在全国图书出版业竞争力排名中，科学出版社排在第三和第五位，在全国科技类出版社中，连续排在第一位（见表4、表5）。《中国图书商报》给出的竞争力指数由三组指标构成——成果性指标、成因性指标和成长性指标。这三类指标分别反映出版社六种竞争能力，即生产力、销售力、盈利力、组织力、资源力和成长力。

表4　2009年科技类出版社能力排行榜

名次	出版社	所属地	指数
1	科学出版社	中央	0. 6056
2	机械工业出版社	中央	0. 529
3	清华大学出版社	中央	0. 4054
4	化学工业出版社	中央	0. 3542
5	电子工业出版社	中央	0. 3301
6	人民卫生出版社	中央	0. 3171
7	中国地图出版社	中央	0. 3032
8	人民邮电出版社	中央	0. 2898
9	星球地图出版社	解放军	0. 2246
10	中国电力出版社	中央	0. 2135

注：表中数据来自《中国图书商报》。

表5 2008年和2009年全国出版社总排名

名次（2009年）	名次（2008年）	出版社	归属地	类别	2009年指数
1	1	高等教育出版社	中央	教育	0.8272
2	2	人民教育出版社	中央	教育	0.7615
3	6	外语教学与研究出版社	中央	社科	0.6428
4	5	北京师范大学出版社	中央	社科	0.6222
5	3	科学出版社	中央	科技	0.6056
6	4	江苏教育出版社	江苏	教育	0.5774
7	7	机械工业出版社	中央	科技	0.529
8	12	浙江教育出版社	浙江	教育	0.4841
9	8	教育科学出版社	中央	教育	0.4792
10	11	清华大学出版社	中央	科技	0.4054

注：表中数据来自《中国图书商报》。

自路院长1999年在社里讲话后，我们用六年时间实现了在全国科技类出版社位居首位、全国综合出版社十强的目标。这应当说是路院长要求和鞭策的结果，也是科学出版社品牌所应有的影响力和与之相称的位置。

从2006年到2009年，中国科学出版集团和科学出版社还获得了多项第一。

1. 获奖总数第一。继承发扬科学出版社优良的传统，在这四年间书刊获奖总数达424项，其中图书获得国家部委级科技类图书奖项191项，《中国科学》《科学通报》等由科学出版社出版的学术期刊共获得192项省部级以上奖项，另有41种图书获得地市级和高等院校奖项。四年间，共获得国家图书奖9项，中国出版政府奖图书奖7项，国家科技进步奖5项等大奖。在获奖总数和获奖级别上排在全国出版社的首位。1998年荣获中宣部和新闻出版署颁发的全国优秀出版社奖，2007年荣获新闻出版总署颁发的中国出版政府奖先进出版单位奖。

科学出版社获得的“全国优秀出版社”和“先进出版单位”奖牌

2. 专业图书市场占有率第一。这里专业图书是指数学、物理学、化学、生物科学、天文学和地球科学类图书，是科学出版社传统的优势产品，在我们的分类传统上属于A类图书。从品种和产值来说，在全国同类产品的市场占有率方面基本上都在10%以上，其中生物科学占有30%左右的市场份额。按照国际惯例，市场占有率5%是出版社强弱分界线。科学出版社的专业类图书市场占有率已经远远超过了这个指标。

从2009年统计数据看，科学出版社的科学类、技术类和医学类图书年出版新书品种达1 108种，产值2.33亿元。较1996年出版专业类图书300多种、产值6 000万元强大了许多。2006年科学出版社部分学科在全国所占比重见表6。

3. 第一个完成转制试点。中国科学出版集团先后两次被列为国家转制改革试点。2005年3月中国科学出版集团有限责任公司在国家工商总局完成注册，成为第一家完成工商注册转制、冠名“中国”字头的专业出

表6 2006年科学出版社部分学科图书在全国所占比重

学科	品种			产值（万元）		
	全国	科学社	百分比（%）	全国	科学社	百分比（%）
数理化	4752	816	17.17	81890	8409	10.27
生物科学	1220	366	30.00	20744	5220	25.16
天文、地学	1155	159	13.78	13362	1785	13.36
医学、卫生	10324	810	7.85	220828	11587	5.25

注：表中数据来自《中国新闻出版统计资料汇编》. 北京：中国经济年鉴社，2007.

版集团公司。2007年4月科学出版社完成工商注册，转制成科学出版社有限责任公司，成为第一家完成转制的中央部委级出版社。因而获得中宣部、文化部、广电总局、新闻出版总署四部委联合颁发的“全国文化体制改革优秀企业”的称号，并在全国新闻出版局长会议上向与会者介绍了我们的做法和经验。我们自身由于早改早主动，争取到了更多的政策支持，仅享受改革试点的退税优惠政策一项，从1995年以来国家返还税收总额达3.7亿元，有力地支撑了我们的改制和发展。

由于有试点的优势，在员工身份转化过程中，我们既享受到中国科学院242个研究所转制的优惠政策，圆满解决了300余名离退休人员的待遇差问题，把他们保留在事业费的体制内，又依据国家有关文件精神，建立了在职人员的补充养老保险，较好地解决了这部分人员退休后事业单位与企业待遇差的问题。

4. 学术期刊出版规模全国第一。我们曾规划大力发展学术期刊，到2010年以前实现出版学术期刊400种，为未来科学出版社进一步转型成以传播科技信息为主要方向打下基础。到2009年，在科学出版社出版的学术期刊206种，其中英文版期刊28种，中文版期刊178种，年发表论文

24 000余篇，29种刊物被SCI（Science Citation Index，是由美国科学情报研究所于1960年编辑出版的一部期刊文献检索工具）收录，29种刊物被EI（Engineering Index，是全球范围内的一个数据库，被录入的文章都代表着权威与高质量，被每个国家所认可）收录，29种刊物被Medline（美国国立医学图书馆生产的国际性综合生物医学信息数据库，是当前国际上最权威的生物医学文献数据库）收录。

科学出版社这一传统优势得到了继承和发扬，目前在国内还没有第二家出版社有这么大规模的学术期刊出版。事实上国际大的传媒集团所关注的资源主要是这一块，因为他们的利润来源早已从图书转向学术期刊数据库了。

这四项第一是科学出版社之所以能够成为中国科技出版旗舰的核心基础，也是科学出版社品牌优势之所在。

二、创新变革形成六大优势

除了上述四个“第一”以外，我们在继承优良传统的基础上，通过长期培育和创新变革，形成了集团和科学出版社的以下六大优势。

（一）战略驱动的优势

在1996—2009年的14年里，经历四届领导班子和事业、企业两种领导体制，各项改革举措和重大的变革都是在战略规划的指导下一步一步推进的，这也是科学出版社管理方面的一个特色。社领导班子始终能以战略思维推进各项改革，始终把坚持“做正确的事”作为履职的指导思想，其结果是我们的改革始终在国内处于领先地位。

不同的历史阶段有不同的主要矛盾。针对各种主要矛盾提出战略性措施予以攻坚克难，广大干部职工不但要知道应该怎么做，还要从理性高度认识为什么要这样做，企业发展战略不但成为改革的驱动力，也是干部职工践行“科学人”价值观的凝聚力。

转制后的中国科学出版集团有限责任公司和核心企业科学出版社有限责任公司的发展战略目标已经清晰，并且各种发展条件已经逐步成熟，必将对集团和核心企业发展起到较强的指导和驱动作用。

中国科学出版集团的战略目标是要两手抓——抓住文化体制改革的体制创新的战略机遇期，按照中宣部和新闻出版总署提出的中国出版业经过改革，形成以中国出版集团（社科）和中国科学出版集团（科技）为国家级出版行业两翼的设想，把这两个出版集团放在国家层面上进行出版资源的重新整合。路院长当时是同意这样的设想的，我们当时也做过两次方案报新闻出版总署改革办。

抓紧建设国家（首先是中国科学院系统）科技数字资源平台，最理想的是与施普林格或爱思唯尔合资建设，引用他们已经建成的强势品牌来建设中国科技数据平台，使之成为中国科技成果的发布平台和国外优秀科技成果的引进平台，利用现代化的平台聚集新的出版资源。所谓“一个平台，两个中心”就是这个含义。

转制后科学出版社的主要战略方向是提升凝聚国内国际资源的能力，在数字化转型方面要有具体的时间表，把期刊的发展作为聚集信息资源的重点，在聚集院内资源方面要有所突破，充分发挥中科院的资源优势。没有中科院内资源集成优势就谈不上突破。专业化是数字出版的基础。提升专业化水平是提高竞争门槛，保持领先优势的重要基础。

（二）经营能力的优势

科学、技术、医学、教育各类图书的运行规律、盈利能力、市场定位都有各自的特性和周期，科学出版社已经形成与各类图书出版、营销相适应的运行机制，宏观调控和微观放活掌控适度，编辑效应和市场效应做到了较好的结合。

到2009年，每年争取到的出版资助费已近6 000万元，国家科学出版基金的50%由科学出版社获得，对外争取经费的能力大为增强。这种综合性经营优势的形成自非一日之功，也是国内其他专业出版社所不具备的。

（三）人才队伍的优势

从1996年到2009年，引进的各类人员可以把科学出版社原有的400多名在职人员轮换一次。从2004年到2009年的五年中即引进292人，其中2/3拥有博士、硕士学位，社本部348名编辑中，30岁以下的占到50%，30~50岁的占40%，具有硕士学位以上的占62%。

在科学出版社独有的导师培训制的培养下，青年编辑成长周期缩短，质量有所提高。原来培养一名成熟的编辑需要3~4年，现在可以缩短一年的时间。中层以上的编辑部门干部都是这些年自行招收培养出来的，已具备很强的竞争力。可以说人才投资的红利已经溢出，而且还有继续提升的空间。

本着专业人做专业事的理念，一大批管理干部也已成熟，发挥着管理就是服务、管理出效益的作用。

在业内评选各种优秀出版人物等奖项中，科学出版社也占有较大的优势。出版界最高奖项“韬奋出版奖”科学出版社先后有四人获此殊荣，他们是姚岁寒、丁乃刚、林鹏、向安全，这在出版界也是非常突出的。

（四）国际合作的优势

在对外合作方面，科学出版社起步最早、合作规模也较大。在发展战略驱动下，在建设“国外优秀科技成果引进中心和国内优秀科技成果发布中心”的实践中，逐步形成了聚集国外优秀出版资源的优势，从单纯以版权引进到引进与输出并重，从合作交往向合作出版转化，从单纯的学术交流向全面战略伙伴关系转化，从单纯的产品合作到资本合作向创建合资实体转化。先后走出去创办香港科华公司、美国纽约公司、日本东京出版公司，与日本、荷兰合资在国内建立东方科龙公司，与爱思唯尔建立合资翻译公司。

从2006年到2009年，每年引进和输出的版权都在200种左右，与国际上100多家大型出版社保持着经常性的贸易往来。

在2008年全国新闻出版局长会议上，我应邀在大会上做了题为 “深化体制改革，促进中国科技出版‘走出去’” 的发言。同年，商务部、新闻出版总署等四部委联合授予科学出版社“国家文化出口重点企业”的称号。

（五）专业化的优势

首先是人才引进、培养、使用的专业化，基本原则是“专业人做专业事”。科学出版社是一家综合性、多学科的出版社，因而各类专业人才都会涉及。在医学中心，博士就有好几位，有不少编辑都是从临床转入出版的。我曾开玩笑讲："我们看病可以不出出版社大门，自力更生就可以解决问题。"

专业编辑深入科研、教学第一线，参加学术活动，溶于学术活动，在与科研人员、教师的学术交流中交朋友，很自然地获得科研成果和教材等出版资源。考古学科还与北京大学组织跨世纪"现代考古"学术活动，主动邀请专家学者参加交流，出版者成为各项学术活动的主持者和倡导者，取得圆满成功，出版项目不请自来。

（六）专业培训不断提升专业化能力的优势

利用中国科学院访问学者的指标，或合作伙伴提供的条件，有计划地安排骨干人员走出国门参加专业进修。我曾说过："编辑部门主要负责人，不具备硕士学位，没有在国外专业公司进修，就不得上岗。"另外，安排在职攻读学位，只要拿到学位证书，社里就报销学费。每年出国参加图书展览人数都在增加，目的是扩大业务骨干的国际视野。

随着科学出版社的发展和人才队伍的成熟，专业化的优势已经很明显了。

三、战略管理形成八大基本经验

从1996年到2009年这14年中，中国科学出版集团和科学出版社在各个方面都取得了长足的发展，这些发展成果是在我们不断完善修正的总体战略目标的指导下实现的，也是我们战略管理的直接结果。在此过程中，我们所形成的基本经验可以概括为如下八条。

（一）始终坚持正确导向，不断提升出版理念

坚持正确的出版导向，以先进的理念、创新的精神，不断推进经营理念的创新。我们始终坚持“发展是硬道理”，以经营工作为中心，以人为本，不断解放思想，更新观念。

我们率先提出出版产业化，在出版社建立现代企业制度；我们率先成为首批试点集团和中央文化体制改革试点单位；我们率先探索专业出版国际化，申请成立第一家科技类合资出版社，并努力实践国际专业出版集团（STME）的发展模式；我们率先在出版社大胆进行内部体制改革，建立适合我社发展的运行机制和考核机制，不少出版社仿照实施；我们率先实行岗位责任制。这些“率先”使得科学出版社得以快速发展。

（二）贯彻科学发展观，坚持以人为本

我们紧紧围绕科学发展观，坚持以人为本，加强人才队伍建设。这个队伍包括一个班子，两支队伍。一个班子就是社领导班子，两支队伍就是编辑营销队伍和管理队伍。没有过硬的队伍，科学出版社长达14年的持续增长是根本不可能实现的。

（三）强化企业管理，精细市场运作

企业的发展，依托企业的管理。科学出版社在这14年中，建立了一套科学有效的管理体系，形成了自己的管理特色。

（四）坚持板块特色，培育发展品牌

科学出版社50年的发展，形成了自己的品牌特色，成为中国科技出

版界第一品牌，成为科学家的出版社。在这14年间，我们坚持把社会效益放在首位，实现社会效益与经济效益的高度统一，使计划经济下形成的品牌特色在市场经济条件下得到了继承和发扬。

（五）强化战略管理，完善企业战略

强化战略管理，制定和完善一套完全适合科学出版社发展需要的发展战略，来指导科学出版社的改革实践，这是我们在长达14年时间里保证科学出版社持续发展的根本所在。

（六）推动技术进步，提升管理效率

14年间，科学出版社的出版信息管理系统、技术设备的更新、网站的建立等，均为科学出版社提高管理水平，宣传企业形象，提高经济效益等发挥了重要的作用。

（七）建设企业文化，创造和谐氛围

企业文化是共同理念的基础，是员工共同准则的文化意识。经过14年的发展，我们形成了“团结、开拓、务实、高效”的社风；“敬业、创新、奉献、忍韧”的“科学人”精神；建立了“科学人”的道德规范：敬业爱社、团结合作，学习思考、进取开拓，真诚待人、光明磊落，市场竞争、有勇有谋。这些都为科学出版社创造了良好的企业氛围。

（八）集聚优质资源，探索国际化之路

14年间，我们十分重视集聚国内外优秀资源。我们与许多国际重要出版公司建立了良好的合作关系，与培生教育出版集团、施普林格出版社、爱思唯尔出版集团等200多家公司都有良好的合作关系，为科学出版社获得国际优秀的出版资源提供了保障。

四、品牌拓展，形成品牌群

科学出版社的品牌是建社60年、历经几代人的心血浇灌而成的。在计划经济事业单位的体制下，老一辈“科学人”把科学出版社的品牌做到了极致，形成的严肃、严密、严格“三严”作风和高层次、高水平、高质量“三高”特色的传统成为我们赖以传承的宝贵财富。

在国家从计划经济体制向社会主义市场经济体制转化的转型期，出版行业从事业体制转制成现代出版企业的转换期间，也是我在出版社主持工作的期间，有幸能在这个唯一的历史时期参与并主导科学出版社的变革与发展，是历史给予我们这一代人的机遇和应当承担的历史责任。在新旧体制、机制转换期间，传统与现实、现实与未来不断冲撞，不断变革，不断调整，以建立适应新体制的科学出版社的品牌。

在传统的体制下，科学出版社品牌以 “三高”特色为核心，目的是为科研工作服务，为科学家服务，为中国科技发展服务，主要的导向就是为作者出书。

而在市场体制下，要加上市场经济的元素，就是社会效益与经济效益要高度统一，产品要成为商品，并且要完成交换取得利润，这是企业的属性和追求所决定的。为此，就不仅要为作者出书，更主要的是为满足社会发展和市场需求，整个单位从任务型向经营型转化。这种边破边立、破中有立的情况难度要大得多，也复杂得多。但有一条永恒不变的使命就是为“科学出版社”这块金字招牌增光添彩。

品牌建设是企业发展中永恒不变的真理。我们把建成知名品牌作为核心竞争力的六大要素之一，从战略思维上把品牌建设放到首要位置，在实践中贯穿于我们改革创新经营活动的各个环节。14年间，我们在科学出版社总品牌下创造出若干子品牌，而子品牌的创立又给科学出版社这个总品牌增加了含金量。

下面几个小节回顾一下龙门书局、高等教育教材、文物考古分社和北京中科进出口公司四个子品牌从无到有，从小到大，最终做到业内翘楚，成为科学出版社子品牌代表的成长历程。这四个品牌分属四种不同类型：转制与公司化运作、传统业务推进延伸、分社特色运作和收购改造。

五、构建大“龙门”

龙门书局是科学出版社的前身，1954年公私合营后经新闻出版署批准，由龙门书局与中国科学院编译局合并成立科学出版社。当年8月1日科学出版社正式成立，这个日子也就成为科学出版社的社庆纪念日。

1993年，新闻出版署以1188号文《关于同意科学出版社恢复使用龙门书局名称为该社副牌的批复》，同意从1993年10月正式启用龙门书局副牌。当时申请恢复龙门书局副牌的目的就是希望突破原有的出版范围，可以出版一些有市场前景的文化类和教辅类图书，解决因专业分工科学出版社只能出版学术类专著而造成的经济上的窘境。当时宋木文署长和刘杲副署长也是从这个方面考虑，从政策上对科学出版社予以支持。

1994年年初，侯建勤社长主持办公会讨论龙门书局副牌的使用和今后的发展问题。大家一致认为，这是署领导对科学出版社的支持，先期要找几个人先运转起来，策划产品。我在会上谈了对龙门书局发展的看法：“对恢复‘龙门’副牌可以有三种做法。第一是口袋‘龙门’，现有的出版体制和方式不变，适合在‘龙门’出版的图书用‘龙门’的名义出版，适合在‘科学’出版的用‘科学’的名义出版。不同的口袋装不同的产品，最实用简单。另一种做法是小‘龙门’，即组成一个专门小组，组织策划、出版适合‘龙门’出版范围的图书。这种做法比较专一，也可以很快出产品，但是不一定能达到解决科学出版社因产品单一造成的经济困境，只能在现有基础上有所改善。第三种做法就是大‘龙门’，把‘龙门’副牌从科学出版社独立出来，真正成为一个相对独立的出版社。这样有可能做实做大，有可能创造较好的效益来解决科学出版社经济困难的状况。”侯社长在总结时说：“老汪的意见我赞同，从实际出发，先易后难，先期开发产品。”会议决定由董芳明副社长分管龙门书局工作。

到1994年4月，龙门书局成立了三个编辑室，一室主任郑飞勇，二室主任杨岭，三室主任樊友民。樊友民不久调到深圳去创办深圳分公司，由郑飞勇和杨岭二人抓龙门书局选题策划工作。不到半年时间，他们各自推出了丛书。郑飞勇组织列选了“金钥匙”丛书，杨岭推出“中华骄子”丛书。相比科学出版社的选题，发行量都大了很多。不久又推出《新三字经》，引起图书界的关注。这些产品虽然较之科学出版社的产品增加了发行量，但“金钥匙”丛书的年销售收入也就400万~500万元，还是处在起步阶段。

1995年12月，董芳明到郑州参加杨希祥主持召开的中学生教辅图书研讨会，有15家出版社应邀参加。杨希祥在会上发布了几套新书的选题信息，其中就有“三点一测”丛书。董芳明主动与杨希祥联系，争取与其合作将“三点一测”丛书在龙门书局出版。

“三点一测”是由杨希祥先生主编的一套大型同步类教辅书，供初、高中生与课堂学习同步使用。他组织了全国几个教育强省相当多的优秀教师，总结了教辅图书的特点，巧妙地把学生学习中需要掌握的重点、难点、知识点与综合练习结合起来，提炼成丛书名，这在当时无疑是一个创新，适应了教辅图书市场的需求。由于采用的是版税制，把主编和出版社的利益捆绑在一起，双方都十分注重市场效应。

1996年8月，“三点一测”丛书共27种图书首次印制2万套，一出来就被一抢而空。不少民营图书经销商提着大包现金、开着大卡车到龙门书局来直接提货。这是我们始料不及的。

“三点一测”一度成为龙门书局的标志性品牌，是全国同步类教辅图书的经典。后来，该丛书被评为“改革开放30年最具影响力的300本书”之一，其单本最大印数超过了800万册。

与杨希祥先生的合作，不但给我们带来几个大型的优秀选题，还给我们带来教辅图书的民营策划商、民营销售网络和不断变化的教育教材改革和教辅图书市场的信息，极大地增强了龙门书局的市场竞争能力。

董芳明副社长作为龙门书局恢复副牌后的第一任分管领导（对外称总经理），为龙门书局的起飞做出了重要的贡献。

郑飞勇从1997年12月出任龙门书局总经理，到1999年主动提出辞职卸任，在这两年时间里，龙门书局产品线不断扩张，新的“龙门”品牌逐渐形成。对郑飞勇辞职的真正原因，我至今都不清楚，只是听说他想到上海工作，换个环境；又听说教辅图书行业有不少书商鼓动他下海自己干。不管原因为何，我对郑飞勇的看法还是正面的。他于北京大学毕业，曾任科学出版社开发处处长，思维谨慎，市场观念强。我曾多次挽留他，没想到他去意已决，曾两次递交辞职报告，我只好随其所愿，同意他辞去龙门书局总经理职务，但他的离职报告我没有批准就退还给了他。在以身体不好为由离职两年后他又回来要求上班，听说是因为他与人合伙投资出版的教辅书销售情况不大好发生了亏损。我还是同意了他的请求，将他安排在期刊中心做质量把关工作。没有想到的是，不久就查出了身患肝癌，住院治疗。我到医院探视他的时候还跟他打趣说：“幸好你又回来了，要不医疗费谁给你报销？”人到这时，其言也善，他对我道了几声谢谢。郑飞勇去世后社里将他的补充养老保险一次性交给了他夫人。

郑飞勇辞去总经理职务后，我们选派韩立军接替。韩立军由社办主任调任龙门书局总经理后，工作十分卖力，在团队建设方面提出“龙门一家人”的理念，人气凝聚，有股子拼劲，为赶工期经常加班加点。社里下班后“龙门”的办公室经常还是灯火通明。连续几年订货会都准备得很充分，并且整出了特色。

韩立军对龙门书局的突出贡献在于，2000年由于版权纠纷，主编杨希祥拒绝执行“三点一测”丛书初中部分12种书的修订方案，这时离上市只有三个多月的时间了，本来打算放弃初中部分的再版。但韩立军有股子狠劲，在把初中部分的版权与杨希祥了断之后，他带领丛书责任编辑王敏等到清华大学附中找有经验的老师重新组织编写，从组稿到出书，连续加班，终于按期出版，补上了这套书初中部分的短板，使整套书的销量有了较大的增加。

韩立军任龙门书局总经理三年，龙门书局各项业务在此期间的发展都不错，出版品种达到了1 500种，年订货码洋达到近5亿元。

2003年，韩立军调整到期刊中心工作，由分管“龙门”的副社长刘培文兼任龙门书局总经理，姚平禄、韩安平任副总经理。刘培文接任后恰逢“非典”肆虐，因“非典”闹得新华书店、图书批发市场顾客锐减，教辅图书的民营出版商和出版社担心市场萎缩而放慢了工作节奏，有的出版社干脆都放假了。面对这种情况，龙门书局该怎么办？经过分析判断，我们认为这是一个极好的机会，市场一定不会由于这次突发事件就发生根本性的变化。龙门书局全体员工在做好防护工作的同时，仍然加班加点赶时间编辑加工、印制。这一年我们造货6.5亿元，而且一次性铺货，效果出奇的好。暑假开学前我们的铺货很快就出现了断档，抓紧重印。

到2004年，“龙门”在版图书达到2 000种，产值7.4亿元。这一年的考核利润达到近1亿元，而且总结出了“龙门”工作的24字方针：“选题领先，成本领先，渠道领先，优化结构，体制创新，龙门精神。”

在这里我要特别感谢龙门书局的全体人员，在“非典”肆虐、人心惶恐之时，编辑们加班加点赶进度，销售人员在全国各地跑网点搞市场调研，储运部门在酷暑高温天在铁皮屋顶的仓库里打包发货，是你们这样忘我的付出才换来了我们非常好的战果。

到2005年，随着教育领域改革的推进和新课程标准教材在全国的快速推广，中小学同步类教辅图书版本迅速增多，必然造成成本的快速增加，从而引发教辅图书出版者发生重大变化。首先是正规出版社基本上都相继退出了，像广西师范大学出版社、东北师范大学出版社等传统教辅图书强社的出书品种都迅速减少，还在继续大量出版教辅图书的大多是与民营文化公司在合作出书，教辅图书市场的主体已经成了民营公司。民营公司的运作机制和公司化水平经过几年的快速发展已经成熟，其效率和效益都势头强劲。其次，龙门书局的选题主要集中在高中同步类，小学和初中生用书撑不起品牌，结构相对单一。再次，就是退货报废率上升，效益下滑明显。2005年利润急速下降，到2006年反而出现了亏损。从盈利近一个亿到亏损800万元，来得太突然，真是始料未及。

龙门书局在1996—2004年作为“三点”战略中的利润增长点，为科学出版社基础理论、学术专著的出版和应用技术类图书这一新的增长点的培育，在经济上提供了强有力的支持。如果失去这个增长点的支撑，科学出版社的日子会难过得多。因龙门书局利润骤减，全社分配水平下降，社领导班子的奖金也随之下降。经过思考，采取了一些措施，首先是加强对龙门书局的领导，除刘培文外，向安全、张小凌也都参与到龙门书局的经营和销售工作中。针对竞争主体的变化，对龙门书局的体制机制进一步创新。

按照文化体制改革的有关政策规定，把编辑与经营分离，经营部分公司化，并且试点推行经营层持股。我们决定把龙门书局公司化作为文化体制改革的内部试点来推行。

从中国科学出版集团转制方案中可以看出，我们把龙门书局规划为独立的出版社。按照这种设想，2007年对龙门书局进行了股份制的公司化改造，调整了龙门书局的领导班子，成立了龙门书局董事会和经营班子。启动成立龙腾八方，作为龙门书局的经营实体，计划工商注册资本金1 000万元，社里投入835万元，经营层和骨干投入165万元作为红股，持股比例为16.5%。经出版社改革办、社财务部审核和社长办公会议讨论决策，就这样推行了。为了动员经营层持股，我曾说过：“龙门书局现在碰到困难是暂时的，相信一定能走出谷底，触底反弹，再造辉煌。如果你们现在不敢入股，怕亏本，那么我带头入股。如果你们都入了，没有指标了，我就不入了。分管龙门书局的刘培文要带头入股。”经过一段时间后，龙门书局的管理层把165万元凑齐了，也就完成了工商登记。

我多次鼓励龙门书局，要在体制创新方面先行先试，从而为科学出版社各专业图书出版中心的放权、考核、全成本核算，最终实现各中心公司化，为实行股份制改造积累基础经验。我深信，这种体制创新必将极大地推动科学出版社品牌建设，为经营效率和经济效益的提高起到不可估量的作用。

当时我也注意到，这样做会不会造成国有资产的流失？会不会留下什么后遗症？经过分析我们的结论是否定的。主要理由是，经营和编辑分开是有文化体制改革的政策依据的。就经营层持股来说，中国科学院国科控股所属公司都是这么执行的，唯独科学出版集团因行业的特殊性没有操作。事实上当年杨柏龄副院长曾当面向我提出过，中国科学出版集团可以搞分红权的改革。从2004年后正规出版社基本退出教辅图书出版，主要是因为风险太大，当年出版的新书如果不能在当年卖出去，基本上就都要报废，市场操作风险极大。我们要坚持下去，就必须有比竞争对手更好的体制和运行机制，最起码也应当是公司的体制和机制，才谈得上与他们竞争。从2004—2006年连续三年的经营下滑，我们尝试了各种办法，甚至我自己跑到前台去面对面地参与营销也收效甚微。我觉得根子就在于体制、机制不适应竞争的需求。如果再不改变，真的是回天无力了。也是抱着搏一搏的心态一试。再说我们拟定的分红权仅限于在职的经营班子成员持有，并不是一般意义上的股权，如果持股者因工作调整离开龙门书局的岗位或者退休，公司将按照当时的经营状况回购股份，不存在国有资产流失的问题。科学出版社作为龙门书局的出资人占有83.5%的分红权，处于绝对控股地位。

2007年龙门书局改制成立“北京龙腾八方文化有限公司”，对公司的总经理实行社会公开招聘。我曾动员龙门书局在福建的销售总代理林其辉参加竞聘。林其辉说他是体制外的人，应聘做总经理工作难度会很大，表示可以作为副总经理协助龙腾八方搞市场营销工作。科学出版社营销部主任黄正平是武汉大学发行专业毕业，在科学出版社销售部门工作多年，对图书市场有比较深的了解，还专门被派遣到日本欧姆社进修半年，担任龙腾八方公司总经理的条件比较成熟。在经过竞聘答辩后，社领导班子决定聘用黄正平担任龙腾八方公司总经理，刘培文代表科学出版社出任董事长，林其辉、柴雨亭任副总经理，姚平禄、田烈旭任副总编辑。

2007年龙门书局经营有所好转，从上年的亏损到了盈亏平衡。这给我们推行经营层持股也提供了机会，因为盈利的企业经过评估后资产会过大，经营层投入的资本金就会更大，推进起来困难也自然会大很多。

龙门书局做了公司化改制后，机制发生了根本性的变化，打破了按产品划分的分社制，调整为策划中心、教材中心和生产中心，将原有的编辑功能分离成策划和编辑加工的功能。销售业务从科学出版社剥离出来，成立龙门书局销售中心。储运、生产也由龙门书局独立运作，财务上账目单列，全成本单独核算。总之，凡是公司运作需要的权责都赋予公司了。

龙腾八方自行制定新的规章制度和考核奖惩办法，全面梳理、优化产品结构，检讨过去成本虚高的原因，全面控制各个环节的生产成本和管理成本，采取了调整版式、压缩印张、节约原材料和印制成本等一系列措施。到2008年，龙门书局的经营状况大为改善，彻底扭转了连续下滑的局面，触底反弹，产值达到5.25亿元，实现考核利润545万元，现金净流入2 419万元。2008年年底，调整林鹏作为分管领导担任董事长，龙门书局的经营工作更加顺畅了。

在公司化之前，我不断地过问龙门书局的经营情况。改制后，我落得清闲，很少过问他们的事了，但效果却明显不一样。到2009年，龙腾八方的产值达到7个多亿，利润回升到2 000多万元。

说到龙门书局走出困境，不得不感谢时任龙门书局副总经理兼龙门三分社社长韩安平以及他极力坚持列选的《黄冈小状元作业本》丛书。韩安平1993年在去英国工作之前就编辑出版了数种获得省部级以上奖项的专著。1996年他回国后，经过交往了解，我看是个人才，不久我就提拔他为龙门书局三分社代理社长，主持三分社的工作。1999年接替韩立军，担任科学出版社办公室主任。2003年年初，回到龙门书局，任副总经理兼三分社社长。当时的三分社刚刚成立，只有两名员工。韩安平到任两个月后，拿着《黄冈小学生家庭作业本》丛书的选题介绍材料来找我。他跟我说，他在英国的时候一直就在关心西欧的中小学教辅图书市场情况，回国后一直想策划出版一套小学生的作业本。现在湖北团风中学万志勇老师提出了一个编写方案，他觉得特别好，一定会有市场的。他十分肯定地跟我说："即使龙门书局现在在版的这些教辅书都死光了，这套书也会很好地活下来的。"

他之所以直接来找我，是因为当时的情况是，龙门书局有包括"三点一测""走向清华北大"在内的十多套大型教辅图书，每套书都有近百种、码洋上千元，而这个小学生作业本只有16种，套书码洋也就几十元，所以龙门书局的编辑部门和销售部门都不怎么看好这套书，如果不能得到我的直接支持，这套书恐怕很难列选。

我想，既然他这么看好这套书，而且小学生用书一直就是龙门书局的短板，不妨让他试一试，即使不成功，估计损失也不会太大。就这样，在选题论证会上，我首先表示同意列选。因为没有人提出反对意见，这套书也就通过列选了。但我觉得原来的书名不是很好，应该改一改，当时我就建议给它取名《黄冈小状元作业本》。

因为是首次出版的新品种，加上龙门书局对小学生教辅书市场的占有率基本上为零，在龙门书局当年举办的全国图书民营代理商订货会上其订货量也就一万套左右，所以首印确定为两万套。发货没多少天，韩安平又拿着一份报告来找我，说各地代理商反映这套书销售情况很不错，但他们普遍认为我们给的折扣五五折太高了，现在市场上同类书的折扣最高的是四五折。为此，他写了报告，要求社里能把这套书的折扣降下来，按五〇折与代理商结算。他说，如果结算折扣不做调整，代理商的积极性很难调动起来，恐怕这套书出版后第一年就会被做死。我叫他先找协管经营的总编辑向安全说明情况。没过一会儿，他拿着向总编辑批准的签字回来了，我也就签了“同意”降低五个点的意见。在销售过程中对单套书结算折扣做出调整，这在龙门书局还没有先例。

由韩安平任责任编辑的这套书的第一版，首印加上加印共三万套在半年内即销售一空。在他们没有做任何宣传推广工作的情况下，北京市东城区教委在当年即将其作为小学生作业本向全区各小学推荐使用。从这一点就可以看出它的优势和市场潜力来。

经过十余年不断的修订完善，《黄冈小状元作业本》已经成为全国知名的品牌。其中，小学1~3年级学生用书中有四种被中国书刊发行业协会评为“2008年度全行业优秀畅销品种”，4~6年级学生用书有七种被该协会评为“2009年度全行业优秀畅销品种”。龙门书局和主编万志勇围绕这一知名品牌也不断拓展选题范围，努力培育市场，到2013年时，已经开发形成了“黄冈小状元”系列，总品种达300多种，以《黄冈小状元作业本》为主，年产值达4.6亿元，销售收入1.15亿元，成为龙门书局

最强大的经济支柱。北京开卷公司2013年图书市场统计结果显示，龙门书局的“黄冈小状元”系列占有小学生用书市场15.02%的份额，位居第一，领先于位居第二名的陕西人民教育出版社同类书市场占有率5.6个百分点。

《黄冈小状元作业本》成功的原因是多方面的，但实事求是地说，如果没有韩安平当初的一再坚持和对市场销售情况的跟踪，如果没有我的直接支持，就不可能有今天的“黄冈小状元”系列。出于对韩安平的了解和信任，我破例支持了他的意见，没想到却得到了“无心插柳柳成荫”的收获。

龙门书局自恢复副牌社以来，作为“三点”产品战略中的利润增长点，累计为科学出版社贡献利润4亿多元，有力地支持了科学出版社专业类图书的培育和发展。

1999年，龙门书局被誉为中小学教辅图书领域的三驾马车之一。2001年被《中国图书商报》（现名《中国出版传媒商报》）誉为文教类图书新六家之首。2008年，《中国图书商报》《中国新闻出版报》等报刊联合评选改革开放以来最有影响力的300种图书，“三点一测”丛书以总发行量500万套列选，已远远超出一般教辅图书的影响力。龙门书局教辅图书的品牌在国内市场已得到公认和确立，并将继续谱写新的辉煌。

六、向教材进军

科学出版社的前身龙门书局就是以出版大学教材起家和发展起来的。科学出版社成立后也一直都出版有少量的大学教材，例如《计算机组成原理》多年来一直被评为优秀教材，被各大专院校广泛使用。原第四编辑室组织出版了“沿海版”中学生用《化学》教材等。尽管如此，总体上说来，那时出版的教材一则品种少，二则码洋不大，还谈不上市场影响，在一般人的眼里教材出版只是科学出版社的一个副业。

1997年1月，在社工作会议上，我分析了科学出版社未来发展的定位问题，提出科学出版社未来几年要形成四个方面的特色：第一，保持和发扬学术专著、基础理论、基本资料的出版特色，做到高水平，少而精。第二，大力拓展应用类技术的出版，把主要精力投入到国民经济建设主战场。第三，形成高水平的培养人才的系列教材，下大力气进入这个领域。第四，重点形成以科学技术的基本资料为基础的工具书、辞书特色。当时，我们虽然已有三四十种教材获得国家教委的教材奖，但是教材在整个选题结构中仍然属于副产品，还没有充分进入国家和地方教委推荐使用教材的主系列，更没有作为我们今后发展的战略方向。只有到“我们的系列教材开发成功、形成特色之时，就是科学出版社经济上的翻身之日”，并布置了教育类图书下一步的五个突击领域：中小学教辅、教材，大学本科生基础理论教材，研究生教材，职业中学教材，在职干部培训教材。

我在会上还讲，现在发展得好的、规模能上亿元的出版社，有两个条件：其一，有行业保护的出版领域，比如中国地图出版社，全国中学生用地理教材只能由他们出版，其他出版社没有出版资质；其二，以教育为主要出版方向的出版社，例如高等教育出版社、人民教育出版社、江苏教育出版社等，都是强社、大社。我说的教材起来之时，就是我们的翻身之日，就是要理直气壮发展这个领域的特色。

2000年，中国科学院教育与国际合作局余祥林局长组织编写了中国科学院版研究生系列教材，有100多种，涉及中科院研究生教育大部分学科，由时任副院长白春礼任编委会主任，各学科的正副主编均由院士担

任，教材的编写者都是在教学第一线的资深教师。这套教材的出版成为我们成系列地进入教材出版领域的一个新的起点，也为科学出版社教材品种建设奠定了基础。

到2002年年底，在科学出版中心内教材板块已经形成5 000万元产值的规模，可供教材已达800种。科学版教材以品质较好，在专业课程教材领域有优势，得到各高校的认可，在专业课教材领域形成了一定的影响力。但是也存在明显不足，主要是从学科建设的角度看，还没有形成系统，分得过散，有的专业课教材编写难度很大，但使用量却很少。

按“立足科技，面向教育”的战略方向，以及“相关集成，转换机制”，形成新的竞争单元的思路，从2003年开始把教材的出版从科学出版中心剥离出来，成立了高等教育分社，从组织机构上促进和保证高等教育教材能专业化发展。

在高教分社社长胡华强的带领下，经过三年的发展，到2005年实现了翻番的目标，产值规模接近亿元，可供教材达到1 500多种，教材的重印率接近70%。聚集了一些优质教材出版资源，沉淀了一批精品教材。最主要的是高教分社已经发展到30多人，形成了一支可以专业化操作教材的编辑和营销队伍。他们提出了要进入我国高等教育领域主流教材供应商的目标，在业务发展方面做到六个同步：

1. 教材出版编辑意识、理念与专业社、强社同步；
2. 选题策划方式、手段与专业强社同步；
3. 营销理念、运作方式与专业强社同步；
4. 产品结构分布与教学改革的发展及专业设置同步；
5. 产品的立体化程度与市场需求同步；
6. 人才培养与事业发展需求同步。

为了加强教材的出版，我们还把计算机业务部的定位从出版计算机图书调整为高职、高专教材的出版分社，着力补齐我们缺少高职、高专教材出版这一短板。

医学分社除了本身的业务外，也在努力拓展医学类大学、高职、高专教材出版。

这三块成为科学出版社高等教育教材的出版机构，总体上由分管社领导统筹各方面的发展和协调。

到2006年我们确定“十一五”翻番的目标，机构和机制调整从竞争环节向竞争单元转化，在分社形成规模的基础之上设立中心，进一步下放权力，促进各中心成为参与市场竞争的主体。高教和职教教材出版分社分别调整为高等教育出版中心和职业教育出版中心，进一步加快了教材的出版。

从“十五”国家级规划教材只有23种起步，到“十一五”国家级规划教材达到789种，占全国总数11 765种的6.6%，居全国各出版社排名第三位，本科教材居第二位。到“十二五”期间，普通高等教育国家级规划教材是1 102种，科学社有71种，占总数的6.5%，居第二位；有职业教育国家级规划教材248种。可供教材达到5 000种，获奖教材达到1 000种。年发货码洋达到5亿元，成为科学出版社主要的经济增长点和利润增长点，形成了科学版教材的知名品牌。

七、圆梦进出口公司

1993年年底，我到科学出版社上班不久，侯建勤社长让我研究一下能否建立一家科学出版社主办的图书资料进出口公司，她说这对从事科技出版业务是很有好处的。她跟我讲：“我与中国科技图书进出口公司陈卫疆总经理很熟，他们在德国有个办事处，有机会你可以去看看。”

当时我对图书资料进出口公司没有什么了解，只是跟侯建勤社长说：“我了解一下情况吧。据我现在的估计，出版社要办进出口公司难度可能会很大。”不久，我找了副社长丁乃刚、总编助理石树德，还有郑飞勇到我办公室，开了个小会研究侯社长的意见。大家一致认为，科学出版社办进出口公司可能性不大，因为这是个特殊行业，得经国家经贸部审批。我把讨论的结果报给侯社长，她也没说什么，但我看得出来这是侯社长的一个梦。

（一）收购中国科技图书资料进出口公司

1998年7月，党中央做出了部队不得经商的决定，要求已有的所属企业一律限期脱钩。总部设在天津的中国科技图书资料进出口公司，也是需要脱钩的单位之一，这家公司创办于1993年，其主要业务在北京。科学出版社出版的《牛顿—科学世界》杂志主编徐津津是天津人，她在得知该进出口公司将要脱钩，正在找接手的下家后，将这件事向我报告。我当即决定由徐津津代表社里与该公司接触，看看接手这个公司的可能性和相关条件。经徐津津先期与其北京公司总经理张典跃多次接触摸底了解到，该公司每年的进出口业务总量只有300余万元，公司的固定资产只有一辆“桑塔纳”牌小轿车和几张办公桌。我们也到该公司在中关村租的一套两室一厅民用房办公场所去看了，有十多个人在里面办公。

张典跃是北京市电子研究所的研究员，很有学者风范，我们之间的沟通也比较顺利。他对公司能进入中国科学院还是很看好的，认为成为中科院的公司后进出口公司发展会更有前途。所以，张典跃向其在天津的领导极力推荐，希望促成这件事。在他的帮助下，北京公司为我们排除了其他有意收购该公司的竞争对手。在收购金额上，他们开出了400万元的收购价，因为该公司的注册资金就是这个数。经过讨价还价，最终达成300万元人民币的收购协议。在张典跃的安排下，公司在天津的法定代表人吴总于1999年年底来到北京，在出版社看到我们的办公环境也较满意，最后吴总与我签订了转让协议。我跟吴总讲，中国科技图书资料进出口公司由中国科学院接手比较名正言顺，办手续也比较简单，如果是其他单位收购就不一定了，搞不好不仅转让款收不到，连公司营业执照都会被吊销。签完转让协议后，我们即预付了200万元，剩下的100万元我们答应等办完过户手续后再付。协议签署后，双方各自向主管部门打报告，进行公司交接，于2000年公司更名为“北京中科进出口公司”之后，剩下的100万元因对方没有将小汽车交过来，拖了一段时期，但最后我们还是把余款付清了。

这次收购活动是由我、向安全、徐津津全程参与的。他们俩做了大量的工作，克服了许多困难，终于圆满完成收购进出口公司的任务，实现了科学出版社办进出口公司的夙愿，也圆了老社长侯建勤当年要办进出口公司的梦。这为中科进出口公司成为中国科学出版集团成员单位奠定了基础，也使得中国科学出版集团成为全国仅有的三家办有进出口公司的出版集团之一。

（二）引进人才

这次收购实际上只买了个进出口公司的壳，在接手的十多个人中，真正搞进出口业务的只有三四个人，年营业额只有300多万元，公司实际上是处于亏损状态。要使该公司发展起来，关键在于人才。科学出版社现有的业务干部里没有从事进出口业务的，只得眼睛向外挖人。为加强

进出口公司收购后的改造工作，由我兼任总经理；徐津津任常务副总经理，主持公司工作；聘任图书资料进出口业内有影响力的资深人士邓华作为公司的顾问。邓华原在教育图书进出口公司工作多年，又在外资的中国办事处任过职，对进出口业务和国内市场都有较深的了解和较好的人脉关系。邓华推荐中国地质图书馆馆长于萌来担任主持业务工作的副总经理。据了解，于萌毕业于北京师范大学图书情报专业，已在地质图书馆任馆长三年，正教授职称，年龄37岁，是个不可多得的人才。经过几次沟通，于萌同意调到科学出版社，出任进出口公司副总经理。我曾问过于萌为什么能放下馆长的位置到进出口公司工作，他回答说："我还年轻，做科技图书资料进出口业务既符合我所学的专业，又更具有挑战性。"之后，我们又从教育图书进出口公司引进孙永中做销售副总经理。孙在教育图书进出口公司工作多年，对这块市场很熟悉，而且年富力强。就这样，以徐津津为常务副总，以于萌和孙永中为副总和以邓华为公司常年顾问组成的经营班子正常运转起来了。徐津津大气，有较强的开拓性和对全局的把控能力，于萌是精通业务的学者型领导，孙永中有较强的市场开拓能力，邓华则从整体业务发展战略上把关，并参与重大事项的决策。这样，他们就形成了一支既稳健，又专业，又有开拓精神的领导团队，为公司的发展打下了坚实的基础。其实我挂名总经理一职，只是帮助他们多解决了一些困难和为公司的发展创造了条件，在起步阶段从社里以内部贷款的方式，给了他们以较大力度的支持。

（三）规划方向

全国大大小小的图书报刊资料进出口公司有几十家，北京中科进出口公司又是一个典型的后进入者。中国图书进出口公司、教育图书进出口公司和中国国际图书进出口公司这样的大公司都已经运作几十年了，早已把书刊资料进出口市场份额切分完毕，市场竞争到这时候的情况是“你多吃一口，我就只能少吃一口”。在业务发展方向上经过反复酝酿，形成“以传统纸介质书刊进出口业务和电子资源产品代理业务并重，优先发展网络和文献资源数据库代理和增值服务”的发展战略规划。这个规划是顺应市场需求的变化趋势，以引进资源优化为核心，以业务板块化为目标，以服务体系优化为方向，创造新型的经营模式和超值服务，以此来占领市场，促进公司快速成长。

这个战略方向的选择完全符合市场未来发展的需求，同时也避开了在传统领域的过度竞争。这个方向的选择得益于公司领导班子专业化的判断力，从而也最终形成了中科进出口公司的核心竞争力。

（四）转换机制

北京中科进出口公司从一开始就是按公司化体制运作的。因为都在科学出版社大院内办公，我反复向公司强调，要保持公司的独立性，不要受社内事业体制和制度的影响。要建立一套符合公司情况的、有效率的公司运行机制。公司在用工、聘用干部和薪酬体系等方面都应该有别于社里的单位和部门。反过来社里能争取到的中国科学院的优惠政策将尽可能支持公司享受。例如在解决骨干人员进京指标上，在高级职称评审和聘任上，都与出版社的员工一视同仁。

2007年科学出版社完成转制后，进出口公司也有进一步转制的任务，到2009年重新进行工商注册登记，转制成北京中科进出口有限责任公司，成立了公司董事会和经营班子。因当时正值出版社领导班子调整期间，转制后进出口公司的领导班子还没有宣布我就退休了。

（五）稳定队伍

2000年收购时转交过来的职工中只有三四位是真正做进出口业务的工作人员。经过十年的发展，到2009年时公司已有100多名员工，已经形成三大业务板块的业务团队和一支精干的管理队伍。

进出口行业人才流动性大，竞争激烈，不光是国内公司之间的竞争，主要还有国外大的出版公司和代理商在华分支机构的竞争。他们经常给出高于我们一倍的收入来挖我们的骨干，造成不少骨干流失。我曾开玩笑地说："我们是外资企业的黄埔军校。"

中科进出口公司为稳定队伍，采取了若干有针对性的措施：从公司文化建设方面树立"我与公司共同成长"的理念，把个人发展和公司成长有机结合起来；多做正面宣传，稳定骨干人员；设立基金，奖励关键岗位骨干，适当增加他们的收入；把出国参展和陪同客户等作为一种奖励措施，因人施用；争取社内支持，优先解决夫妻分居进京指标，显示在中国科学出版集团的优越性和示范作用；宣传科学出版社改革发展的大好形势，激励员工和骨干，等等。

通过以上措施，虽然不能完全杜绝骨干人员的非正常流动，但也起到了相当大的稳定作用，比较好地维系了骨干队伍的稳定。

（六）创建品牌

由于战略选择方向对路，中科进出口公司经过发展逐渐形成了三大特色优势，从而成为业内有竞争力的品牌。

1. 数字化产品的优势。公司从代理几家国外数字资源产品开始，经过十年已发展到现在代理引进涵盖国外知名学会、协会、商业出版社、政府机构、国际学术组织出版社等200多个数字出版资源产品。可以说在国际上最优质的资源引进业务中，其数字资源产品即文献资源数字化产品的市场份额，到2010年已达到全国引进数字化产品的40%以上。这是与国内同行比较我们占有的独特优势，也是中科进出口公司独有的竞争力。

2. 创新引进资源加服务模式的优势。率先采用买断国外大型数据库的经营模式，使公司能以更加灵活的方式开展分销业务，创造了行业内专业公司代理引进的新模式。由公司按地区行业协会集中采购后分销到各专业协会，既做到专业细分，又降低了采购成本，受到用户极大的欢迎。

3. 资源整合、服务创新的优势。从2000年就开始参与中科院创新文化资源建设，在分析馆藏和对国内外主要图书馆分析比对的基础上，提出利用有效的经费构建资源共享保障文献资源的建议。2004年参与中国高校文献保障系统的西文期刊目库建设，为该库形成有机的知识组织和服务体系，形成有效资源共享提供咨询和服务，实际上是提供专业化的服务，促进资源共建共享，从中巩固和开拓市场。如果没有这方面的专业水平和业务能力是很难做到的。

经过十年的发展，到2009年中科进出口公司已发展成年经营额3.4亿元，年利润总额达1 866万元的百人公司，在全国46家书刊资料进出口公司中占有25%以上的市场份额，占据行业第三的位置，与位居第二的中国教育图书进出口公司不分伯仲（见表7）。

表7 北京中科进出口公司2000—2009年经营财务数据

单位：万元

年份	主营收入	利润总额	净利润	总资产	净资产	注册资本
2000	1694	62	38	871	187	135
2001	3320	178	100	1393	269	135
2002	7338	296	174	3320	427	135
2003	12028	331	187	9113	569	135
2004	14797	445	263	4688	800	135
2005	14068	530	302	3558	1103	135
2006	15534	743	436	6692	2193	135
2007	19307	736	287	6294	3007	1133
2008	27251	1294	960	13371	4301	1133
2009	34081	1866	1386	11791	5340	1133

八、考古文物出版的崛起

中国科学院建院伊始，自然科学和社会科学的研究机构是一体的，所以科学出版社成立之初的出版范围和服务对象是包括社会科学的，考古、文物图书和资料理所应当属于科学出版社的出版范围。

1977年，以中国科学院社会科学哲学学部为基础组建了中国社会科学院，考古、文物类图书资料的出版归属于社会科学范畴，所以，尽管在20世纪90年代之前，这块业务一直由科学出版社综合编辑室承担，也曾出版过一些有影响的考古和文物方面的学术专著，但出版品种已经很少了。到20世纪90年代初，科学出版社成立了第十一编辑室，由胡华强任主任，内设考古文物编辑部。他们组织出版了一套由胡华强任责任编辑的“中国历代珍稀法典”丛书，产生了较大的影响。科学出版社又开始继续出版文物、考古类的图书，但规模不大，年出书有10多种，生产码洋约100万元。

（一）破格选拔首席策划

1998年夏季，一年一度招聘新员工的工作又开始了，考古文物编辑部提出要增加编辑的申请，所以这一年在招聘新员工中增加了考古专业的应届研究生。新员工要经过编辑部推荐和招聘小组答辩，最终由社长面试后决定是否聘用。

在由社领导和有关部门负责人组成的招聘小组的面试中，闫向东的简历引起了我的重视：首先，他是北京大学考古专业硕士生，导师李伯谦是国内夏商周考古研究的知名教授。其次，闫的背景不错，山西大学考古专业毕业后曾经在山西师范大学当了两年的老师，是有工作经历的。再有一点就是，他对科学出版社文物考古类图书的出版有不少了解，并充满信心。他在面试中讲，一定能够恢复科学出版社的考古文物出版，并将其发展成为文物出版领域具有竞争力的品牌。他能有这样的认识和抱负，正是我们所需要的人，今后应该会有很大的发展潜力。我简单地问了几个问题，很快就签字同意聘用。其他应聘人员看到他这么快就拿到了社长的签字，还以为是有什么特殊的关系。其实什么关系也没有，只是科学出版社考古类出版业务发展急需人才，而他的背景和面试表现也令我相当满意。

2000年，为了促进各板块的发展，社里决定在青年人中启用一批首席策划。设置首席策划岗位的目的是进一步加强各板块的选题策划能力，使我们的出版物更加贴近市场、贴近读者。第十一编辑室主任胡华强因负责化学和考古两个部门的管理工作，而他是武汉大学化学专业毕业，考古编辑部很自然需要配置一名首席策划以主持考古编辑部的工作。有人向我反映，闫向东虽然到社时间不长，但组稿能力已有所表现。当时，考古编辑部还有两位早于闫向东进入出版社，而且也是北大毕业的女编辑杨新改和王霞。经我了解，她们的文字加工能力比较突出。考虑到作为首席策划还是要用组稿能力强的，最后决定由闫向东做首席策划。就这样，闫到社工作只有一年多就被破格提拔为首席策划，作为考古编辑部的负责人。估计是闫的破格提拔刺激了他的两位学姐，不久闫的那两位学姐都相继离开了出版社。所以说，破格启用闫向东我们还是付出了一定代价的。但事后证明这种选择是正确的。

（二）融入学术活动，聚集出版资源；促进学术交流，做好专业服务

文物考古是一门集社会科学、自然科学和人文科学为一体的研究领域。随着中国经济快速发展和文物考古法律法规的建立和完善，我国文物考古专业进入了一个快速发展的时期。国家大型工程的启动和基本建设项目的不断铺开，使文物考古项目和研究课题呈现井喷的现象。文物考古单位实力不断增强，各种大型考古项目不断出现，研究成果快速增长，学术思想也空前活跃。

针对这种情况，闫向东主持的考古分社没有按传统专业编辑直接深入研究机构去寻找出版资源的方式运作，而是以实践中形成的“促进学术交流，做好专业服务，做强专业出版”的理念来聚集出版资源。他们认为：

1. 学术出版是科研活动的总结归纳阶段，是科研成果的主要表现形式，也是科研工作的有机组成部分，是科研工作不可或缺的环节。

2. 科学研究的成果和信息交流的重要形式是进行学术交流活动。而学术交流活动的主题是否有前瞻性和科学性，是否能引起业内的高度关注而成为热点议题，决定了学术交流活动能否引起人们关注的程度。学术活动是专业出版信息的最好来源。

3. 科学出版社的品牌在学术界具有较强的感召力。由科学出版社组织有影响力、有号召力和有吸引力的学术活动平台，必将聚集大量的出版资源，形成信息资源的高地。

基于以上认识，他们认为策划学术活动是做强专业出版的一条捷径。2002年在一次周例会上，闫向东提出要组织“新世纪中国考古学传播与学术研讨会”，这次研讨会提出“公共考古学”的新概念，这符合中国考古学发展方向，是考古学术界热议的话题。组织这次学术会议将会提升科学出版社品牌的含金量，会团结和联系业内专家学者，提高他们对科学出版社品牌的认知程度，对整合文物考古出版资源具有重要意义。

我觉得他的意见很有道理，给予了肯定，并同意他们写专题报告报市场部。这次学术活动聚集全国各地考古研究机构的所长、专家和高等院校学者共100多人。会议得到中国社会科学院学部委员、考古研究所所长刘庆柱，北京大学教授李伯谦的指导和支持，他们两位都做了主旨发言。会议的成功召开，在文物考古界影响至今，同时也夯实了科学出版社文物考古分社的品牌和资源。

值得一提的是，为了保持会议学术交流的纯粹性，在组织会议过程中，明确规定了会议期间不开展任何形式的组稿和图书销售活动，但是，会后主动投稿和联系出版的项目却纷至沓来，应该说是一次成功的策划。

2007年7月16—20日，在内蒙古呼和浩特市举办“中国大遗址保护学

“新世纪中国考古学传播与学术研讨会”代表合影（2003年，前排右九为作者）

术会议”。这次会议由我社与中国社会科学院考古研究所、内蒙古考古研究所三家联合举办，开创了在京外召开学术会议的新形式。参加会议的有业内专家学者200多人。这次会议是全国首次召开的以大遗址保护为主题的学术会议，交流活跃，论文和发言水准都是一流的。不少经常在电视台考古节目露面的专家都在会上做了报告。

从2003年以来，文物考古分社先后策划举办了九次学术活动。除上述两次外，还有2005年11月在科学出版社内召开的“中国玉器考古论坛”；2008年4月在北京潘家园举办的“中国瓷器高峰论坛”，参加人数达数百人；2010年，《中国传世玉器全集》（共8卷）首发之际，举办了“世界著名博物馆藏中国玉器论坛”，邀请到了收藏中国古代玉器较丰富的英国大英博物馆、美国大都会艺术博物馆、加拿大皇家艺术博物馆、故宫博物院等单位的专家，就他们收藏的中国玉器做专题介绍，与到会的专家和玉器收藏者做交流，同时也促进了《中国传世玉器全集》

的销售。

在不断实践的基础上，闫向东逐渐形成并总结出“融入学术活动，做强专业出版”“做专业务，做强品牌”“立足知识创新源头，实现科研成果转化与传播”等一系列出版理念，并有效指导文物考古分社的工作。

（三）精品创品牌，品牌出精品

科学出版社自恢复文物考古出版以来，已出版1 000多种图书，其中所有的大型丛书从策划到出版大多历经七八年的时间跨度。组织策划大型出版项目是品牌持续建设的需要，也是时代的要求。通过抓大项目也彰显了科学出版社的出版实力。

1. “长江三峡工程文物保护工程项目”。120多个品种，是全国120多家文物单位历时15年的研究成果，完整记录三峡水库永久淹没的历代文化遗址资料，学术价值不言而喻，资助出版费总计将达4 000万元。目前已出版50余种，已获得资助1 600余万元。

2. “南水北调工程文物保护项目”。总册数为100多卷的大型系列丛书，从2005年启动，至今已出版25种，已获得资助650万元。预计总资助额为2 000万元。

3. 《中国出土玉器全集》。共15卷，中英文对照。收录中国考古发掘出土的玉器4 000余件，涵盖80年来田野考古出土玉器的精华，参编单位有286家，参加编写的文物专家上千名，是鉴定玉器的权威之作。

4. 《中国出土瓷器全集》。共16卷，中英文对照。全国300家左右文博单位、1 500多名专家参加编撰。是国家“十一五”重点项目。该书是中国古代瓷器的基本资料，也是中国古代瓷器鉴定的标尺。

5.《中国传世玉器全集》。共8卷，收录自新石器时代至民国传世玉器2 000多件。全国百余家文博单位300余位学者参与编写。

6.《中国出土壁画全集》。共10卷，收录从东汉到明代3 000余幅出土精美壁画，多为墓室壁画。由于壁画数据难以保存，该书具有挽救性出版的重要意义。40余家文博单位的百余名专家参与撰写，先后历时7年，于2012年出版。

大量精品图书的出版铸就了科学出版社文物考古类图书品牌，反过来又催生出一批批新的精品，形成了良性循环。

到2012年为止，该分社共获得国家级图书奖项两项——《郭沫若全集·考古编》荣获第六届国家图书奖，《中国出土壁画全集》获中国出版政府奖图书奖。从2003年至2013年，共获得全国文化遗产图书奖14项，获奖数在同行中名列前茅。在获得良好社会效益的同时，也取得较好的经济效益。目前年产值已达5 000万元，年出版图书120余种，年创利润可达600万元，做到了两个效益的高度统一。

闫向东从一般编辑到被破格提拔成为首席策划，再到分社社长已有16年。如今已是文物考古界小有名气的人物，被评为中国出版界领军人物，中国考古学会理事，中国古建筑学会常务理事，中国公共考古专业委员会副主任，北京大学古代文明研究中心朝歌文物研究所秘书长。现任科学出版社总编辑助理，正编审职称。科学出版社文物考古品牌的成长和闫向东个人的成长统一起来，开创了一个良好的局面。

以上所述四个子品牌的起步、形成、发展、结果都无不证实，只要战略方向对头，用好带头人，建立有竞争力的运行机制，经历一段时间的培育，完全有机会创造出有价值的子品牌。

九、顾问们的支持

我在任期间，先后聘请了四位顾问，他们对科学出版社的发展壮大都提供了极大的支持。

（一）佐藤政次

1997年，在与日本欧姆社的接触中，我为佐藤社长丰富的出版经验和国际化的战略眼光、严格细致的管理能力所折服。佐藤社长是科学出版社的老朋友，对科学出版社的发展一直都很关注。在访问欧姆社期间，我们讨论聘请佐藤为科学出版社顾问的事宜，佐藤社长不但没有推辞，反而很兴奋地问我，他应当做些什么。我说，顾问就是我的老师，老师的职责是“传道，解惑也”。他将我要聘他为科学出版社顾问的事

作者与科学出版社顾问佐藤政次（左）在一起（1995年）

在欧姆社领导班子会上通报，大家一致支持佐藤担任科学出版社的国际顾问。

佐藤先生担任科学出版社顾问后，即到社里举行两次讲座，培训中层干部，收到了很好的效果。科学出版社图书选题的经济预测表就是以欧姆社的选题市场预测为蓝本引进消化后形成的。这在当时国内出版界还是首创。在提高选题质量、控制出版周期，以及加强编辑部门与市场部门的对接等方面都有很大的作用。佐藤曾开玩笑跟我讲："我可是没有收取任何费用，算是顾问给科学出版社的贡献。"在中国科学出版集团成立大会上，佐藤以集团国际顾问的身份发言，提升了集团国际化的形象。

佐藤先生是日本出版界的知名人士，曾获得日本出版界最高荣誉奖"旭日"勋章（相当于中国的"韬奋出版奖"）。由于他的宣传和影响，我们在日本开展业务合作都得到他的引荐和支持。他还帮助我社在日本培训干部，把自己在东京的住房腾出来供我社进修人员使用。在我社员工进修培训期间，对社里和合资公司的进修人员给予生活补贴。龙门书局总经理黄正平就是在欧姆社进修半年有了很大的提高。佐藤先生共为我社和合资公司在日本培训了七八人。我们两人每年都要比较深入地交流多次。佐藤先生真正履行了他作为顾问的职责，是我任社长期间对科学出版社支持力度最大的海外顾问。

（二）丘成桐

2000年11月，中国科学院外籍院士、菲尔兹奖（相当于数学领域的诺贝尔奖）得主、美国哈佛大学教授丘成桐先生到科学出版社访问，按照事先的沟通，我们聘请丘先生为科学出版社顾问。我与丘先

聘任著名数学家丘成桐教授（左）为科学出版社顾问（2000年，右边握手者为作者）

生的交谈很愉快。丘先生表示今后有新的专著一定首先考虑放在科学出版社出版，并对国际数学学术研究谈了自己的看法，还给了我们一些建议。

丘先生成为科学出版社的顾问，无疑对提升科学出版社的品牌有较大的推动作用。事后听林鹏介绍，国内的数学界也有不同的学术派别，我们作为出版单位不应当有任何倾向性，要一视同仁地团结每位科学家。

（三）杨希祥和周仲铖

科学出版社在规模扩张的过程中，还聘任了杨希祥、周仲铖两位老先生作为龙门书局的顾问。他们既是作者（主编），又履职顾问，对科

作者与龙门书局顾问杨希祥（左）合影（2007年秋）

学出版社和龙门书局的发展起到了举足轻重的作用。如果没有他们在选题上的支持，龙门书局的发展不可能那么快。

周仲钺先生是科学出版社的老朋友，在科学出版社最困难的时候给了我们选题并包销图书，使科学出版社能获得净利润30万元。这种善举和对科学社的支持我不能忘记。

第十九章

出版生涯的感悟

从1968年大学毕业到2009年退休，我的工龄有41年。从1988年筹建科学出版社武汉编辑室算起，有21年的出版工作经历。自1995年年底担任科学出版社法人代表、常务副社长，1997年正式担任社长、党委书记，到2009年 7月卸任中国科学出版集团党组书记、董事长和科学出版社有限责任公司党委书记、董事长，共13年零七个月，在国内出版界也算是任职时间较长的社长之一。现在回顾这段历史，有成功的喜悦，也有挫折的痛苦；有想做而没有做成事的遗憾，也有对形势发展判断不准确而造成的彷徨。如今，离开工作岗位已有五年时间，再次回顾这段历史能静下心做一些思考，有些原来较为模糊的事反而更加清晰，再来判断一件件往事的缘由可能更加客观。由此，谈谈自己的一些感悟是回忆过程中的必然，这些有感而发的感悟或点评或许对他人有点启发，所谓“当事者迷，旁观者清”，就是这个道理吧。

一、失去的机遇

机遇是给有准备的人的。当机遇出现后能否抓得住，抓住了能不能

做出结果来都是多方面因素决定的。只有那些把机遇转化为成果和胜势的人才能称之为成功者。

（一）关于学术期刊的定位

1995年，科学出版社出版学术期刊138种，在当时也是出版界学术期刊的出版大户。到2009年科学出版社出版期刊总数是206种。期刊中心始终是科学出版社的获奖大户，但在经营上远远不及图书业务的盈利能力。有相当一部分学术期刊由于发行量太少在经济上处于亏损状态。

1994年，科学出版社学术期刊共亏损200万元（相当于科学出版社1995年全年的利润总额），预计到1995年亏损额将达到400万元，这引起当时社领导的高度警觉。这时候期刊的经营体制是研究所主办，但却不管经营，亏损了由中国科学院出版基金补贴，不足部分由出版单位科学出版社承担。为了堵住期刊中心一年400万元的亏损，从1995年起我们实行期刊的单成本核算，要求取得出版基金补助后还不足以抵亏的期刊，亏损部分由其主办单位承担。通过这项措施的实施，科学出版社甩掉了经济上的一个大包袱，1995年不但没有亏损，还总体盈利60万元。这项措施从当时的经营上看是成功的，但是也不可避免地疏远了同有关研究所的关系，造成经营得好的学术期刊研究所要拿回去自己组织出版，不再依托科学出版社；而那些亏损的期刊，主办单位却依然希望科学出版社能将他们揽下来。为了拢住学术期刊都留在出版社，我们采取了分类收取费用、总体上降低成本等措施，因此在品种数量上又得到了部分恢复。

到2000年以后，北京万方数据公司和中国科学技术情报研究所重庆分所开始以数据库的形式聚集学术期刊。特别是万方数据公司采用免费为学术期刊排版的经营方式，吸引了大批学术期刊的加入，很快形成一种新的盈利模式，造成我们的期刊品种再度流失。等我们认识清楚后，别人已成气候。我们的期刊资源已经受到了很大的冲击。

假如我当时对学术期刊市场化过程有较深刻的前瞻性认识，对国际大的出版集团早已将盈利点从图书转移到期刊有比较全面的了解，也许会利用研究所办刊经费不足这一现实而采取优质优价的赎买策略，把期刊内容的使用权通过授权拿到手，不光是在中国科学院，还可以对大专院校和其他科研机构的4 000余种学术期刊采取这种方式，就会为今后数据库的建立打下基础，而且当时要做的话成本也要低很多。果真如此，我们的转型也许会更快些。虽然我们当时的经济能力也不允许我们去这么做，但主要的还是因为对学术期刊盈利模式的定位不明确，从而错过了这个发展前景很好的商机。

（二）数字出版平台的建设

关于科技出版未来的发展，数字化、网络化是必然的选择，对此我们是早有认识的。科学出版社的数字化建设应当说在出版界是启动较早的。我们率先成立了数字出版中心，把已出版的几万种图书和期刊的资源都已经数字化了。但是在平台的建设方面却是“只听楼梯响，不见下楼人”。

2007年与施普林格签署了战略伙伴协议。其中合作的要点是合资建立数据发布平台，名字都起好了——科学-施普林格-Link。施普林格很积极地推进此事，把德国建SpringerLink的专业公司都请到科学出版社来与我们座谈。我们也成立对应的技术小组，与施普林格讨论平台的建设方案。我与德方的Ruediger Gebauer单独就此事讨论过两次。但是，当时出版社领导班子内对推进这个项目有不同的看法，他们认为平台应当符合中国的国情，主张我们自己建。在这种情况下，我犹豫了，就放慢了对该项目的推进工作。不巧的是德方公司也发生了人事变动，R. Gebauer离开了施普林格，项目也就不了了之了。

后来，我们的确在自己建设数据平台，并从中宣部争取到文化体制改革发展基金2 000万元的支持，还成立了专门的班子推进平台的建设。但直到我退休，平台依然没有建成，成了一件令人遗憾的事。用技术手段聚集资源是一种有效途径，更何况我们在集团的发展战略中已将数据平台的建设纳入“十一五”要完成的任务。可惜，数据平台建设的延后拖了聚集出版资源的后腿。

（三）集团的战略重组

建立中国科学出版集团的目的就是搭建成一个平台，利用文化体制改革的政策优势推动中国科技出版战略性的重组，可惜，先后出现过的两次机会我们都失之交臂。

第一次是2000年以前，我们挤进新闻出版署的文化体制改革试点。2000年6月25日，中国科学出版集团正式成立。这时出版界面临政府机构调整，各产业部门要转变职能成为行业协会。冶金、轻工、交通等政府机构下属的出版社都有个重新确定主办部门的问题。这时，我们已经搭建成了中国科学出版集团这一平台，吸引这些出版社加入集团应当讲是有机会的。我们也先后接触过六家出版社，并与它们签署了意向书。但因为中国科学院表态不够明确，也因为我们要求加入集团者上缴其20%的利润，从而降低了有关出版社加入集团的积极性。加上各行业协会后来又转变了态度，仍然成为出版社的主办部门，结果还是回到了大家已经习惯了的主管、主办的出版管理体制。

第二次是转入中央文化体制改革试点单位的后期，文化体制改革的方向已经很清晰，文化资产的管理体制已经理顺——国家成立了文化资产管理机构，归口财政部。我们认为，首先，原有的部委主办的体制将会打破，为出版资源的重组打下了体制性的基础，增大了从国家层面上组建专业出版集团的可能性。其次，柳斌杰署长讲：转制后要进行战略性重组，形成有规模、有影响力的大型出版集团。再次，路院长同意把中国科学出版集团拿到国家层面上作为整合资源的平台，并且还向柳署长表示过这个意见。路院长作为党和国家领导人，主要是站在国家战略层面上来考虑出版业的发展，并没有因门户之见只从中国科学院自身的利益去考虑。应当说路院长的表态，为转制后的集团成为专业出版战略重组的平台打开了大门。出于以上三个方面的原因，我们连续做了两个方案上报给新闻出版总署，拟把转制后的中国科学出版集团有限责任公司作为平台，选择性地将一批专业出版社纳入出版集团。

但遗憾的是，在征求各部委和行业协会的意见时遇到了阻力。有关出版社不愿脱离部委或行业协会，部委和行业协会也不打算放弃出版社。新闻出版总署副署长蒋建国到中科院等部委和行业协会走了一圈后，可能认为条件不够成熟，对这方面的推进工作也就放缓了。恰值此时，我也退休了，再也没有正当的身份去推进和反映意见了。但总觉得不甘心，退休后于2010年我以中国科学出版集团顾问和科学出版社荣誉社长的名义，向中国科学院领导和新闻出版总署领导写了封信，蒋署长还亲笔回信答复此事。

给蒋建国副署长的建议函

尊敬的蒋署长，并呈柳署长：

您好！

我是中国科学出版集团原董事长汪继祥。我在任期间曾作为文化体制改革的马前卒，不遗余力地推动中国科学出版集团转制改革，以期为实现中央决策的建立几个大型专业出版集团参与国际竞争的宏图出一份力。

目前，专业科技出版集团推进工作遇到了一些困难，甚为着急。我曾向中科院领导建议，利用首次公开发行股票（IPO）的契机，把方案中拟定的几家出版社共同作为发起人进行资源整合。我以为科学出版社上市固然重要，但更为重要的是几个有影响的科技类出版社进行整合形成国家级出版集团。因此，我建议从总署层面拟定专业出版集团重组上市方案，并能给予适当的政策引导，促进其他部委所属出版社在国家层面进行资源重组。这将是一件十分有意义的事，若能成功，在国内特别在国际出版业将是一件震撼人心的举措。

衷心祝愿国家级专业出版集团在您的推动下能得以实现。

以上意见仅供参考。

附件一：2011年3月29日给中科院领导的建议函

附件二：2004年3月8日在全国政协委员会议上的提案

中国科学出版集团顾问

科学出版社荣誉社长

汪继祥

2011年5月10日

尊敬的陈昕社长：

您好！大札收悉。您的意见十分重要，而且与我这些年的想法不谋而合。目前，总署和中编办都在着手中国出版传媒集团的组建工作，并推动其尽快上市，这些，还请您多予指导。先行回复。顺颂钧祺！

蒋建国 18/5

2011年5月18日新闻出版总署副署长蒋建国的回信

我觉得第二次机会失去得很可惜，关键是政府的决心不够大，部委脱钩的工作还只停留在政策基础层面上，没有果断地推进，最后仍然回到了原有体制下。有关出版社当然不希望离开部委或行业协会，一方面是出于出版资源的考虑，另一方面也不排除经营者出于个人利益的一些考虑。

（四）股份制的引入

中国出版业改革不能引入股份制是考虑到出版行业的特殊性和国家文化安全，好像是一条铁定的规矩。

我一直认为股份制是一种财产制度，本身不存在任何政治属性。我不赞同国有独资的所有制是保证文化安全的最好形式，除此以外其他的所有制形式就会影响到国家文化安全的观点。

中国科学院在这方面还是比较开通的，在出版集团转制之后，杨柏龄副院长曾约我谈话，对转制后出版集团的工作提出一些要求。杨院长明确讲："转制后集团可以按国科控股下面各公司的做法，从分红权向经营层持股过渡。"这种做法是联想控股创办初期的做法，也是中国科学院所属公司惯行的做法。所以，在中国科学院内部讲，出版集团搞经营层持股是可行的。我向邓麦村反映，出版行业有不允许经营层持股的政策。邓麦村作为国科控股总经理，为此还专门找中宣部出版局领导谈过，也没有突破。

从2007年起，我在出版社内部搞了龙门书局公司化改革的试点，给经营层16.5%的分红权。本来的设想是，以龙门书局作为试点，成功后再把各出版中心改制成股份制的公司，引入经营层持有分红权的机制，促进科学出版社持续快速地发展，可惜也没有来得及去实施。

后期之所以在改制的过程中没有在管理层持股问题上下力气去突破，还有一个重要的原因是我怕别人说我是为了个人的利益去做这件事。

二、如何做一名合格的社长

之所以要写这一节，是由于我任社长十多年，对如何做一名合格的社长是有过思考、实践和心得体会的。现在把它写出来，希望能对现在当社长的有一点参考价值，也对一般干部判断如何做好一社之长提供一些借鉴。

我的体会是，要做一名合格的社长，首先应当具备以下六种意识。

1. 战略意识。社长的责任首要的是制定发展战略。要制定企业的发展战略，就要先弄清楚企业所处的竞争环境和企业在这个环境中所处的位置，企业本身的主要问题和矛盾的主要方面，企业自身的优势和短板，然后提出明确的阶段性目标和具体要求。还要进一步规划企业未来的发展目标以及保证这一目标实现的理念和措施，并把此目标变成整个企业的共同目标和员工的共同追求。此外，在企业不同的发展阶段要确定出不同的重点，形成围绕战略目标的管理系统。为了保证战略方向的正确和管理系统的有效，就需要建立战略评估制度。这项工作不可借他人之手，是经营者自己的工程。如果社长缺乏较强的战略意识，就很难做到这一点了。衡量战略管理成效的标准，是看企业各项调整改革举措是不是符合战略目标，是不是战略驱动的。社长的战略意识决定着出版社的未来。

2. 竞争意识。市场经济体制的核心就是“竞争中求生存，竞争中求发展”。社长要把企业放到竞争环境中去思考问题，这是解决一切问题的基本出发点。只有不断培育自己企业的核心竞争力，形成竞争优势，取得好的社会效益和经济效益，企业才能过上好日子。要随时关注各细分行业的竞争势态或企业所处的位置，不断前移本企业的名次，才能显示竞争力的提升。

竞争是多元的、多层面的，要善于把自己单位的人才、制度、管理、市场能力等在与同行的比较中找出差距来，找到不断缩小差距的办法，才能使企业的整体竞争能力得到加强。

3. 群众意识。群众是个集合的概念，除了领导班子成员外其他员工都可算做群众。在考虑问题、做出决策时，一定要有“大多数”的概念。大多数的群众在想什么，他们有什么诉求和情绪，是社长要关注的重点。社长所做的决策要符合大多数群众的利益，这既是决策的出发点，也是它的归宿。同时，对群众也要加以细分，岗位、身份、工龄、年龄的不同，甚至男女差别，都会造成诉求的差异。社长要分类把握不同的情况和造成这种不同的内在原因，在顾及大多数的同时，也不能长

期忽视少部分人的诉求。

社长要旗帜鲜明地讲，我们是利益的共同体。社长的责任就是要不断加快企业的发展，不断提高员工的收入，要两手抓，两手都要硬，从而使员工有归属感和荣誉感。

政务要公开，要让群众参与管理和监督。切忌使员工形成“你是老板，我是打工者”的雇佣关系，而是要努力使所有员工都形成当家做主的主人翁意识。

4. 创新意识。社会发展的规律是不断突破旧有的条规，创新发展出新的、更加适合生产力发展的制度和形态，从而推动社会生产力的发展。社长要不断鼓励干部员工有创新精神，在各自岗位上改革创新。要把创新意识作为主要内容放在企业文化建设里。要树创新典型，树立尊重创新、容忍失败的风气。

作为社长，主要是抓制度、机制、管理的创新，建立创新文化，形成创新的机制和营造良好的创新环境。往往体制、机制和管理的创新，会带动员工在各自岗位上的创新，因为他们为了适应整体创新会主动进行自我调整。

5. 人才意识。出版社最大的生产力是人才，领导班子成员的专业化能力更是竞争力的重要方面。作为社长，要有“识才之眼，荐才之心，用才之举，护才之胆”。社长要从理念上认识到，要经营好产品必须首先经营好人才。

6. 自律意识。我认为，人能够自我审视、判断是非，是理论修养到达一定高度的表现。如果能在自省、自悟的基础上自我调整，自我要求，服从真理，敢于否定自己的错误，重新选择正确的方向，才是合格的社长所应当具有的自律意识。

社长要能够听取各方面的意见，集中正确的意见，这就是群众路线的观点。能够自觉接受各方面的监督，特别是群众的监督，也是自律的必要条件。

领导干部特别是社长的言行举止，都要自觉地用一杆秤称一称、用一个标尺量一量，看你的一言一行在群众的眼里是加分还是减分。作为社长，应当多做加分的事，不做减分的事，用现在流行的话说，自律就是不断增加正能量。

除了上述社长必须具有的六种意识，我认为在个人素质上社长还应当具备五种能力。

1. 抽象能力。抽象是一种思维方式，即逻辑思维方式。它是指通过对复杂的信息进行分析、综合、抽象、概括等基本方法的运用，迅速抓住事物的本质和事物之间规律性的联系，实现从感性到理性认识事物的一种思维方式。作为社长，要具有能够在纷繁复杂的现象中迅速抓住其共同的特性和本质的能力，这种能力在各种会议和讨论中经常会用到，可以说是做好这些活动主持人的基本功。

2. 洞察能力。洞察能力即预判能力。我觉得做社长的应当能在纷繁复杂的现象里抓住事物的本质，即从诸多的问题里抓住主要矛盾和矛盾的主要方面，而且对事物的发展趋势做出符合逻辑的分析和预判，并以此来指导未来的工作和决策。这也是领导人应当具有的哲学思辨能力。

3. 决断能力。社长要首先能够发现问题并提出解决问题的方案，在听取班子成员和群众代表的意见后，集中形成决策。这就要求社长具有迅速做出决断的能力。社长不能优柔寡断，也不能为了照顾个别人的意见或情绪而久拖不决。没有决断就没有效率。在做出决策之后要向大家讲清楚为什么要这样决策，应当以理服人。只有这样，对决策的执行力才会强。当然，决策能力是建立在对事物本质的把握上的，如果对事物的本质把握不准或不够全面，就必然会产生相应的副作用。而对事物本质的把握往往会产生偏差，因此，社长还需要对决策的正确性做出定期或不定期的评估，一旦发现问题就要及时做出调整。

4. 人格亲和力。社长应当平易近人，不摆架子，同各种类型的人都能对上话，多替他人着想，说话留有余地，这样才能显示出作为领导的亲和力。什么是人格亲和力呢？就是说在人格上大家都是平等的，所以社长应当发自内心地尊重他人的人格，把同事和群众摆在平等的位置讨论问题、做出决策，而不是装出来做做样子。具有这种亲和力很重要，它可以让你收集更多的信息，使你的权力因素得到提高，也会使你说的话、做出的决定得到更多人的拥护和执行。

5. 学习能力。社长要养成终生学习的习惯。我们面对的是一个新生事物不断涌现和新情况复杂多变的时代，只有不断汲取新知识，研究新问题，学习新理论，才不至于落伍。

我们在实践中主张以自学为主，规定每周有半天的时间用于自学。在我工作期间，每周六上午是我的学习时间，从应付工作学、面对压力学，到主动研究问题的学。坚持学习是保持思想敏锐、有较强洞察力的基础。仅凭经验和即兴发挥，总会有江郎才尽之痛。

具有了以上必备的意识和能力后，社长的工作重点或者说主要责任，可以归纳为建设好六种要素，这是搞好一个单位的基础。

1. 班子。指社一级和包括中层领导在内的班子建设，他们构成了一个单位的四梁八柱。有一个好的班子等于事业已经成功了一半。

2. 战略。制定符合本单位情况的发展战略；实行全程战略管理；评估战略管理的效能；适时完善和调整战略重点；以战略目标驱动各项工作和改革的发展。

3. 机制。各种不同的机制运行效率和效益会有较大的差异。时刻关注体制、机制对生产力发展造成的障碍，不断优化运行机制和相关的管理制度，找到或者创造一种符合实际情况甚至有个性的运行机制，以求最大限度调动员工的积极性，提高经营的效率和效益。

4. 队伍。是指出版社的三支队伍，即编辑队伍、营销队伍、管理队伍的建设。本着“要就管好，要就管跑”的原则，不断存优淘劣，提高队伍的素质。一流的产品只有通过一流的队伍才能得以实现，否则就是一句空话。

5. 技术。如今科学技术的进步日新月异，要不失时机地进行技术改造升级，充分利用新技术来提高生产力。数字化平台建设要列为社长工程，由社长亲自主持、管理，提出阶段性要求，并解决平台建设运营中遇到的问题。

6. 文化。建立创新型的企业文化，形成企业共同的价值观。把企业的发展和员工个人的事业规划融合起来，形成一支能打硬仗、打胜仗，能和企业同甘苦的文化氛围。这是思想政治工作的重点，也是党委、党支部工作的重点。企业文化建设虽然说是党委的一项重要工作内容，但社长也是主要的责任人。

我的体会是，无论是大单位还是小单位的主要领导，都要始终抓住这六个要素，不断强化和优化各项要素，必然会产生良好的效果。

上述六种意识、五种能力和六个要素是我在实践中归纳总结出来的心得和认识，也可以说是给自己拟定的一个标准。我在任期间一直在朝这个标准努力，按照这些要求不断完善和丰富自己。但是客观地讲，还有不少不足和欠缺的地方。

三、自我评价

到底要不要写这一节，我也是犹豫再三，一般写回忆录很少见到有自我评价的章节。按照传统的惯例写出经历由他人去评说，自己评价自己容易犯“自吹自擂”的忌讳，太谦虚了吧搞得不伦不类，像作检讨似的，也不符合事实，总之难写。思来想去还是一吐为快。

我正式到科学出版社工作时是48岁，在这之前已经在分院领导岗位历练八年，可以说我是把最成熟和智慧的年华奉献给了科学出版社。之所以能取得一些成绩，从我自身来讲是具备一定的能力和条件的。

1. 有较强的战略思辨能力。任职期间形成了一套适合科学出版社的发展战略，并且不断推进战略的实施和完善，战略管理成为科学出版社的一条主线。

2. 有敢于争先、敢于突破的竞争意识。把企业发展放在竞争的大环境里去思考，在转制、集团化、国际合作建立合资出版社、股份制试点等方面都有所突破，为科学出版社进一步发展争取到战略优势。在思维方式上以发展出版生产力为主要目标，“不唯上，不唯书，只唯实”。在经营上坚持快速扩张进攻型的策略，建立了以财务效益为中心，以专业化为目标的管理体系。

3. 有做人做事追求完美的性格。不失时机、追求完美是很费力劳心的一件事。完美是目标，只要奋力追求完美的目标，就算最终没有能够达到，回过头来看也会向前迈进了一大步。在我看来，这比那种随遇而安的性格绝对要强很多。

4. 有行事果断、讲究效率的工作作风。效率就是速度。凡是提交到我这儿的各种请示、报告、方案，我都尽量往前赶地做工作，及时沟通反馈意见，能当时决定的就当时决定，绝不推诿。做到有问必答，还要答复及时。

5. 敬重领导、尊重人才。从企业到政府再到中国科学院的工作经历，使我形成敬重领导的习惯。领导的视野、能力、水平一般都应在基层干部之上。领导也是人才，而且是优秀人才。要善于在与领导交往中学习他们的思想方法和工作方法。对于领导的意见如果有不同看法，以恰当的方式表达出来是有必要的，只要你有充分的理由，领导一般都会予以采纳的。自己的意见被否定之后，那就得服从并执行领导的意见。我经常讲，办事要遵循两个原则：一是按制度办，二是按领导意见办。这也是在政府机关工作时养成的习惯。

人才是立社之本。对有才能的员工干部要看他们的长处，欣赏他们的能力，把他们放到合适岗位，使他们的潜力得到最大程度的发挥，是尊重人才最根本的一条。

6. 有较强的敬业精神和责任感。“千人吃饭一人主事”是传统“当家人”的概念。不管什么体制，“当家人”要承担的责任有两条：事业要发展，还要又好又快；职工的生活水平要不断提高。要两手抓，两手都要硬，这没有敬业精神是做不到的。我是秉承着“出版社利益最高原则”在社长岗位工作的，也要求领导班子成员践行这条原则。

但是，人无完人，在干部和群众眼里，每个领导都有或多或少的缺点与不足。大家对我反映较集中的有以下几点意见。

“刀子嘴、豆腐心”。我想这是指工作中管理人和事的过程要求严格，批评他人时话说得比较重，有叫人难堪和难以接受的现象。但在处理下属的过失方面却下不了决心和狠手，往往为当事人考虑得多些。只要向他们指出错误，使他们能认识到问题所在，能从宽就尽量从宽了。

我经常告诫自己：不要造成酷吏的形象，那样就会站在群众的对立面。

“越近越严”。有些与我工作接触较多的中层干部反映，我对他们过于严厉，不是越近越宽，而是越近越严。龙门书局原总经理郑飞勇曾当面给我提了这条意见。事后我想，可能是在龙门书局订货会上郑飞勇提出降低结算折扣可以加快资金回笼的建议，我当时否定他的建议时话讲得太重了。

有班子成员反映，在会议安排上跳跃性较大，计划性不够。有些情况以碰头的形式征得主要领导意见一致后就决定了，或者到下次办公会上予以追认，这种决策方式会造成一言堂现象。这大概也是院领导说我太强势的原因之一吧。

还有，我个人的性格决定了自己很难启齿去求他人办事，特别是对上级领导的说服、争取的能力不足。比如说路院长曾在他办公室答应给科学出版社1 000万元支持、1 000万元贷款，可当我每次当面向路院长汇报工作时就是开不了口去要这笔钱。在聚集院内出版资源方面，总想找分管副院长说说，但恐遭拒绝，一直都没有去说。我经常给大家做工作说，要提高上级领导对我们的认识，就要像赶着毛驴上山一样，前拉后推才行，而我自己却很难做到。这应该是我自己性格上的一大缺陷。

四、成绩是大家的

从财务的经营数据看，从1995年到2009年14年间，资产总额从1995年的0.625亿元到2009年的9.87亿元，资产增加9亿元；货币资金从1995年的562万元到2009年的4.87亿元，增加4.8亿元；年净利润从1995年的212万元到2009年的1.42亿元，年净利润增加1.4亿元。经过14年的发展，科学出版社在全国科技类出版社中综合竞争力排名第一，在全国出版社总排名中位居第三，从而使科学出版社回到了其应有的位置。

这些成绩的取得是中国科学院、新闻出版总署、中宣部等各级领导关心、指导、支持的结果，是几代“科学人”为创造科学出版社的辉煌而付出毕生精力的结果，是第七、八、九届科学出版社领导班子、转制后中国科学出版集团和科学出版社有限责任公司领导班子团结、奋斗、拼搏的结果，也是一大批中层干部和上千名员工努力奋斗的结果。作为社长，我一直是抱着对科学出版社的热爱和高度的责任感在履行自己的职责。在回顾这段历史时，我无时不是怀着感激、感恩的心情回忆共同创造这段历史的人们，他们才是这段历史真正的创造者。

五、知遇之恩，君子之交

我从1978年由湖北省电力局调到中国科学院武汉分院工作，先后经历了中国科学院三任院长，从卢嘉锡、周光召到路甬祥。

周光召院长在中国科学院最困难的时期，推行一院两种运行机制，把主要力量推向国民经济主战场，在政府机构改革中保留下了中国科学院。在1989年政治风波之后能平稳过渡，使大批科技人员避免受到冲击。我们基层科技工作者都以有周光召这样的两弹一星元勋院长感到荣耀。自周院长兼任《中国科学》和《科学通报》主编以来，多次深入一线研究指导工作，推进两刊体制调整，把两刊放到中国科学院院士平台上运作，并选定接班人朱作言继任两刊的主编，使两刊的质量水平有了本质上的提高。周院长80寿辰时，我和华婉君等杂志社人员到他家去看望，周院长亲自到电梯口迎送，并与我们合影留念。

周光召院长是一位德高望重的战略型科学家，为中国科学院的发展和两刊的发展起到了重要的作用。在此我要感谢周光召院长对科学出版

祝贺周光召老院长（中）80寿辰留影（2009年5月，左二为作者）

社和两刊的厚爱。

路甬祥任常务副院长期间就到科学出版社推动改革，1994年12月在科学出版社的讲话掀开了科学出版社走向市场经济转型改革的序幕。

在1998年担任院长后，路院长抓住建立国家创新体系建设的历史机遇，争取到把中国科学院作为国家知识创新工程的试点，要把中国科学院建成国家自然科学和高技术知识创新中心，成为具有国际先进水平科学研究基地，成为培养和造就人才基地和高技术产业发展基地，成为有国际影响力的科技知识库、科学思想库和科技人才库。为此，路院长大力调整中科院研究所的结构，促进其运行机制的转变，同时也争取到国家创新工程试点经费的大力支持。这个时期，中科院调整改革力度最大，国家给的经费支持力度也大大加强，应当说是中科院发展最好的历史时期。在中国科学院改革任务如此繁重的情况下，路院长仍然十分关心、关注科学出版社的改革和发展，从1994年起，先后六次到科学出版社视察指导，每次都召集干部员工做大会讲话，仅讲话稿我们就整理出好几万字，还先后给出版社领导班子写信和批示文件20多次，在科学出版社改革的每个阶段都给出有针对性的指导意见。

2001年8月，路院长带领中国科学院有关局领导到出版社现场解决“物理楼”的腾退问题。他指示院计划局、基建局协调，尽快解决。他问我：“现在出版社的规模发展到了多大？”我回答说：“今年可达到出书品种2 700种，产值规模可达6亿元左右。”路院长说：“你要注意了，从几千万的规模发展到五六个亿是个坎，到10亿又是个坎。规模扩大，原有的管理模式要调整，要分层次决策，不能什么都集中在社领导层面上决策。”针对路院长的提醒，我们在调整板块的基础上加快了分社的建立，下放权力，促进分社成为竞争单元。

至今令我敬佩的是，每次路院长在大会上讲话从不用稿子，但整理出来就是一篇很好的文章，层次分明，数据翔实，结论明确，对我们有很强的指导作用。和路院长比起来，真是自愧不如。

2009年7月，国科控股对出版集团和出版社进行换届，我终于卸下领导的担子。8月4日，我给路院长写了封信，送上我工作的文集，并对院长多年来的关心、指导表示感谢，也算是我职业生涯结束时给院长的一个交代。

2009年8月4日写给路院长的信

尊敬的路院长：

您好！

7月17日，院京区党委和国科控股有关领导正式宣布了中国科学出版集团和科学出版社新一届领导班子的组成，对此我谨表示积极拥护和坚决支持。并在此向您以及其他有关院领导多年来给予出版社和我本人工作的关心、支持和帮助表示衷心的感谢。

1994年12月26日，您第一次到出版社考察、指导工作，并对出版社全体党员、干部做了重要讲话。15年来，出版社领导班子正是以您的讲话精神为指导，以“两个效益”为目标，在探索中不断改革调整，在竞争中不断发展壮大，使出版社各项工作都取得了比较好的成绩，使科学出版社这块“老字号”招牌重放光彩，无论是在国内还是在国外其行业影响力都得到了较大的提升。15年来，出版社资产总额增长15倍，净资产增长24倍，年利润总额增长40倍，年净利润增长33倍，工资总额增长10倍，在此期间共为国家缴纳各种税费4.29亿元，综合竞争力攀升到科技类出版社首位。基本上实现了您提出的“国内一流，国际知名”的目标。

近日，我将十多年来在出版社工作期间正式或非正式发表的各种文章收集了一下，由于时间仓促还没有来得及归纳整理，先印了几十本。因为所有这些文章基本上都是对您一系列讲话精神的具体贯彻和落实的结果，所以，在没有事先征求您同意的情况下，把您

1994年在出版社的讲话当作了这个文集的代序言。在此，希望能够得到您的谅解。

在接下来的日子里，我打算在这些文章的基础上，对十多年来在出版社工作的经验和教训做一番梳理和总结，希望能够正式出版一本关于科技出版改革、发展和管理方面的论著，待成书后非常期望路院长能够在百忙中为这本书正式写个序。在此先谢为敬。

对于新一届领导班子，我将积极支持柳建尧等同志的工作，为出版社的进一步发展壮大摇旗呐喊，也将为出版社每位领导和员工即将取得的每一个进步和成绩而感到骄傲。

在此退下来之际，本当当面表示感谢，但又怕打扰您的工作。在此，谨再一次对路院长多年来对出版社、对我本人的关心、支持和帮助表示真诚的感谢！

谨祝

夏祺

汪继祥

2009年8月4日

信发出后不到一星期，我接到国科控股总经理邓麦村的短信，说路院长在看了我的信后做了一段批示：

“继祥同志为我院出版业做出了杰出贡献，应充分肯定。他的经验也十分可贵，可在今后出版改制发展中适当发挥他的作用。”

收到路院长2009年8月10日批示内容的短信后我激动不已。这十几年的付出能得到路院长如此评价和肯定，所有的艰辛、委屈都一扫而空，也是对我职业生涯划了一个圆满的句号。2010年，我通过路院长在全国人大的秘书韩林宏联系，获准到人民大会堂副委员长办公室看望路院长。路院长在会议中间休息时与我谈了十多分钟的话，还是表示对我在任工作的认可。我提出希望能把文件批示的内容重新书写一遍，路院长很爽快地答应了。在谈到科学出版社的发展时，路院长还讲："不少人说你是强势领导，其实强势也没有什么不好。"我笑着解释，并问路院长："您觉得呢？"路院长讲："我们是君子之交。"

一周后，韩林宏秘书打电话给我，说路院长已经亲笔写好了题词，让我去取。

路院长作为全国人大常委会副委员长，能这样关心、支持、重视科学出版社的发展，也给予我本人太多的支持和关怀，每每想起，一种知遇之恩和感激之情都会油然而生。

在院领导中，党组副书记郭传杰、国科控股总经理邓麦村、王庭大、何岩等都在科学出版社的发展进程中给予了指导和大力支持。新闻出版（总）署几任署长于友先、石宗源、龙新民、柳斌杰和分管副署长都先后到科学出版社调研指导工作。中宣部欧阳坚副部长、出版局张小影局长都曾认真听取我们的意见，给出许多指导和支持。总署和中宣部都把科学出版社作为一个改革的典型在树立、在宣传，这些都是促进科学出版社前进的巨大的推动力。

六、同心协力的领导班子

科学出版社之所以能发展这么快，有一个同心协力的领导班子是关键。虽然经历四届14年的时间跨度，但是班子成员还是相对比较稳定的。

向安全、林鹏是抓业务的主要助手，他们有丰富的编辑出版工作经验和较强的市场运作能力。向安全主要协抓全社的经营，协助各部门和销售市场的管理。林鹏自进入第八届领导班子后一直在做总编辑的工作，运作起来得心应手。刘培文作为专职副书记主持党委日常工作，在做老干部的稳定工作方面起到了至关重要的作用；担任龙门书局总经理期间抓得有板有眼，重大问题都是我们先小范围沟通，取得一致意见后再拿到办公会上讨论决定。总之，这个班子运转得还是比较顺畅的。

副总经理张小凌在销售部工作几年，每到年底为回款到全国各地去催款，承受了很大的压力，好在他社交能力强，各种场面都能应付得了。副总经理彭斌是位很勤奋和细致的人，在集团和出版社转制过程中协助做了大量的工作。石强作为财务总监，自身业务能力强、处事谨慎，看问题也有一定的深度。在处理一些有难度的问题上，能够为领导决策和财务制度的执行把好关。他跟社外有关业务管理部门的关系维护得也很不错。

在集体领导、分工负责的原则下，大家各负其责，协调沟通，相互支持，对外一把抓，回来再分家。领导班子成员担任各种社会职务都由社里统一协调，在维护出版社形象和利益，坚持“出版社利益最高原则”上，大家的认识是一致的。

老社长侯建勤是个对自己要求严格、自律性很强的人。她在科学出版社工作几十年，是唯一担任过社长、总编辑、党委书记三个正职的人。她为人谦虚，在出版社经济状况不好时承受了巨大的压力。令人心痛的是退休后就患上了小脑萎缩的疾病。到后期行动不便，出现了语言障碍。在她行动不便时我给她特批了护理费，因为按照制度没有开支的渠道，我说："还有没有谁在出版社三个正职的岗位上干过的？如果有的话，都可以给护理费。"

2009年秋季，侯建勤社长去世了。我到她家看到她安详的面容不禁泪流满面，跪在她的遗体前磕了三个头，行了只对生身父母的大礼，以表达我的敬意和哀悼。是侯建勤社长把我引进科学出版社的，我也没有辜负她的期望，终于使科学出版社回到它应有的位置，这也算是对她的慰藉吧。

副社长丁乃刚，早先在中国科学普及出版社工作。"文革"前科学普及出版社并入科学出版社，他也就到了科学出版社，一直分管科学出版社的期刊工作，并担任《中国科学》和《科学通报》两刊的常务副主编、中国学术期刊学会副会长，在20世纪90年代初获得"韬奋出版奖"。在两刊经济最困难的时候，是他到处化缘，争取企业的支持，以弥补办刊经费的不足；是他积极为出版社和两刊维护对外关系，引进各种刊号资源，接连创办了三种新刊。这在刊号资源奇缺、国家严格控制创办新刊的情况下，不能不说是个奇迹。

丁乃刚体型高大（身高1.9米多，体重200斤），但心细如丝，做事严谨，且成功率极高。他去世前住在养老院。我叮嘱中国科学杂志社的同志，要照顾丁的家庭，还指示他们要安排他女儿到杂志社工作。杂志社的同志对丁的女儿进行考核，结论是她的确不适合在出版社工作。得知这个情况后，我也没有再强求他们安排丁的女儿工作了。2010年春节前，我准备去养老院看望丁乃刚，并叫刘培文在财务上领点慰问金，还约了新任董事长柳建尧同去。因节前他们太忙，时间凑不到一起，计划春节后再去。没想到，春节过后丁乃刚就去世了，给我留下了深深的遗

作者（中）与丁乃刚副社长（右）在意大利（2001年）

憾。

周坪担任科学出版社基建处处长多年，后来被评定为四级职员，虽然没有进领导班子，但在事业体制下也是副局级待遇。他搞了一辈子基本建设，对业务很熟悉，科学出版社的车库楼和图书档案楼都是经他手盖起来的，出版社院内环境整治也是他负责完成的。在我兼任中国科学院北郊宿舍区联合建设办公室（联建办）主任时，周坪和中国科学院地质研究所的王正海任副主任。整个北郊宿舍区几万平方米的住房都是他们负责盖起来的。由于有超前的设计，建立了地下车库、安装了网线，给入住的职工带来了极大的方便。特别要提到的是，现在科学出版社控股的中外合资东方科龙公司的办公用房就是联建办当年的办公场所，在科学出版社转制时已正式过户到其名下，在这一点上周坪也是有贡献的。

周坪是患肝癌去世的。去世前两天我到医院去看望他，他拉着我的手说："感谢你来看我，我已跟家属交代，今后有什么困难就找汪社长。"对这份嘱托和信任，我感到沉甸甸的。

我之所以要写一下这几位已过世的同志，是因为他们在我任社长期间，与我们一起共同打拼，为科学出版社的发展做出了贡献。如果我不写，可能不会再有人有机会去记录这些人和事了。科学出版社的事业是永恒的，但人的生命是有限的，把有限的生命投入到无限的事业中去，造就科学出版社的品牌和辉煌，将代代相传。

七、与企业共成长的骨干队伍

春秋时期的管仲曾说："十年树木，百年树人。"这里的"树"是指培植、培养的意思。可见培养一支有竞争力的队伍是一件很难的事。难就难在培育上要有大的投入，需要给他们提供实践的舞台，需要有共同的价值观，还需要有德才兼备的人才标准和成长环境。

我的认识是，骨干队伍的培育和造就要同企业的发展紧密结合，要通过企业的成长造就骨干队伍的成长；反过来，随着骨干队伍的成长，企业也必然会不断发展壮大。作为经营者主要责任可以归纳为六个"子"：

选苗子——鉴别选拔有潜质的人才，列为培养对象。

搭台子——调整机构，设置不同能级的岗位，明确岗位目标。

争位子——竞争上岗，建立竞争淘汰的动态管理机制，选择使用最能发挥作用的骨干。

建班子——围绕比较成熟的骨干组成团队，承担责任更大的工作。

给票子——关心骨干的收入和分配，使他们感到物有所值。

挂牌子——对各岗位明星予以表彰，推荐他们到行业协会里挂职，以扩大其社会影响，使其成为业内的强者。

通过十多年的实践，科学出版社已经形成三个层次的骨干队伍：第一个层次是社领导班子成员和助理；第二个层次是出版中心、销售部门、生产部门和管理部门的主要负责人；第三个层次是部门副职和分社负责人。

特别是各出版中心、职能部门的主要负责人，都是经过实战磨炼出来的。我是带着欣赏的眼光去看待他们的：科学出版中心主任李峰，高教出版中心主任胡华强，医学出版中心主任张德亮，职教出版中心主任李振格，科学人文出版中心主任胡升华（原中国科技大学出版社社长），龙门书局总经理韩立军、黄正平和副总经理韩安平，考古分社社长闫向东，科爱翻译公司总经理马学海，销售中心主任王春福，国际合作部主任王春香，人力资源部主任朱升堂，中科进出口公司总经理徐津津、副总经理于萌，东方科龙公司总经理赵丽艳，等等。

他们都是很优秀的骨干人才，是科学出版社的顶梁柱，可以说他们每一个人都具备担任更大责任的能力。斗胆说一句，把他们任何一个放在中小出版社社长的位置上都完全可以胜任，而且会做得很好。

能够成长这么一大批优秀的骨干，而且，我和这些骨干每个人的成长都有故事，在他们身上都没少花心血，对此我深感欣慰。这样的一支骨干队伍是科学出版社未来希望之所在。也感谢他们为科学出版社的崛起所做出的贡献。

最后，我还要感谢我的家人。我一个人在北京待了四年，老二汪莺升学考试时我都不在身边。对我多病的母亲的照顾都抛给了夫人王宜兰。王宜兰当时在武汉测绘科技大学当医生，这给她增加了很大的压力。1996年科学出版社发生“光盘事件”后，她怕我压力大不好过，请假赶到北京来陪我。四年后，她从武汉调到中科院机关门诊部。退休后就到法国帮大女儿汪丽带外孙。两个外孙出生后都由她伺候，我只是利用参加书展的机会去看过两次，总共只在大女儿家住过两个晚上。一切家务和帮助带外孙的事都压在她一个人的肩上。没有她，我不可能全身心投入工作；没有她的辛苦，女儿的困难也就没有人分担。我只希望尽早把这本书写完，好带着她出去旅游，期望能够对她的辛苦付出做一点补偿。

全家福（2007年）

第二十章

梦将延续

2012年12月29日，新一届党的领导人参观“复兴之路”展览时，习近平总书记提出“中国梦”的概念，引起国际国内极大的反响。中国梦的第一要务是实现综合国力的跃升，中华民族的伟大复兴，其本质是国家富强、民族振兴、人民幸福。中国梦说到底是人民的梦，是广大人民群众在各自工作岗位上努力做好本职工作，以此汇聚成巨大的力量来推动实现中国梦的历史进程。

借用这个概念，思考十多年来我所追求的梦想，可不可以称之为“科学人”的梦？它的目标是什么？在追梦过程中经历了什么阶段？“科学人”的梦实现了吗？还有多长的路要走？

回想起来，我在任期间一直追求的是把科学出版社做强做大。这个目标就是我们形成的集团的战略目标：“立足科技，面向教育，面向未来，用市场化的手段实现知识创新成果的归纳整理、传播转移、普及提高，为基础性、战略性、前瞻性科学研究和高技术产业化服务，为科技成果国际交流服务。经过十年的努力，把中国科学出版集团办成科学、技术、医学、教育为主要领域的高水平、综合性、国际化的传媒集团，

办成有中国特色文化产业的重要组成部分，办成中国专业出版领域的旗舰。”

这里说的集团的目标也是科学出版社的目标，因为从体制上讲，集团的核心企业是科学出版社，经中科院和新闻出版总署批准的转制方案确定，中国科学出版集团与科学出版社的关系就是两块牌子一套人马。这是中国科学出版集团有别于其他转制出版集团的体制。

在2007年中期战略研讨会上，我曾就中国科学出版集团有限责任公司（以下简称“集团”）的发展战略目标进行过分析，即集团发展战略目标有四个要点：

1. 经过十年的努力，在科学、技术、医学、教育四大领域里，在科学出版社总品牌下形成和培育若干信息服务的子品牌。从这个意义上讲，集团今后的主要任务是培育和发展品牌，从产品经营转向品牌经营。

2. 要以两个市场、两种资源为目标，聚集国内出版信息资源，联合国际出版信息资源，立足开拓两个市场，以数字化平台为主要形式，成为中国科技信息成果的发布中心和国际优秀科技成果的引进中心。

3. 在集团层面上构建数据发布平台、物流平台、销售平台、投融资平台，以及财务管理和核算平台，为容纳更多的出版资源在平台上运作的扩张做好先期准备。

4. 集团作为投融资主体，在对新资源进行兼并重组后整体上市，是较为理想的选择。

这四个要点的分析蕴含了集团和科学出版社各自的发展模式。集团作为上市重组的平台，要争取有更多的出版资源的加入，就要做好技术平台和组织架构、形成新的功能的准备，从体制上把集团放在国家层面上运作，努力使其成为国家对出版体制改革重组的平台和核心。科学出版社则要形成创新的体制和机制，培育一批有影响的信息服务子品牌，形成品牌群。这是自身扩张裂变的模式。当然，在形成子品牌的过程中，也可以采取内引外联两个市场、两种资源的方式，在允许个人持股的前提下，吸收兼并非公有制的优质资源，达到迅速扩张的目的。

集团和出版社各自有自身的目标和发展模式，各有所侧重。集团作为扩张平台有利于吸引新资源的加入，在政府推动的战略重组中，只有集团才具备这种优势。科学出版社作为内部扩张的平台，是有经验和优势的。因此，各有侧重，整体一致，是符合实际情况的发展模式。但前提是两块牌子一套人马的体制，分则两害，合则两利。

从以上“科学人”梦想的内涵和要点分析可以看出，要实现这样一个宏大的目标，还有很长的路要走，有些目标是可以通过我们自身努力去实现的，有些目标则需要等待时机和国家相关政策条件的支持。但是我相信，只要想清楚了，可以创造条件去促成目标的实现。机会是给有准备的人的，机会也是人创造的。

为了实现“科学人”的梦想，我带领领导班子成员打拼近14年，用十年时间使科学出版社回到科技类出版社领头羊的位置，夺回了失去的阵地，两次跻身国家文化体制改革试点，完成了体制转换，争得了发展机遇，加大了开放力度，在拓展两个市场、争取两种资源方面取得了一定的成绩；制定了一套符合国情和自身发展状况的发展战略，为科学出版社建成专业化强社、培育核心竞争力打下了基础。

在这14年里，我没有享受过一天的休假待遇，总觉得时间不够用，为实现梦想到了如痴如醉的地步。不知有多少次晚上想问题想到浑身出汗，干脆起来走到办公室把思考的问题写下来。不止一次，半夜打电话

把领导班子的人叫到办公室来商量问题。记得有一年冬天，我实在睡不着就爬起来往办公室走，地上结着冰，只听到我“咔咔”的脚步声。当我走到单位附近一家餐馆门前时，发现有人在前面走，也发出“咔咔”的脚步声。我加快步伐往前赶，忽觉前面的人开跑了。在路灯映照下看到，原来是科学出版社附近餐馆的女服务员刚下班。她之所以跑，估计是害怕有人在追她。我忍不住笑了，心想不怕鬼只怕人。

2009年7月17日，国科控股领导到科学出版社宣布新一届领导班子，我的职业生涯在这一天也就画上了句号。在换届大会上我做了发言。

2009年7月17日在领导班子换届大会上的发言

麦村、教峰，各位领导、同志们：

今天对于中国科学出版集团、科学出版社和我来说都是一个值得高兴的日子：

一是增添了新的领导，他年轻、有活力、有想法；

二是原有的领导班子成员相应作了调整，新岗位、新责任、新气象；

三是我终于卸下了13年8个月零20天的社长担子，可以多陪陪家人了。

今年是路院长视察科学出版社15周年。15年前科学出版社40周年社庆时，路院长在全社干部职工大会上发表重要讲话，拉开了科学出版社改革大幕。会上他要求全社职工转变观念、锐意改革、坚定不移地走双效统一的市场化道路，要求科学出版社“一年一个样，三年大变样”。15年过去了，我们“科学人”认真实践探索，应当说基本上达到路院长要求的“把科学出版社办成国内一流、国际知名专业化出版集团的目标”。而这一目标恰恰是近期新闻出版总署提出的重点支持转制集团的条件，15年前路院长就提出了，真可谓远见卓识。

14年来，我们的资产总额增长14倍，净资产增长24倍，利润总额增长40倍；年工资总额增长10倍，达到6 279万元；综合竞争力排科技类出版社首位；成为国内第一家工商注册“中国”字头的专业出版集团；全国文化体制改革优秀企业；国家文化出口重点企业，连续三年输出版权位于国内前列；东城区纳税大户；享受十年退税政策；等等。

这些成绩的取得，归功于院党组和院领导的正确领导，尤其是路院长的关心和支持；归功于我们领导班子的坚强领导，干部职工的齐心协力、奋力拼搏，老同志的理解支持；归功于党和国家关于文化产业发展的优惠政策。

在此，我向院和国科控股领导表示衷心的感谢！向和我一起奋力拼搏16年的各位同事表示深深的谢意！

当前，文化体制改革正处在攻坚阶段，集团和出版社处于新的历史变革时期，转制重组将形成新的竞争格局，机遇与挑战并存。要么真正形成国家级专业出版集团；要么被边缘化，只能是内涵式发展、有品牌的专业出版社。我们过去十几年只是自身滚动发展，下一目标是向资本运营过渡并成为有实力的战略投资者。具体讲：

在学习实践科学发展观活动中我曾提出我们面临有五座大山要翻越，即：出版资源的聚集、国家级专业出版集团的建立、集团办公大楼的建设、完成领导班子的新老交替、整体上市。

这五座大山，到今天为止只完成了班子换届，其他正在推进中，还需要新的班子继续实践。任重而道远啊！

我担任社长13年多，留下近80万字的文集，记录我们历史发展的轨迹，仅供参考。我的实践和体会是，社长的责任基本两条："事业要发展这是硬道理，不断满足员工的需求也同样是硬道理"，处理事务要以推进事业发展为主线，去调整各方面的关系，而不能有其他的标准，这样才能最终得到干部群众的拥护。从今天开始历史将翻开新的一页，新的班子即将上任，我相信你们会做得更好。

今年是科学出版社建社55周年，其中1/4的时间我在社长任上，扪心自问，我是敬业尽责的，把自己最富智慧的年华奉献给科学出版事业，我的心早已和大家共同奋斗的事业紧紧联在一起。虽然退离领导岗位，但我还会为大家所取得的成绩而骄傲！会为集团和出版社的发展壮大而祝福！为科学出版神圣殿堂的建设摇旗呐喊！再过五年60周年社庆时，我将满70岁时向在座各位抱拳相庆。

铁打的衙门流水的兵，永恒的事业有限的生命。我们的事业需要一批又一批科学人将有限的生命投入到永恒的事业中，经过几代人的努力我们的目标一定要实现，一定能实现。

最后，祝新班子工作顺利，到会的各位领导和一起奋斗多年的同事们事业有成，身体健康！

谢谢！

科学出版社有限责任公司领导班子成员合影（2007年，前排右二为作者）

2009年的8月1日是科学出版社成立55周年纪念日。在换届之前，社庆的准备工作已经在做了，纪念画册也已经印制出来了，上面有这届班子的一张合影，现在看起来还是挺珍贵的。

8月1日的社庆大会在北京亚运村会议中心举行。会上，我收到了担任科学出版社荣誉社长的聘书。会后受聘为中国科学出版集团公司顾问。

应当感谢中国科学院领导和我的同事们能给予我在任期间工作的肯定。其实人一辈子真正能做成一件事是不容易的，我的梦想还没有实现，将由继任者继续去推进实施。当然，各人有各人的方法和风格，但共同的一点都是为把科学出版社做强做大，这将是永恒不变的。我怀着对他们的祝福，期盼着梦想成真，梦将延续，希望的是："待到'科学’圆梦时，庆祝勿忘告乃翁。”

此书作为对科学出版社60周年的献礼，记录一个“科学人”对科学出版社的一片爱心。

2009年8月1日作者（左）从中国科学院企业党组书记、国科控股董事长王津（右）手中接过科学出版社“荣誉社长”证书

附录

一、生平年表

1945.2.4	出生在湖北省仙桃县沔阳湖(今排湖)附近
1950—1954	入黄石市第一小学
1954—1955	转入湖北省军区八一子弟学校继续上小学
1955—1957	入湖北省干部子弟小学
1957—1958	转入武昌水果湖小学
1958—1963	入武昌水果湖中学读初中和高中
1963—1964	转入武汉大学附属中学（现武汉市第十四中学）读高中三年级
1964—1968.12	入华中农学院植物保护系植物保护专业学习
1968.12—1970.8	到湖北省潜江运粮湖国营农场接受再教育
1970.8—1974	到湖北省蒲圻县造纸厂工作
1973.12	加入中国共产党
1974年年初	任蒲圻造纸厂副厂长

1974—1976	先后在蒲圻县官塘驿、泉口、随阳三个公社驻队，先后任工作组组长、工作队队长
1976.9—1977年夏	到黄石市委工交政治部工作
1977年夏—1978.11	借调到黄石市转业军人安置办公室工作
1978.11—1985	到中国科学院武汉分院政治部工作，先后任教育科科长、教育处副处长
1983—1985	任中国科学院武汉分院机关党总支委员
1985—1988	任中国科学院武汉分院党组成员、秘书长
1987—1993.11	兼任科学出版社武汉编辑室（现中国科技出版传媒股份有限公司武汉分公司）主任
1988—1993	任中国科学院武汉分院党组成员、副院长
1990年	在中央党校1990年第13期进修部学习
1993年	任中国科学院武汉分院副局级巡视员
1993.11—1995.12	任科学出版社副社长
1995.12—1997.4	任科学出版社常务副社长、法人代表
1997.4—2007.8	任科学出版社社长
1997.12—2007.8	兼任科学出版社党委书记
2000.6—2005.3	任中国科学出版集团理事长
2005.3—2009.7	任中国科学出版集团有限责任公司董事长、党组书记
2007.8—2009.7	任科学出版社有限责任公司董事长兼党委书记
2009.7	退休，任科学出版社荣誉社长、中国科学出版集团顾问

二、社会兼职

第十届全国政协委员、文史委员会委员

武汉市科学技术委员会顾问

中国科学院出版基金常务委员会副主任

全国名词审定委员会副主任

全国科技出版工作者协会副主任

中国出版工作者协会第五届委员会副主席

中国博物馆学会荣誉副理事长

中国出版企业家评审委员会评委

中国出版政府奖评审委员会评委

中国科学院编辑出版专业高级职称评委会主任

日本欧姆社顾问

中水集团远洋股份有限公司独立董事

荷兰IOS出版公司国际董事

华中理工大学兼职教授

河北大学兼职教授

湖北省出版基金评审委员会评委

科学出版社荣誉社长

中国科学出版集团顾问

三、个人获奖

第十届全国政协优秀提案奖

全国百佳新闻出版工作者

新中国60周年百名优秀出版人物

2009年全国版权产业风云人物

中国科学院党务工作20年荣誉奖

中国科学院国科控股突出贡献荣誉奖

后记

2009年退休后，曾有种冲动，想把从事科技出版工作十多年的酸甜苦辣总结一下，动手写回忆录，曾经开了一个头，但一落笔就是时间、地点、人物、数据和没完没了地翻看资料，感觉难度很大，也就放下来了。

这次中国出版协会连同中国人力资源和社会保障出版集团组织出版界有较大影响的社长、总编辑写回忆录，限时交稿，我忝列其中，压力也就陡然而生。既然答应了他们，也就只好硬着头皮去写了。为了收集数据，我开小会找有关部门要材料，得到大家的理解和支持。在此我要感谢科学出版社各位领导的支持，感谢科学出版社办公室王岩梅、数据中心陆新民、财务部王燕、中国科学杂志社严谨、中科进出口公司于萌对我的要求予以不厌其烦的满足，感谢林鹏、胡华强、石强所提供的专题资料。

整个编写过程都是在原社办主任韩安平的参与之下进行的，没有韩的工作，我不可能按期交稿。

在写作过程中，我主要是以专题做主线，自然会有时间上的重叠和

内容上的重复，在修改过程中尽可能地做了调整，以避免啰唆，但不当之处在所难免，诚望读者提出宝贵建议和意见。

本书主要是对我从事出版工作经历和感受的真实记录，有的问题是过后的分析，作为科学出版社从1996年到2009年的历史记载，也可供有兴趣和做这个行当的人参考。

今年我已届古稀之年，退休也已经五年。淡泊明志，对往事的回顾也许会更加真实和客观吧。

丛书编辑委员会

龚曙光　湖南出版投资控股集团董事长
王桂科　广东出版集团董事长
李　刚　辽宁出版集团董事长
林　鹏　中国科技出版传媒股份有限公司董事长、总经理
李　岩　中国出版集团公司副总裁
樊希安　中国出版传媒股份有限公司副总经理
米有录　中国社会新闻出版总社社长、总编辑
邢　岩　中国出版协会副秘书长兼调研培训部主任
海　飞　中国少年儿童新闻出版总社原社长
俸培宗　化学工业出版社原社长
张增顺　高等教育出版社原总编辑
金丽红　华艺出版社原副社长

丛书编辑部

主　任

赵树国　中国人力资源和社会保障出版集团有限公司副总经理兼总编辑

副主任

唐云岐　中国劳动社会保障出版社原社长

张小平　人民出版社原副总编辑

邢　岩　中国出版协会副秘书长兼调研培训部主任

成　员

曾令萍　中国人力资源和社会保障出版集团有限公司分社社长

王洪玉　中国人力资源和社会保障出版集团有限公司总编室主任

孔凡晶　中国人力资源和社会保障出版集团有限公司编辑室主任

仲艳平　中国人力资源和社会保障出版集团有限公司编辑室副主任

孙　雁　中国人力资源和社会保障出版集团有限公司办公室副主任

温　暄　中国出版协会调研培训部干部

图书在版编目（CIP）数据

追梦之旅 / 汪继祥著. —北京：中国劳动社会保障出版社，2015
（中国出版界社长总编辑回忆录丛书）
ISBN 978-7-5167-1687-8

Ⅰ.①追… Ⅱ.①汪… Ⅲ.①出版工作 - 中国 Ⅳ.① G239.2

中国版本图书馆 CIP 数据核字（2015）第 089630 号

策划编辑：张梦欣
责任编辑：王洪玉
书籍设计：薛俊雷
责任校对：薛宝丽

中国劳动社会保障出版社出版发行
（北京市惠新东街 1 号　邮政编码：100029）

北京新华印刷有限公司印刷装订　　新华书店经销
787 毫米 ×1092 毫米　16 开本　25 印张　278 千字
2015 年 5 月第 1 版　　2015 年 5 月第 1 次印刷
定价：62.00 元
读者服务部电话：（010）64929211/64921644/84643933
发行部电话：（010）64961894
出版社网址：http://www.class.com.cn